“十四五”高职院校财经精品系列教材

基础会计实务

主　编/何　军　肖莹莹　梁　玲
副主编/谭治云　罗雨飞　张雪梅

产教融合　校企合作
工学结合　知行合一

西南财经大学出版社
中国·成都

图书在版编目(CIP)数据

基础会计实务/何军,肖莹莹,梁玲主编;谭治云,
罗雨飞,张雪梅副主编.--成都:西南财经大学出版社,
2024.7.--ISBN 978-7-5504-6259-5
Ⅰ.F233
中国国家版本馆 CIP 数据核字第 2024WJ4917 号

基础会计实务

JICHU KUAIJI SHIWU

主　编　何　军　肖莹莹　梁　玲
副主编　谭治云　罗雨飞　张雪梅

策划编辑:李邓超
责任编辑:李特军
责任校对:杨婧颖
封面设计:墨创文化　张姗姗
责任印制:朱曼丽

出版发行	西南财经大学出版社(四川省成都市光华村街 55 号)
网　　址	http://cbs.swufe.edu.cn
电子邮件	bookcj@swufe.edu.cn
邮政编码	610074
电　　话	028-87353785
照　　排	四川胜翔数码印务设计有限公司
印　　刷	郫县犀浦印刷厂
成品尺寸	185 mm×260 mm
印　　张	16.875
字　　数	364 千字
版　　次	2024 年 7 月第 1 版
印　　次	2024 年 7 月第 1 次印刷
印　　数	1— 2000 册
书　　号	ISBN 978-7-5504-6259-5
定　　价	42.00 元

前言

QIANYAN

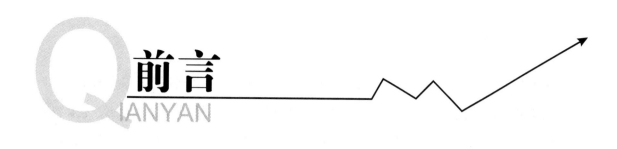

基础会计是高职财经商贸类专业的一门专业必修课，同时也是一门实务操作性较强的课程。本教材以现代会计的基本概念、基本理论和基本方法为基本结构，为学生理解、分析和利用会计相关知识并进行会计核算奠定必要的专业基础。学生通过对本教材内容的学习，能够全面地认识会计的工作内容，能够掌握设置会计科目和账户、复式记账、填制和审核会计凭证、登记会计账簿、成本计算、财产清查以及编制会计报表等技能。

党的二十大报告指出，“教育、科技、人才是全面建设社会主义现代化国家的基础性、战略性支撑”。本教材基于会计工作流程，以日常会计核算流程为驱动，以会计岗位胜任能力为本位，以学生诉求和社会发展需求为观测点，主动融入时代元素。本教材在研究和分析高职基础会计教材编写的政策要求，企业、学生、教师需求，高职基础会计教材现状的基础上，以“以工作过程为导向，以岗位职业能力需求为核心，以典型工作任务为载体”作为设计理念。一是基于产教融合理念，通过校企合作双主体共同打造具有真实企业情境的项目化、任务驱动式的理实一体化教材。二是从学生本位出发，利用校企合作平台，按照工作岗位实施教学设计，使学生熟悉会计工作内容及会计工作要求，掌握必要的账务处理技能，具备基本的职业判断能力。三是将“立德树人”基本要求贯穿于基础会计实务教材编写的全过程，融入思政元素，将思政教育与专业知识培养有机结合。

教材内容分为六章，即：理解会计基本概念，理解会计要素和会计等式，掌握会计科目、会计账户和借贷记账法，掌握企业基本经济业务的账务处理，掌握会计基本工作流程及会计工作过程的基本技能综合实训。党的二十大报告指出，“必须坚持守正创新”。本教材以当前行业需求为基础，按照行业企业的发展需要和完成职业岗位实际工作任务所需要的知识、能力、素质要求进行编写，为学生可持续发展奠定良好的基础。教材内容的设计紧紧围绕两个方向进行，一是按照“认知会计基本理论、理解会计专门方法、处理基本经济业务账务、训练会计基本技能、学会会计岗位工作实务”的逻辑顺序；二是从基础知识体系构建角度，保持会计的基本理论与基本技能之间的内在必然关系。总体上，教材按照“体现学生学习主体地位”的原则，使教材内容具有实践性、层次性、趣味性，体现“教、学、做”一体化教学。

本教材由何军、肖莹莹、梁玲担任主编，谭治云、张雪梅、罗雨飞担任副主编，李星瑜、何洪梅参与编写。本教材是在全面对会计岗位需求、会计岗位基本能力及会计岗位发展进行调研的基础上结合行业专家的建议编写而成，能够使教材的编写与企业会计岗位实现密切对接，使会计理论更能符合行业规范的要求。在教材特色方面，我们做了很多努力，但还有继续提升的空间，如书中存在疏漏和不足之处，敬请读者和各界同仁提出宝贵意见和建议，以便我们修订时加以完善。

编者

2024 年 6 月

目录

MULU

第一章　理解会计基本概念

同学们，对于会计基本概念的学习仅仅是会计人生旅程的开始，会计大海中所蕴藏的丰富宝藏有待于我们进一步发掘和开采。也许随着学习的深入，你们不断回首的时候，可能就会发现彼时的想法与现时的所见会有所不同。

有人说会计就是“记账、算账、报账”，有人说在财务部门工作的人就是会计，也有人说会计是一门学科。请同学们思考：这些说法对不对？究竟什么是会计？会计是怎样产生的？会计的日常工作主要有哪些？

【学习目标】

知识目标：了解会计产生与发展的历程；理解会计的概念、会计的基本职能、会计目标、会计基本假设、会计记账基础以及会计信息质量要求。

能力目标：能够判断会计记账基础，掌握会计核算方法的基本内容；能够描述企业的主要经济业务和资金运动过程，具备运用权责发生制的能力。

素质目标：让学生初步确立“坚持诚信，守法奉公”“坚持准则，守责敬业”“坚持学习，守正创新”的会计人员职业道德规范。

【情景导入】

小鹏父母经营着一家餐饮店。小鹏今年要参加高考，可是不知道选择什么专业更好。父母建议选择会计相关专业，日后好帮他们算算账、理理财，小鹏也比较茫然，不知道会计到底是干什么的？为什么父母要求他学会计？会计对餐饮店就那么重要吗？

第一节　初识会计

一、会计的产生与发展

人类的生存离不开社会生产，而社会生产势必会产生对其“所费”及“所得”的数据进行记录的相关事项。据史料记载，“会计”一词在我国古代就已经产生，有“零星算之为计，总合算之为会”之说。有些学者认为“会计”一词在战国时代甚至夏代就已经产生，但据考证，目前较多人认为“会计”一词起源于西周的可信度较高。会计在当时的职责既包括日常核算，又包括月计岁会。我国从周朝开始就设置官吏，为封建王朝掌管财物赋税。春秋时期，孔子曾被任命为专司会计的官员。宋、元以后，官厅钱粮移交时会编造“四柱清册”，这种方法由民间沿用，逐渐发展，成为传统的中式簿记。

会计起源于社会生产实践，是社会生产发展到一定阶段的产物，会计是为了适应人们对生产经营活动进行管理的客观需要而产生的，并且随着社会生产的发展而发展。在人类社会早期的生产活动中，会计只是生产职能的附带部分，它是由生产者凭借记忆，或是简单地记录，在生产时间之外附带地把收入、支出等事项记载下来。人类社会生产活动导致了会计的产生，会计又伴随着社会生产和经济管理的需要以及科学技术水平的不断进步逐渐发展和完善。随着社会经济的发展，会计具体可分为三个阶段：

（一）古代会计阶段

古代会计，从时间上说，大约可以认为是从旧石器时代至第一次工业革命前后的这段漫长的时期。这段时间，生产力发展缓慢。会计的产生最早可追溯到原始社会。原始社会末期，生产力水平不断提高，社会分工越来越细，劳动产品日益丰富，产生了对劳动产品的分配、交换和消费等一系列问题。这种情况下，计数成为经济生活中经常发生的事情，人们逐渐形成数量观念，并使用实物、绘画、结绳和刻契等方式对经济活动及其数量关系进行反映，如“结绳记事”“垒石计数”以及“刻木记事”等。这些计数方式所体现的原始计量、记录行为，就是当时的会计行为，这些原始计量记录行为是会计的萌芽。此时，会计还是生产职能的附带部分，其核算方法简单，多以实物为主。随着生产力的发展，社会发展到奴隶社会中后期，才体现出真正的会计特征。此后，由于剩余生产资料的产生，为保护奴隶主、地主等人的财产、核算经济业务，我国会计产生了“月计岁会”“四柱清册”“龙门账”“四脚账”等方法。此外，其他国家也都留下了不同类型的会计活动记载，如古埃及的《帕勒摩石碑》和《图特摩斯三世年代记》、古巴比伦的《汉谟拉比法典》、东罗马帝国的《查士丁尼法典》和《民法大全》、法兰克王国的《庄园敕令》等都有关于会计活动的记载。

（二）近代会计阶段

会计由简单的计数，发展成具有完备的理论基础与实践规范的近现代会计，经历了漫长的发展历程。航海技术的发明以及欧洲船队的远洋探索，使得东西方之间的经济交流迅速提升，商品交易需求大幅提高；随着商品经济取代自然经济，手工工场迅速发展，资本主义成为世界潮流，这些发展促使作为近代会计开端标志的复式记账法得以流行和发展，同时复式记账又给财务报表的发展奠定了基石。1531 年戈特利布出版了《简明德国簿记》

和《两种精巧的簿记》，公布了世界上最早的资产负债表格式，提出了“余额账户”概念，将资产、资本和负债分类列示，并计算出“所得纯利”。第一次工业革命，人类进入蒸汽时代，会计也有了较大的发展。由于英国率先实现第一次工业革命并成为第一个工业国家，这期间会计的发展中心也是以英国为中心的西欧。蒸汽机的发明，开创了机器替代手工的时代，并且随着股份公司的出现，价值较大、使用期限较长的资产相应增加，催生了长期资产的概念和折旧的思想。相应的，会计为满足长期资产的正确记录，又有了资产估价方法及相关理论的研究。费希尔发表了《资产负债表价值》等著作，推动了现代财务报表的发展。第二次工业革命极大地推动了社会发展，人类进入电器时代，美国在这次工业革命中逐渐领先，因此，这期间会计发展的中心在美国。19 世纪后期，出现了损益原始资本计算书，实现了双轨计算盈亏；19 世纪末，美国铁路业应用了重置会计；20 世纪初，美国应用了最新的收益实现原则产生了汇兑现金变动书。在此期间，会计从核算记账功能慢慢转向管理功能，管理会计开始发展。近代会计形成的标志是 1494 年，意大利数学家卢卡·帕乔利（Luca Pacioli）出版了世界上第一部专门论述复式簿记的书籍——《算术、几何、比及比例概要》。该书中有一章专门论述簿记，对复式簿记及借贷记账法做了全面系统的描述和总结，标志着近代会计的产生，是会计发展史上的一个重要里程碑。直至 20 世纪 40 年代末，此间在会计的方法技术与内容上有两点重大发展，其一是复式记账法的不断完善和推广，其二是成本会计的产生和迅速发展，继而成为会计学中管理会计分支的重要基础。

（三）现代会计阶段

第三次工业革命的科技创新大大提高了生产力，促进社会发生重大变革，相应的社会发展促使会计也产生了两大变革，一是会计核算手段变成了会计电算化，取代了手工账；二是管理会计逐渐发展并趋于成熟。现代会计的时间跨度为自 20 世纪 50 年代开始至今。会计电算化使得会计核算手段发生重大变革，它是社会发展的需要。1954 年通用电气进入了利用计算机进行会计处理的新时代。20 世纪 70 年代，出现了会计电子信息系统。随着计算机技术的飞速发展，会计信息系统逐渐普及，并且自动化、信息化程度越来越高，这使得会计作业效率大幅提升，也大大提高了数据处理的准确性。在此期间，科学理论产生重大突破，现代科技发展迅速，同时，企业竞争日益激烈，市场情况日渐复杂，企业规模越来越大，这些新的环境对企业管理提出了更高的要求。20 世纪 60 年代末，产生了成本会计、预算体系、本量利分析、业务会计、决策会计等管理会计基本方法。20 世纪 70 年代末产生了计划与决策体系，20 世纪 80 年代又形成了代理理论和作业理论等管理会计理论。这个期间，财务共享中心也开始发展。早期，由于计算机的到来和企业规模的扩大，财务共享中心应运而生，并有了一定程度的标准和规范，初步提升了财务管理水平。后来由于互联网的兴起，实现了网络化的财务共享，进一步提升了财务处理的效率。

正如马克思所说：经济越发展，会计越重要。综上所述，会计的发展与一定时期社会经济发展水平紧密相关，并对社会经济的发展起着重要的促进作用。随着社会生产力水平的不断发展，会计经历了一个由简单到复杂、由低级到高级的发展和完善过程。

【知识拓展——我国“会计”的发展】

西周时期，不仅出现了会计科目、记账符号和会计报告，而且还对经济业务进行货币计量和实物计量。会计称号的命名、会计的职务也均起源于西周，“会”与“计”连用构成新词，用以表示会计核算的基本含义，其科学性是我国西周时期的会计位于世界先进水平的重要标志之一。据《周礼》记载，西周设立了对国家财务收支活动进行“月计”的“司会”一职，为了对会计业务进行详细处理，在其中还分设司书、职内、职岁和职币四种职务，并建立了一些会计制度，即定期会计报表制度、专仓出纳制度、财物稽核制度等。这表明在西周前后，我国已初步形成会计工作组织系统。为了保证财计方面职官的来源，西周统治者还对奴隶主贵族子弟进行会计教育。在会计方法方面，西周时期产生了政府会计采用的入出记账法和民间采用的收付记账法，还出现了三柱结算法的萌芽。美国会计史学家查特菲尔德（Chatfield）在其名著《会计思想史》一书中对我国西周时代会计发展所取得的成就给予了高度的评价，他指出：“在内部控制、预算和审计程序等方面，周朝在古代世界是无与伦比的。”春秋战国时期，我国已有了定期的会计报表和会计册，并实行单式收付记账，也出现了对会计一词精辟的解释，如孔子：“尝为委吏矣，曰会计当而已矣。”西汉时期，出现了“计簿”或“簿书”的账册，使用了“入”和“出”作为记账符号。宋代，开始出现四柱结算法，官厅会计把钱粮的收支分为四个部分来反映财产的增减变化，称为“四柱”——旧管、新收、开除、实在，相当于现在的期初结存数、本期收入数、本期支出数、期末结存数，根据四柱结算法编造的账簿称为“四柱清册”（旧管+新收-开除=实在）。在这一时期，中国民间会计也得到了发展，中国早期的金融业——柜坊，典当业——质库，以及为商业服务的货栈——邸店等行业也运用四柱结算法。明末清初，产生了龙门账，把全部账目分为四个部分，即：进、缴、存、该，分别相当于现代会计中的收入、支出、资产和负债。它们之间的关系为：进-缴=存-该，期末编制“进缴表”和“存该表”。清朝，采用“四脚账”，形成“有来必有去，来去必相等”的记账规则。清代学者焦循所著的《孟子正义》一书中，把会计解释为：“零星算之为计，总和算之为会。”我国在清朝后期从国外引进了借贷复式记账法，1840年鸦片战争后，我国会计出现了中式会计的改良和借贷复式簿记的引进同时并存的局面。

【案例分享】

1. 孔子尝为委吏

孔子是我国春秋时期伟大的思想家、教育家，儒家学派的创始人。据《孟子·万章》记载：“孔子尝为委吏矣，曰：‘会计当而已矣’。”据中南财经政法大学郭道扬教授分析，“当”有三层含义：其一是会计工作中对于经济收支事项要遵循财制，处理得当；其二是对会计事项的计算、记录要正确；其三是从统治者方面讲，要善于选择合格的、适当的会计人才。这不仅是世界上最早的会计定义，也足以证明孔子的委吏工作做得很出色，他不仅做了会计工作，而且将会计工作提升到理论高度来认识，在 2 500 年前能够有这样的高深会计理论深度，这不可不说是惊人的会计创举。

2. 宋代文豪都精通会计

宋代的经济与社会发展在我国历史上是可圈可点的。宋代的文学家队伍更是超凡脱俗，他们不仅文采出众，而且都精通会计、善于理财。

曾巩（公元 1019—1083 年）是唐宋八大家之一，也是中国北宋时期著名的散文家。曾巩是欧阳修古文运动的支持者和参与者，以散文见长，也能诗。曾巩不仅文采出众，对会计也非常精通，他曾写《经费议》一文，论述了量入为出、开源节流对经济生活的影响和重要性，宋神宗看后对其给予了高度评价，称赞曾巩把节用作为理财之要，目前谈论财政者，都未注意到这个问题。曾巩认为“用之有节，则天下虽贫，其富易致也；用之无节，则天下虽富，其贫易致也”。曾巩在议论经费时，不是空洞地进行说教，而是采用了因素分析法，对景德、皇佑和治平三朝费用开支情况进行了对比分析，“景德户七百三十万，垦田一百七十万顷；皇佑户一千九十万，垦田二百二十五万顷；治平户一千二百九十万，垦田四百三十万顷。天下岁入皇佑、治平皆一亿万以上，岁费亦一万亿以上。景德官一万余员，治平并幕职州县官三千三百有余，其总三万四千员。景德郊费六百万，皇佑一千二百万，治平一千三十万。以二者校之，官之众一倍于景德，校之费亦一倍于景德”。曾巩作为一个文学家，其在会计上的造诣很不一般。

苏轼（公元 1037—1101 年），中国宋代文学家、书画家。苏轼文学造诣很深，诗、词、散文、书画等无一不精，脍炙人口之作甚多。苏轼曾著《省费用》一文，其主旨大意与曾巩的《经费议》大致相同。苏轼认为国有三计，“有万世之计，有一时计，有不终月之计”。凡“计”均应以费用为中心，费有计，则国安。如能节天下无益之费，使国有储备，则无大患难。苏轼通过理论分析阐述了节约费用开支对国家的好处和意义。在苏轼为官的生涯中，他都能以会计的思维和理财的方法为当地的百姓增加财源，提高人民的生活水平。

苏辙（公元 1039—1112 年），中国北宋散文家，与其父苏洵、其兄苏轼合称三苏，位居唐宋八大家之列。元祐初年，苏辙与户部尚书李常等人主编了《元祐会计录》三十卷，并为该书作序。苏辙认为：凡节冗官，精士卒，克众用，便国富有余。若冗员充积，国用奢侈，积糜耗多，便会导致财匮不给。《宋文鉴》卷八十七记载：其在《上皇帝书》中以"去冗"为主题，发表了自己关于节约费用支出的看法。他认为："害财者三，一曰冗吏，二曰冗兵，三曰冗费。"而要做好会计核算工作，做到节约支出，就必须"以简自处，而以繁寄人。以简自处，则心不可乱。心不可乱，则利至而必知，害至而必察。以繁寄人，则事有所分。事有所分，则毫末不遗，而情伪必见"。即在会计工作中，手续、程序要简便易行，账簿设置要少而精，冗员冗费减少了，才能节约支出，使机构运行合理有序。

3. 革命导师超前的会计思维

学过会计的人都熟悉这样一句话："经济越发展，会计越重要。"马克思在《资本论》第2卷论述流通费用的性质时指出："过程越是按社会的规模进行，越是失去纯粹个人的性质，作为对过程的控制和观念总结的簿记就越是必要。因此，簿记对资本主义生产，比对手工业和农民的分散生产更为必要；对公有生产，比对资本主义生产更为必要。"马克思这里所说的簿记就是会计。而"过程控制和观念总结"也就成为大家都熟悉的反映（核算）职能和监督职能，它构成了会计的两大基本职能。马克思认为会计最初是"生产职能的附带部分"，即在"生产时间之外附带地把收支、支付日等记载下来"，只有当社会生产力发展到一定水平，出现剩余产品以后，会计才逐渐地从生产职能中分离出来，成为独立的职能。马克思指出："在远古的印度公社中，已经有一个农业记账员。在那里，簿记已经独立为一个公社官员的专职。这种分工，节约了时间、劳力和开支。但生产和记载生产的簿记，终究是两回事，就像给船装货和装货单是两回事一样。充当记账员的那一部分公社劳动力，是从生产中抽出来的。他执行职能所需要的各种费用，不是由他自己的劳动来补偿，而是由公社产品的扣除来补偿的。只要作些适当的修改，资本家的簿记人员的情况，就和印度公社的记账员的情况相同。"所以，会计最初只是"生产职能的附带部分"，到后来演变为"从生产职能中分离出来，成为特殊的、专门委托的当事人的独立的职能"。很显然，会计具有管理性质。

二、会计的概念及特点

在人类社会的早期，人们只是凭借大脑来记忆经济活动过程中的所得和所费，随着生产活动的日益纷繁、复杂，大脑记忆已经无法满足上述需求，于是便产生了专门记录和计算经济活动过程中的收入和开支的会计。到了现代，会计已由简单的记录和计算逐渐发展成为以货币单位来综合核算和监督经济活动过程的一种价值管理运动。这就是我们现在所要学习的会计。会计一词，在现实生活中通常包括三种含义，见表1-1。

表 1-1　会计在现实生活中的三种含义

①会计人员（accountant）	会计人员是指担任会计工作的人。例如：公司的周会计、酒店的王会计等
②会计工作（accountancy）	会计工作是指具体的会计工作。例如：小王是做会计工作的
③会计学（accounting）	会计学是指以会计为对象的学科。例如：小周在大学里学的是会计学；王老师是一名会计教师

我们这里讲的会计主要是指会计工作，因此会计的概念可以表述为："会计是以货币为主要计量单位，以凭证为依据并运用专门的方法和程序对企业和行政、事业单位的经济活动进行连续、系统、全面、综合的核算和监督，并向有关方面提供会计信息的一种经济管理活动"。由此可见，会计是一项经济管理活动，这种管理活动是以货币为主要计量单位并利用专门的方法和程序对各个单位的经济活动进行完整、连续、系统的反映和监督，它的宗旨就是提供经济信息和提高经济效益，因而它是企业经济管理的重要组成部分。

知识点睛

会计的概念包括三个方面的内容：

①会计是一种管理活动——会计的本质。

②对经济活动进行核算和监督——会计的基本职能。

③以货币计量为基本形式——会计的主要特点。

我们可以从以下五个方面对会计加以理解：

（一）会计是以货币作为主要计量单位

会计以货币为主要计量单位是指会计计量的尺度有多种，例如重量、体积、数量、时间度量等。这些计量尺度无法综合汇总，因此，会计除上述计量单位以外，主要以货币为计量单位。货币是交换的媒介和尺度，具有综合性。人们只有借助于统一的货币量度，才能取得经营管理上所必需的连续、系统而综合的会计资料。因此，在会计上，各种经济事务即使已按实物量度或劳动量度进行了计算和记录，最后仍需要按货币量度综合加以核算。

（二）会计具有一套科学实用的专门方法

为了正确地反映企业经济活动，会计在长期的发展过程中，形成了一系列科学实用的专门核算方法，即按照经济业务发生的顺序进行连续、系统、全面地记录和计算，为企业经营管理提供必要的经济信息。这些专门核算方法相互联系，相互配合，构成一个完整的核算和监督经济活动过程及其结果的方法体系，该体系是会计管理区别于其他经济管理的重要特征之一。

会计是一项要求十分严格的经济管理工作，人们只有按照规定的程序，综合运用会计的技术方法，才能做好会计工作。会计的核算方法包括：设置会计账户，复式记账，填制和审核会计凭证，登记账簿，成本计算，财产清查，编制财务会计报告。会计以凭证为依据，具有严格的规范性，必须以国家规定使用的、具有法律效力的合法凭证为依据。

（三）会计具有核算和监督的基本职能

会计能够对经济活动进行确认、计量、记录和报告，能够对经济业务进行合法性、合理性审查。

（四）会计具有连续性、系统性、全面性、综合性的特点

会计的连续性是指会计对经济业务的记录必须是连续的，逐笔、逐日、逐月、逐年，不能间断；会计的系统性是指将抽象的会计对象内容具体化并做出科学的分类，例如会计对象被划分为六项要素，即资产、负债、所有者权益、收入、费用、利润并对此进行确认、计量、记录、计算和报告；会计的全面性是指对每个会计主体所发生的全部经济业务都应进行记录和反映，不能有任何遗漏；会计的综合性是指在登记时，要进行分类整理，使之系统化，而不能杂乱无章，并通过价值量进行综合、汇总，以完整地反映经济活动的过程和结果。

（五）会计的本质是一项经济管理活动

会计产生于人们管理社会生产和经济事务的过程，会计核算往往涉及单位内部的各个部门，每一个经营管理环节都离不开会计人员的参与，会计的核算和监督本身就是一种管理活动。同时，会计能够为企业提供各种数据资料，能够参与经营计划的制定，能够控制和评价经营活动，能够参与经营方案的选择等。随着社会经济的发展，现代会计正朝着具有更深刻的管理内涵和更广泛的服务领域的方向发展。

【知识拓展——“财务会计”与“管理会计”】

1. 财务会计与管理会计的区别

财务会计与管理会计的区别主要体现在如下方面：第一，财务会计与管理会计工作主体不同。财务会计的主体一般为整个企业，具有单一层次，而管理会计的主体通常可分为多个层次。第二，会计职能定位不同。财务会计的主要职能是对企业或经济主体已经发生的交易或事项进行记录、加工和处理，同时提供并解释历史信息。管理会计的主要职能则是对企业财务活动进行管理，管理会计工作的目的在于解析过去，同时对现在的运营进行控制。第三，会计服务的对象不同。财务会计主要是对外部相关单位和人员提供企业财务信息，而管理会计则是为了满足企业内部管理的需要而提供相应的管理决策信息支持。

2. 财务会计与管理会计的联系

第一，财务会计与管理会计的最终目标相同。财务会计为企业内部提供经济信息，管理会计为企业外部提供经济信息，但它们的最终目标都是促进企业经济利益增加、实现高质量发展。第二，部分会计信息相同可共享。财务会计与管理会计都是企业会计信息系统的组成部分，它们的初始信息都来自企业经济活动的原始信息，基本财务数据如营业收入、利润、应收账款等信息可在财务会计与管理会计中实现传递与共享，经过对相同会计信息的差异化加工和整理，服务于不同的信息需求对象。第三，财务会计与管理会计的核算对象相同。财务会计与管理会计都以企业的经济活动为核算对象。两者在实际工作中只存在分工差异，并且在核算对象的时间和空间上存在侧重点差异。

第二节　走进会计

一、会计的基本职能

会计职能是会计本质的集中体现。所有的企业在发展过程中均需要对经济进行管理，而会计职能便是企业的会计部门在经济管理过程中所具备的职能。会计职能是指会计在经济管理中所具有的功能，是由会计的本质特征所决定的固有的、直接的功能。会计有两大基本职能，即会计核算与会计监督。

（一）会计核算

会计核算贯穿于经济活动的全过程，是会计最基本的职能。会计核算职能，又称会计反映职能，是指会计以货币为主要计量单位，对特定主体的经济活动进行确认、计量、记录和报告，如实地反映特定经济主体的财务状况、经营成果和现金流量等财务信息。会计确认是指按照规定的标准和方法，确定是否将企业的经济活动计入会计凭证、会计账簿并列入会计报表的过程；会计计量是指运用一定的计量单位并借助计量属性，确定被记录项目金额的过程；会计记录是指将经过确认和计量的信息在会计特有的载体上予以登记的过程；会计报告是指将日常记录的会计信息归类整理后编制成财务会计报告，以便将会计信息提供给使用者的过程。通俗而言，会计就是对大量的经济业务通过记录、计算、归类、整理和汇总并通过记账、算账、报账等程序全面、完整、综合地反映经济活动的过程和结果并为企业的经济管理活动提供有用的信息。其中：记账是指对特定对象的经济活动采用一定的记账方法在账簿中进行登记。算账是指在记账的基础上对企业一定时期的收入、费用（成本）、利润和一定日期的资产、负债、所有者权益进行计算。报账是指在算账的基础上对企业的财务状况、经营成果和现金流通情况以会计报表的形式向有关方面报告。《中华人民共和国会计法》第十条规定：各单位应对下列经济业务事项办理会计手续，进行会计核算：（一）资产的增减和使用；（二）负债的增减；（三）净资产（所有者权益）的增减；（四）收入、支出、费用、成本的增减；（五）财务成果的计算和处理；（六）需要办理会计手续、进行会计核算的其他事项。会计核算环节如图 1-1 所示。

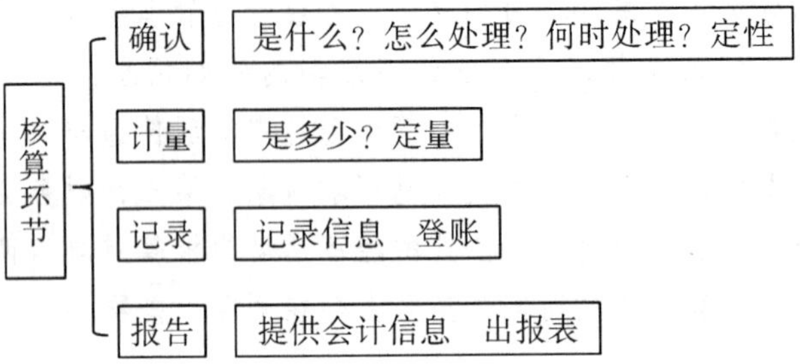

图 1-1　会计核算环节

（二）会计监督

会计监督职能，又称会计控制职能，是会计的另一个重要功能。会计监督主要是指会计人员以国家财经法规、政策、制度、纪律和会计信息为依据对企业已经发生和将要发生的经济活动进行合法性与合理性的监督和审查。会计监督有许多要求，但它们相同的特点就是确保所拥有的会计信息和“经济主体所要求的规定或某些预期结果”相符，实现会计监督功能是为了对会计信息应用人员，甚至对社会、金融和经济界进行调节和掌控。在目前的形势下，会计监督要确保国家宏观调控所需要用到的经济信息真实、可靠。会计监督的内容主要包括：

（1）真实性：检查会计处理是否根据实际发生的经济业务事项进行，是否如实反映经济活动或事项的真实状况。

（2）合法性：检查会计处理是否符合国家的有关法律法规，遵守财经纪律，执行国家各项方针政策，杜绝违法乱纪。

（3）合理性：检查各项财务收支是否符合特定会计主体的财务收支计划，是否有利于预算目标的实现，是否有违背内部控制制度要求等现象，为提高企业经济效益严格把关。

会计监督是会计工作的重要组成部分贯穿于企业经济活动的全过程。企业通过会计监督，可以正确地处理好其与国家的关系，最大化地提高企业的经济效益，改善企业的经营管理水平。

单位内部会计监督制度应当符合以下要求：

（1）记账人员与经纪业务事项和会计事项的审批人员、经办人员、财物保管人员的职责权限应当明确，并相互分离、相互监督。

（2）重大对外投资、资产处置、资金调度和其他重要经济业务事项的决策和执行的相互监督、相互制约程序应当明确。

（3）财产清查的范围、期限和组织程序应当明确。

（4）对会计资料定期进行内部审计的办法和程序应当明确。

（三）会计核算与会计监督的关系

一方面在实际操作中，会计部门所提供的资料都有其目标，目标变了，资料也会相应变化，从而使企业的经济活动符合经营者、所有者的意图，为需求者投资、经营决策提供科学、合理的依据，即会计资料如不从经济管理的角度出发，不为经济管理服务，就无任何经济价值。另一方面，《中华人民共和国会计法》第九条规定，各单位必须根据实际发生的经济业务事项进行会计核算，任何单位不得以虚假的经济业务事项或者资料进行会计核算。那如何才能实现客观、真实的标准呢？在会计发展史上，自从有了会计核算，便有了会计监督。会计监督不可以脱离会计核算，而会计核算又始终是围绕会计的管理目标进行的。在实务中，会计人员需对原始资料的合理性、合法性进行审核，才能予以报账和编制凭证，财务负责人需对已编制的凭证、报表等资料进行审核，才予上报。

因此，会计核算与会计监督是相辅相成、辩证统一的。会计核算是会计监督的基础，没有会计核算提供的各种信息，会计监督就失去了依据；会计监督又是会计核算质量的保障，只有核算没有监督，就难以保证核算提供信息的质量。因此，会计核算与会计监督的关系可概括为：会计核算是会计监督的前提，会计监督是会计核算的质量保障，见图 1-2。

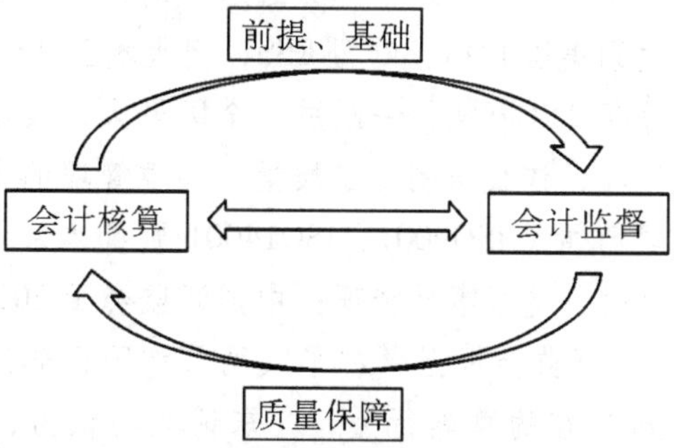

图 1-2　会计核算与会计监督关系

【知识拓展——会计的其他职能】

会计的其他职能有：第一，应该对企业发展前景进行合理的预测和规划。第二，应该建立有效的经济指标体系，将企业发展中的会计控制实行责任制。第三，要能够做好企业运行资金的筹备工作，加大对现金流量的管理力度。第四，要严格按照企业制定的会计核算议价标准建立议价体系。第五，在管理过程中，能够参与企业内部的重大经济决策。主要包括：

（1）预测经济前景：判断和推测经济活动的发展变化规律，以指导和调节经济活动，提高经济效益。

（2）参与经济决策：根据信息对备选方案进行可行性分析，提供决策相关信息。

（3）评价经营业绩：做出真实、客观、公正的综合评判。

《会计改革与发展“十四五”规划纲要》提出，要着眼于服务各类单位提高内部管理水平和风险防范能力，会计职能要实现从传统的算账、记账、核账、报账向价值管理、资本运营、战略决策辅助等职能持续转型升级。

【案例分享——会计舞弊】

会计舞弊通常被认为是一种有意行为，其结果是造成会计报表不真实。它是一种违法的经济行为，其实质是欺骗信息使用者，主观操纵会计信息，具有强烈的利润倾向。从国家和政府的视角来看，会计舞弊会使会计信息失真，使有关的信息不能可靠地反映到政府的决策中，从而导致宏观调控出现偏差，对社会经济的整体运行产生不利影响。从制定国民经济发展规划、宏观调控等角度而言，若以不正确的会计信息为依据，可能造成误导，造成巨大的经济损失；从上市公司角度而言，会计舞弊通常会影响上市公司的形象，并最终导致该公司的整体业绩下降。

G公司于2001年6月在国内首次公开发行，并于上海股票交易所挂牌。公司的ML型氨基复合材料是国内同类产品中最早引进国际先进水平的产品。采用先进的技术标准，优良的材料特性，使其产品达到美国FDA，欧盟ESS，澳大利亚AS1647的标准。由于ML新材料的实际生产能力已达每年2.3万吨，一跃成了全国最大、技术最先进的生产厂家。为了加强公司的质量和环境管理，该公司制定了质量、环境管理的方针和目标，努力达到质量和环境的持续改善。公司已通过ISO9001、ISO14001质量体系认证，并在全球范围内开展业务和市场竞争。G公司财务造假事件梳理：中国证监会于2020年5月21日向G公司出具了《调查通知书》。中国证监会根据《中华人民共和国证券法》对该公司进行了深入的调查，最终发现了该公司存在的舞弊行为。广东证监局认为，G公司存在以下违规行为：一是公司在有关报表中没有披露关联关系及日常关联交易；二是2018年、2019年年报虚报盈利；三是虚构保理业务，虚增其他业务收入。广东证监局对G公司进行了处罚，包括采取整改措施、警告和罚款300万元。总裁兼首席执行官受到警告并被罚款人民币330万元；首席财务官兼董事受到警告并被罚款人民币160万元。具体而言，该公司因未按规定提交G公司年度报告而受到警告并被罚款20万元人民币；该公司因G公司的虚假信息而受到警告并被罚款140万元。

二、会计的对象

会计作为专门从事信息服务的活动，其核心工作就是通过确认、计量、记录和报告等手段来提供会计信息。会计信息所反映的是经济主体的经济活动的过程、结果，这也就是会计对象，即会计工作所针对之对象。

因此，会计对象可概括为：会计所核算和监督的内容，即会计工作的客体。由于会计需要以货币为主要计量单位，对一定会计主体的经济活动进行核算和监督，因而会计并不能核算和监督社会再生产过程中的所有经济活动，即凡是特定主体能够以货币表现的经济活动，就是会计核算和监督的内容，也就是会计的对象。以货币表现的经济活动通常又称为价值运动或资金运动。由于单位的组织形式和经济活动的内容不同，所以不同单位的会计对象均有不同的特点。

从宏观上来说，会计对象是再生产过程中的资金运动；从微观上来说，会计对象是一个单位能够用货币表现的经济活动，即资金运动。

资金是指一个单位所拥有的各项财产物资的货币表现，而资金运动则是资金形态变化和位置的移动。企业的资金运动主要包括资金进入企业、资金在企业内部循环与周转、资金退出企业三种形式。而具体到企业、事业单位、行政单位又有较大差异，比如工业、农业、商业、交通运输业、建筑业、娱乐业及金融业等，均有各自资金运动的特点，其中尤以工业企业最具有代表性。

以工业企业为例，工业企业进行生产经营活动，首先要用货币资金去购买生产设备和材料物资为生产过程做准备，然后将其投入到企业生产过程中生产出产品，最后还要将所生产出来的产品对外出售并收回因出售产品而取得的货币资金。这样，工业企业的资金就陆续经过了供应过程、生产过程和销售过程，其形态也随之而发生变化。工业企业用货币购买生产设备、材料物资的时候，货币资金转化为固定资金、储备资金；车间生产产品领用材料物资时，储备资金又转化为生产资金；将车间加工完毕的产品验收入到成品库后，此时，生产资金又转化为成品资金；将产成品出售又收回货币资金时，成品资金又转化为货币资金。我们把资金从货币形态开始，依次经过储备资金、生产资金、成品资金，最后又回到货币资金这一运动过程叫作资金循环，周而复始的资金循环叫作资金周转。实际上，企业的生产经营过程是周而复始、不间断、循环地进行的，即企业不断地投入原材料、不断地加工产品、不断地销售产品，其资金也是不断循环周转的。就整个企业的资金运动而言，资金的循环周转还应该包括资金的投入和资金的退出。资金的投入是指资金进入企业。企业进行经营生产活动的前提是首先必须拥有一定数量的资金，资金投入包括投资者的资金投入和债权人的资金投入。前者构成了企业的所有者权益，后者形成了企业的债权人权益，即企业的负债。投入企业的资金一部分形成流动资产，另一部分形成企业的固定资产等非流动资产。资金的退出是指资金退出企业的资金循环和周转，包括按法定程序返回投资者的投资、偿还各项债务、上缴税费、向所有者分配利润等内容。这是指一部分资金离开企业，游离于企业资金运动之外。资金的投入、运用和退出是资金运动的三个阶段，三者相互支撑，构成一个统一体。没有资金的投入，也就没有资金的循环和周转；

没有资金的循环和周转，就没有资金的退出。

把会计的对象描述为资金运动，这是很抽象的。会计核算和会计监督的内容应该是详细具体的，这就要求我们必须把企业的资金运动进行若干次分类，使之具体化。要顺利开展会计工作，有必要对会计对象作进一步的具体化，即对会计对象进行一系列具体的分类，揭示其既有联系又有区别的各个组成部分，以便将会计对象生动、形象、具体而又全面地呈现出来。只有这样，会计才能有助于人类进行经济管理。在对会计对象的一系列具体的分类中，其中最概括也是最基本的一个层次的分类就形成了会计要素。也就是说，会计要素是会计对象的具体化，是对会计对象的基本分类，其自身则构成对会计对象进行进一步详细分类以便于更好地进行确认、计量、记录和报告。会计要素的分类不是随意进行的，它应依据会计目的，服从于会计信息使用者的需要，在会计对象的范围内完成。所以，更确切地说，会计要素是依据会计目的对会计对象进行的基本分类。对资金运动进行的分类，就是会计要素；对会计要素进行的分类，就是会计科目。根据我国会计准则的规定，我国企业的会计要素分成六大要素，即资产、负债、所有者权益、收入、费用和利润；而每一会计要素又可分成若干会计科目。对于“会计要素”“会计科目”的内容我们将在后续章节进行学习。

三、会计的目标

会计目标是指要求会计工作完成的任务或达到的标准。我国《企业会计准则——基本准则》第四条中所确定的会计目标是：“财务会计报告的目标是向财务会计报告使用者提供与企业财务状况、经营成果和现金流量等有关的会计信息，反映企业管理层受托责任履行情况，有助于财务会计报告使用者作出经济决策。”会计的目标如图 1-3 所示。

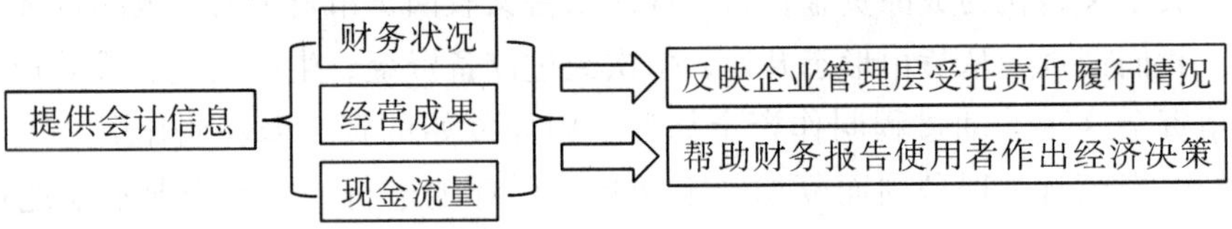

图 1-3 会计的目标

四、会计核算方法

会计核算方法，是指会计对企业、事业单位、行政单位已经发生的经济活动进行连续、系统、全面反映和监督所采用的方法。会计核算方法是用来反映和监督会计对象的。会计对象的多样性和复杂性，决定了用来对其进行反映和监督的会计核算方法不能采取单一的方法形式，而应该采用方法体系的模式。因此，会计核算方法由设置会计科目和账户、复式记账、填制和审核会计凭证、登记会计账簿、成本计算、财产清查和编制财务报告等具体方法构成，这七种方法构成了一个完整的、科学的方法体系。具体内容为：

（一）设置会计科目和账户

设置会计科目和账户是指对会计对象具体内容进行分类核算和监督的一种专门方法。会计对象包含的内容纷繁复杂，设置会计科目和账户就是根据会计对象具体内容的不同特点和经济管理的不同要求，选择一定的标准进行分类，并事先规定分类核算项目，在账簿中开设相应的账户，以获得所需要的核算指标。企业在对经济业务进行核算时，需要根据具体的核算项目设立各自的核算账户，如银行存款账户、应付账款账户等，在每个账户中分别登记其增减变化和结存情况，从而为经营管理提供所需要的各种核算指标。

（二）复式记账

复式记账是指对每一项经济业务都要在两个或两个以上相互联系的账户中进行登记的一种方法。任何一项经济业务事项，都会引起至少两个账户的变化，或同时出现增减，或此增彼减。这种变化既相互独立，又密切联系。例如，企业从银行提取现金 10 000 元，此笔经济业务的发生，一方面引起企业的银行存款减少了 10 000 元，另一方面使企业的库存现金增加了 10 000 元，该项经济业务需要在“银行存款”账户记减少 10 000 元，同时又要在“库存现金”账户记增加 10 000 元。采用这种方法记账，使每项经济业务所涉及的两个或两个以上的账户发生对应关系，登记在对应账户上的金额相等。账户的对应关系及金额相等的平衡关系，企业可通过其完整地反映每项经济业务的来龙去脉及其相互关系，企业可通过其检查有关经济业务的账户记录是否正确。如果采用单式记账法，则只能对其中的一种变化进行核算和监督，就无法全面地反映经济业务事项的全貌。

（三）填制和审核会计凭证

会计凭证是经济业务发生和完成情况的书面证明，是登记会计账簿的依据，包括原始凭证和记账凭证。任何单位发生会计事项都必须取得原始凭证，以证明其经济业务的发生或者完成。经办人取得原始凭证后，应将原始凭证递交会计人员进行审核，即审核原始凭证的内容是否完备、手续是否齐全、业务的发生是否合理合法等。原始凭证经审核无误后，才能够编制记账凭证，记账凭证审核无误后，才能够登记会计账簿。对于任何一项经济业务事项，会计人员都应根据实际发生和完成的情况填制或取得会计凭证，经有关部门和人员审核无误后，方可登记账簿。填制和审核凭证是保证会计资料真实、完整的有效手段。

（四）登记会计账簿

会计账簿是用来连续、系统、完整地记录各项经济业务的簿籍，是账户的集合，是记录和存储会计信息的数据库，是保存会计数据资料的重要工具。会计账簿所提供的各种数据资料，是编制会计报表的主要依据。登记会计账簿是根据审核无误的会计凭证，在有关会计账簿上连续、系统、完整地记录经济业务的一种专门方法。通过填制会计凭证，使经济业务全部记入会计凭证，只是取得了一个记账的依据，但会计凭证是大量的、分散的，只有按经济业务的性质分类记入在账簿中设置的有关账户中去，才能提供比较系统、完整的会计信息。登记会计账簿使大量分散的会计凭证归类并加工成系统、完整的数据资料，从而使会计信息更好地满足各方面的需要。

（五）成本计算

成本计算是指按照一定对象归集和分配生产经营过程中发生的各种费用，以便确定各成本计算对象的总成本和单位成本的一种专门方法。凡是独立核算的企业都必须进行成本计算。工业企业需要计算材料的采购成本、产品的生产成本和销售成本；商品流通企业需要计算商品进价成本和销售成本。例如，工业企业在进行产品生产的过程中，要耗用材料、支付薪酬、发生制造费用，这些费用要以产品品种为对象来加以归集，并与生产产品的品种、数量联系起来，计算每种产品的总成本和单位数量产品应负担的费用，即单位成本。成本计算要在有关的会计账簿中进行，同时会计凭证的填制和传递也要适应成本计算的要求。成本计算可以反映和监督生产经营过程中所发生的各项费用是否符合节约原则和经济核算要求，与目标成本相比是节约还是超支。这对于促进企业采取措施，提高经济效益具有非常重要的意义。同时，正确地选择成本计算方法，准确地计算成本，也是企业正确计算利润的前提条件之一。

（六）财产清查

财产清查是指通过盘点实物，核对账目，查明各项财产物资和资金的实有数，以保证账簿记录真实可靠的一种专门方法。在会计核算工作中，某些主观或客观的原因，可能会造成账面记录与实际结存不符。为了加强会计记录的准确性，保证账实相符，企业必须定期或不定期地对各项财产物资和往来款项进行清查、盘点和核对；在清查中如果发现某些财产物资和资金的实有数额同账面结存额不一致，应分析原因，明确经济责任，并调整账面记录，使账存数额与实存数额保持一致，从而保证会计核算资料的真实性。企业通过财产清查还可以发现财产物资保管和债权、债务管理中的问题，以便对积压、毁损、短缺的财产、物资和逾期未能收回的款项，及时采取措施，加强财产管理，从而保护财产物资的安全、完整，挖掘财产物资的潜力，以利于加速资金周转，节约费用开支。总之，财产清查对于保证会计核算资料的正确性，监督财产的安全与合理使用都具有重要的作用。因此，它是会计核算必不可少的一种专门方法。

（七）编制财务会计报告

财务会计报告是指企业对外提供的反映企业某一特定日期财务状况和某一会计期间经营成果、现金流量的文件。编制财务会计报告是对日常会计核算资料的总结，就是对账簿记录定期加以分类、整理和汇总，形成会计信息使用者所需要的各种指标，再报送给会计信息使用者，以便其据此做出决策。财务会计报告所提供的一系列核算指标，是考核和分析财务计划和预算执行情况以及编制下期财务计划和预算的重要依据，也是进行国民经济综合评估所必不可少的资料。

以上会计核算的七种方法，虽各有特定的含义和作用，但并不是独立的，而是相互联系、相互依存、彼此制约的。它们构成了一个完整的方法体系。在会计核算中，会计人员应正确地运用这些方法。一般在经济业务发生后，会计人员按规定的手续填制和审核凭证，并应用复式记账法在有关账簿中进行登记；期末还要对生产经营过程中发生的费用进行成本计算和财产清查，在账证、账账、账实相符的基础上，根据账簿记录编制会计报表，会计核算方法如图 1-4 所示。

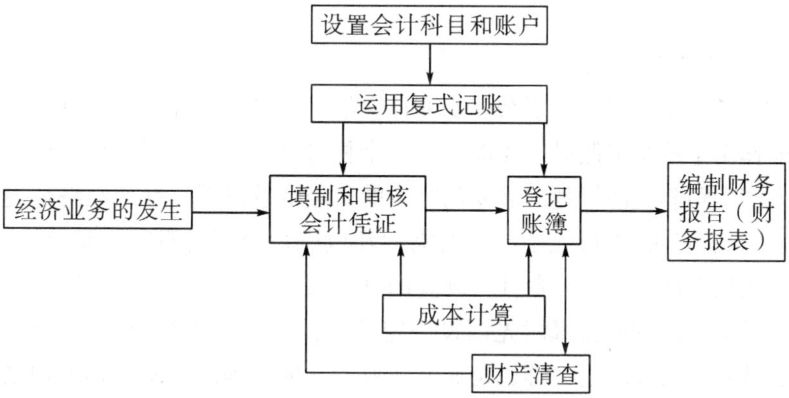

图 1-4　会计核算方法

从整体上来看，这些会计核算方法主要分为两大类：一类是在学习会计核算理论时必须要掌握的，另一类是在会计实务工作中包含的主要内容。首先，设置会计科目和账户是会计核算过程中的重要基础。在企业资金运动中，难以明确企业会计核算对象，为了使企业会计核算工作更加科学合理，会计人员必须把相同性质的经济内容划分到同一种类。企业会计划分种类时需要严格参照资产、负债、所有者权益、收入、费用以及利润来进行。对于企业资产来说，其必须对资产进行分类核算，才能充分了解企业的资产运作情况。其次，在会计实际工作中会计人员需要采用合适的实务方法。填制和审核会计凭证主要是指企业连续记录主体产生的经济活动，在时间前进的过程中，会计人员需要对企业经营的收入和支出进行准确登记，充分反映出企业的收支情况；同时，会计人员需要采用有效的手段全面总结会计信息，并且把它展示出来，给企业决策者提供有效的信息，把会计信息分化、组合，也就是编制成会计报表，从而为企业财务会计工作提供理论依据。最后，会计人员通过成本计算能够为企业填制会计凭证以及账簿登记提供有效的数据。

对于会计凭证的填制和审核，《中华人民共和国会计法》第十四条规定：会计机构、会计人员必须按照国家统一的会计制度的规定对原始凭证进行审核，对不真实、不合法的原始凭证有权不予接受，并向单位负责人报告；对记载不准确、不完整的原始凭证予以退回，并要求按照国家统一的会计制度的规定更正、补充。对于会计账簿的登记，《中华人民共和国会计法》规定，会计账簿登记，必须以经过审核的会计凭证为依据，并符合有关法律、行政法规和国家统一的会计制度的规定。对于定期账实核对方面，要求“各单位应当定期将会计账簿记录与实物、款项及有关资料相互核对，保证会计账簿记录与实物及款项的实有数额相符、会计账簿记录与会计凭证的有关内容相符、会计账簿之间相对应的记录相符、会计账簿记录与会计报表的有关内容相符”。《会计基础工作规范》规定：“会计机构、会计人员要根据审核无误的原始凭证填制记账凭证。”

五、会计四大基本假设与会计记账基础

（一）会计基本假设

会计面对的是一个现实的、复杂多变的社会经济环境，会计工作只有在一定的前提条件下开展，即作出某些基本假设，才能处于一个相对稳定的、比较理想的环境中。会计是随着人类的生产实践和经济管理的需要而产生的，经济越发展，社会经济环境越复杂，这就需要会计人员在会计核算过程中，对面临的环境进行合理的假定，即会计的基本假设。会计基本假设实质上就是有关企业社会环境的基本假定。设定会计基本假设，就如数学学科，我们在推导某一定理或公式时先假设一定的前提条件是成立的。会计有一定的理论，会计基本假设就属于会计理论，理论是非常重要的，因为理论试图解释事物之间的关系或预测一些现象。就会计方法而言，会计理论必须包含一套基本的前提条件（又称为假设）。这些前提条件可以是不言而喻的，也可以是推定的，要经得起统计推理的检验，在这种情况下，这些前提条件通常就被称作假设。

会计基本假设是会计确认、计量、记录和报告的前提，是对会计核算所处时间、空间环境等作出的合理设定。为实现财务报告目标，会计人员必须对会计核算的时间、空间和计量属性等进行一定的设定，这些设定是会计核算的基础条件，是确保会计核算顺利进行的前提。会计方法的选择、会计数据的搜集与处理均以会计基本假设为依据。会计基本假设包括会计主体、持续经营、会计分期和货币计量（如图 1-5 所示）。这四个会计核算的基本假设是相互依存、相互补充的，会计主体确立了会计核算的空间范围，持续经营与会计分期确立了会计核算的时间长度，而货币计量则为会计核算提供了必要手段。

会计基本假设是为了保证会计工作正常进行和会计信息质量，而对会计核算所处的空间范围、时间范围、基本程序和计量方法所作的基本假定，也称之为会计核算的基本前提。

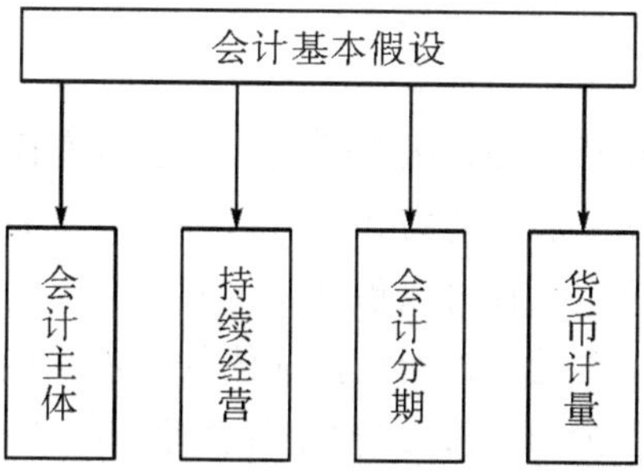

图 1-5　会计基本假设

1. 会计主体

企业应当对其本身发生的交易或者事项进行会计确认、计量、记录和报告。企业要进行会计核算工作，首先就要明确会计人员“为谁记账、算账、报账的问题”，即会计人员的立场。所以会计主体假设是最基本的假设，是其他基本假设的基础。会计主体假设规范了会计工作的空间范围，即为谁记账。会计主体是指企业会计确认、计量、记录和报告的空间范围，是会计核算和监督的特定单位和组织，即在经营上或经济上具有独立性或相对独立性的单位。如果是营利性经济组织，就是一个企业；如果是非营利性的单位，就是一个事业、机关、团体单位。会计主体假设把会计处理的数据和提供的信息，严格地限制在这一特定的空间范围，而不是漫无边际的。会计主体应符合以下三个条件：①具有一定数量的资金。②进行独立的生产经营活动和其他活动。③会计上实行独立核算。

【知识拓展——会计主体与法律主体】

会计主体与法律主体不同，二者是不同的概念。会计主体的存在具有两面性，它既可以是一个进行独立核算的经济实体或一个独立的法律主体，也可以是一个进行独立核算的相关部门，例如财务部门本身，这时的它不能称之为一个法律主体，只能算作是法律主体的包含物。法律主体就是法律关系主体。法律主体所包含的内容较广，可以是法律所制约的个人，也可以是法律所制衡的个体，它存在于社会的每个角落，社会和人类的发展无一不受其制约。一般来说，会计主体和法律主体并不对等，一个会计主体不一定是法律主体，但一个法律主体必然是一个会计主体，此外，同一个法律主体也可以有多个会计主体。法律主体强调的是参与，会计主体强调的是被核算的空间范围。例如，某企业的产品实行“厂家直销”的方式销售，它在各地区设立了专门的销售机构，这些销售机构可以进行独立核算，那么这些销售机构就是会计主体，但它们不是法律主体。会计主体与法律主体（法人）并非是对等的概念。会计主体可以是具备法人资格的：比如 XX 有限公司（包括母公司、子公司）、XX 股份有限公司一般是强制要求会计核算的，会计主体也可以是不具备法人资格的，比如分公司、集团、分厂、车间、事业部、办事处、个人独资企业、合伙企业等一般是根据内部需要进行会计核算的。

2. 持续经营

持续经营是相对于停止经营、濒临破产这两个发展状态而产生的会计假设，即企业处于正常经营状态，且具备长期发展的能力和潜力。持续经营假设是指一个会计核算主体其经营活动是永久持续的开展下去，在可以预见的将来不会停业，也不会大规模削减业务或进行清算，所持有的资产将正常营运，所负担的债务将正常偿还。比如，某企业购入一项商标特许使用权，可使用年限为10年，这意味着企业在有限的发展空间内可正常经营10年，那么企业所拥有的这项无形资产也将在经营范围内使用10年，则其应从会计角度分析该项无形资产，并需要进行资产、成本核算，从而进行准确的损益计算。因此，在整个会计核算过程中，持续发展是企业能进行核算的重要前提。当然，企业用一定的方法对固定资产计提折旧，与对无形资产价值进行摊销一样都体现了持续经营的会计假设。现行会计处理方法大部分是建立在持续经营假设上的，否则一些公认的会计处理方法将缺乏存在的基础。如：判断企业会持续经营下去，固定资产就可以根据历史成本计量，并按期（假如按5年）计提折旧；否则，固定资产只能采用可变现净值计量，并要把未提取的折旧在清算前全部分摊。企业一系列会计核算方法和原则都是建立在持续经营假设基础上的。

持续经营假设明确了会计工作的时间范围，即企业正常经营期间所发生的交易或事项。当有确凿证据（通常是破产公告的发布）证明企业已经不能再持续经营下去的，该假设会自动失效，此时企业将由清算小组接管，会计核算方法随即改为破产清算会计。

3. 会计分期

一个会计主体在持续经营的情况下，其经济活动是循环往复、周而复始的。为了及时提供决策和管理所需要的信息，在会计工作中，人为地在时间上把连续不断的企业经营活动及其结果用起止日期加以划分，形成会计期间，这就是会计分期的假设。从目的来看，会计行为是一个需要按时、按点进行准确核算的行为，需要对企业的财务状况和经营成果进行定期的分析和总结，所以需要进行会计分期的假设。因此，会计分期假设可定义为：将一个企业持续经营的生产经营活动期间划分为若干连续的、长短相同的期间。会计期间通常分为年度和中期。最常见的会计分期是一年，即会计年度，是从公历年度的1月1日至12月31日，按年度编制的财务会计报告称为年报。《企业会计准则——基本准则》第一章第七条规定，企业应当划分会计期间，分期结算账目和编制财务会计报告。会计中期是指短于一个完整会计年度的报告期间，可以分成季度、月度、半年度，半年度报表常见于上市公司，就是平时说的上市公司中报。会计分期的目的在于通过会计期间的划分，将持续经营的生产经营活动划分成连续、相等的期间，据以结算盈亏，按期编报财务报告，从而及时向财务报告使用者提供有关企业财务状况、经营成果和现金流量的信息。会计分期假设明确了何时报告会计信息的问题，界定了本期、前期和后期等概念。

需要注意的是，会计分期与业务周期不同，有的业务周期不足一个会计期间，而有的又持续几个会计周期。会计期间的划分，对于企业收支损益有较大的影响。企业的发展具有可持续性，因此会计期间的划分也应该按照企业生产经营的状况来进行合理有效的划分，在进行会计分期的过程中，企业必须按照经营状态、资本状况进行有效的分期。会计主体、持续经营和会计分期这三大会计基本假设之间的关系如图 1-6 所示。

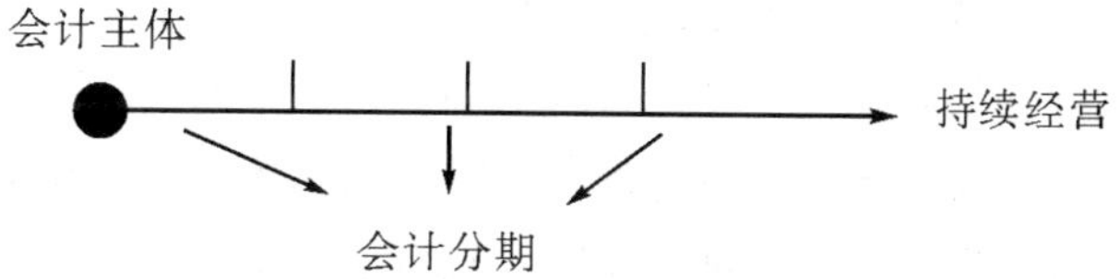

图 1-6　会计主体、持续经营和会计分期之间的关系

【注意】由于会计分期，才产生了当期与其他期间的差别，从而形成了权责发生制和收付实现制的区别。

4. 货币计量

企业的生产经营活动具体表现为商品的购销、各种原材料和劳务的耗费等实物运动。由于商品、各种原材料和劳务的耗费在实物上不存在统一的计量单位，无法比较，为了全面完整反映企业的生产经营活动，会计核算客观上需要一种统一的计量单位作为其计量尺度。在商品经济条件下，货币是商品的一般等价物，是衡量商品价值的共同尺度，会计核算就必然选择货币作为其计量单位，以货币形式来反映企业生产经营活动的全过程。因此，货币计量假设是指会计主体在进行会计确认、计量、记录和报告时以货币计量，反映会计主体的财务状况、经营成果和现金流量。会计选择货币作为共同尺度进行计量，具有全面、综合反映企业的生产经营情况的作用。货币计量假设统一了会计的计量方法，因为货币是商品的一般等价物，能用以计量所有会计要素。会计采用以货币为主要计量单位主要是由于：其一，在历史发展过程中，货币是经济活动计量中最被广泛使用的计量单位。在日常的经营中，经济业务的拓展方向是不可限定的，这些经济业务的价值核算主要通过货币来进行精准衡量。由于企业的实物所展现的形态不同，其可采用的计量方式也多种多样。会计本身就是对各类形态的实物以货币价值的形式进行核算，要核算就要有计量依据，还必须用统一的标准来反映，而货币具有可加性、可比性等优点，所以以货币作为主要计量单位是维持流通的最优选择。其二，货币计量的前提中还包含着币值不变的假定意义。由于通货膨胀普遍存在，货币的实际价值是有所改变的，但货币作为一种计量单位，它必须具有稳定性，这样才能使不同的企业资产类型得到相应的计量，其结果都以货币计量的形式被进行有效地统计，不同时间的收入和费用才能进行比较，以计算其经营成果。

【注意】

①我国的会计核算应以人民币为记账本位币。

②业务收支以外币为主的企业，也可以选择某种外币作为记账本位币，但编制的财务

会计报告应当折算为人民币。

③在境外设立的中国企业向国内报送的财务会计报告，应当折算为人民币。

“不以规矩，不能成方圆”。无论做什么事情都需要规则。会计作为一种核算系统，也遵循着相应的财务核算规则，即人们在进行会计核算之前，必须确定会计的基本假设。会计基本假设在操作过程中并不是完全依靠假设进行的，在进行会计基本假设操作的过程中，会计工作的相关内容都必须建立规范合理的制度，相应的会计工作必须严格按照制度进行。会计核算是企业发展的核心，只有规范的会计核算才能保证企业的有效发展。会计基本假设对于会计实践工作来说是非常重要的，只有规定了这些会计假设，会计核算才能得以正常地进行下去。因此，会计基本假设是会计实践工作经验的概括和总结，它反过来又指导会计实践工作。

（二）会计记账基础

由于会计分期假设，企业在进行会计核算时就有了本期和非本期的区别，而在企业经营中，一些经营业务的款项结算与经济业务可能并不是同时发生的，比如企业销售了商品，但本期并没有收到货款，货款将在下一个月才能收回；或者企业预先收取了客户部分货款，但并没有向客户提供商品。由于这些涉及收入或费用的经济业务的款项必须跨期结算，从而导致企业在进行收入或费用核算时，必须选择恰当的会计记账基础。会计记账基础是指在确认和处理一定会计期间收入和费用时，选择的处理原则和标准，其目的是对收入和支出进行合理配比，进而作为确认当期损益的依据。运用的会计记账基础不同，对同一企业，同一期间的收入、费用和财务成果，会计核算出现的结果也不同。会计记账基础是指会计确认、计量、记录和报告的基础，在会计上有两种不同的会计记账基础，即权责发生制与收付实现制。

1. 权责发生制

权责发生制又称应计制或应收应付制，是按照收入和费用的归属来确认当期的收入和费用。权，是收款的权利；责，是付款的义务。即收入与费用的确认，不以实际收到或付出款项为依据，而是以收款的权利或付款的义务发生为依据。权责发生制的核心是根据交易或事项是否影响各个会计期间的经营业绩水平，判断收入和费用的归属期。

在权责发生制下，凡是属于当期实现的收入或应当负担的费用，不论款项是否收付，都应当作为当期的收入和费用；凡是不属于当期的收入和费用，即使款项已在当期收付，都不应当作为当期的收入和费用。

（1）权责发生制对收入的确认

【例 1-1】2023 年 12 月 5 日，阳光公司销售商品一批，商品价款总额为 5 000 元，货款暂未收到。

思考：阳光公司此时是否实现了收入？

【例 1-2】2023 年 12 月 8 日，阳光公司预收货款 2 000 元，款项已存入公司银行账户。

思考：阳光公司此时是否实现了收入？

（2）权责发生制对费用的确认

【例 1-3】2023 年 12 月 30 日，阳光公司用银行存款支付下一年第一季度的房租 8 000元。

思考：阳光公司此时是否发生了费用？

【例 1-4】2023 年 12 月 3 日，阳光公司向银行借款 100 000 元，年利率为 6%，6 个月后归还借款本金和利息 3 000 元。

思考：2024 年 1~6 月，阳光公司是否有费用发生？

2. 收付实现制

收付实现制是以实际收到或者支付的现金作为确认收入和费用的依据，是按照款项的收付时间确认收入和费用的归属期，是与权责发生制相对应的一种会计记账基础。

在收付实现制下，凡是在本期真实收到现金或银行存款形式的收入，不论其是否归属于本期，均作为本期的收入处理；凡是本期真实以现金或银行存款付出的费用，不论该款项应否在本期收入中取得补偿，均作为本期的费用处理。收付实现制的核心是将收入确认为收到款项的期间，将费用确认为支付款项的期间。

目前，我国企业会计确认、计量、记录和报告采用权责发生制，行政单位会计采用收付实现制，事业单位会计除经营业务可采用权责发生制外，其他大部分业务采用收付实现制。

3. 权责发生制与收付实现制的优缺点

（1）权责发生制的优缺点

优点：可以清晰地反映各个会计期间所实现的收入和为实现收入所承担的费用，进而可以把各期的成本、费用与其相关的收入相配合，便于正确确定各期的收益。

缺点：采用该种会计记账基础，可能出现形如一个在利润表上看起来经营状况良好的企业，实际上有可能在资产负债表上观察到该企业并没有相应的能及时变现的资金，以致公司在应对突发状况时陷入财务困境，进而可能导致严重后果。

（2）收付实现制的优缺点

优点：会计确认数是实际入库的预算资金，能如实反映预算收支结果，便于安排预算拨款和预算支出的进度。收付实现制操作相对容易，易于被使用者理解，且数据处理成本比较低。

缺点：不利于进行成本核算；不利于防范财务风险，不能准确记录和反映单位的负债情况；不能真实地反映对外投资业务；不能真实地反映当年收支结余；不能反映固定资产的真实价值等会计事宜。

【课堂练习】

要求：请同学们根据以下业务，在权责发生制和收付实现制下分别确定阳光公司2023年12月份的收入、费用和利润。

①12月2日，阳光公司销售产品，并收到现款120元。

②12月5日，阳光公司销售产品180元，收到现款50元，余款尚未收回。

③12月16日，阳光公司收到A公司8月份所欠货款200元。

④12月20日，阳光公司收到B公司交来9~12月份仓库租金160元。

⑤12月30日，阳光公司支付本月电费，共计200元。

⑥12月30日，阳光公司计算出本月应交所得税80元，尚未缴纳。

⑦12月30日，阳光公司缴纳上月所欠电话费100元。

六、会计信息的八项质量要求

会计信息主要是指企业根据会计分期的要求对外报告的信息。我国经济发展在保持较高增速的同时经济形势变化也较快，而企业不仅需要面对多变的发展环境还需要不断提升自己的运营和管理能力。同时企业的运营和发展都不同程度地受到大数据时代影响，会计信息在企业运营中的作用和重要性也不断提升，我国现阶段企业在会计信息管理中还存在一定的不足而无法有效保障会计信息的质量，会计信息对企业的运营决策、发展规划的制定及运营计划的实施等产生深远的影响，而决策不当和管理失误都会给企业造成极大的不良影响。对于企业来说，会计信息的管控工作十分必要，企业需要不断完善相关管理工作并消除存在的不足，减少不良会计信息带来的不利影响，以高质量的会计信息来保障企业运营和发展的正确性和有效性。会计信息最重要的就是真实性，会计人员在核算的过程中要遵循客观事实，不得随意虚构捏造数据，同时保障信息的完整性，对于一些辅助性表格、发票等票据不得出现涂抹、修改的痕迹。会计财务报告的信息一定要具有预测价值和反馈价值，这就需要会计在进行财务信息报告时充分考虑投资者的实际经济需求，发挥投资方与使用方的纽带作用。进行财务报告时，会计人员一定要注意会计信息的可信度与可理解性。会计在进行财务报告的过程中，要按照一定的流程和形式，进行会计确认、会计计量及会计记录，并做好财务报告，形成一定的固定模式，方便会计工作的顺利开展。

会计信息质量要求是对企业在财务会计报告中提供高质量会计信息的基本规范。我国《企业会计准则——基本准则》规定企业应当以实际发生的交易或者事项为依据进行会计确认、计量和报告，如实反映符合确认和计量要求的各项会计要素及其他相关信息，保证会计信息真实可靠、内容完整。会计信息质量要求具体包括以下八个方面：可靠性、相关性、可理解性、可比性、实质重于形式、重要性、谨慎性、及时性。

（一）可靠性

可靠性要求企业应当以实际发生的交易或者事项为依据进行会计确认、计量和报告，如实反映符合确认和计量要求的各项会计要素及其他相关信息，保证会计信息真实可靠、内容完整。

会计信息要有用，必须以可靠为基础，如果财务报告所提供的会计信息是不可靠的，就会对投资者等使用者的决策产生误导。为了贯彻可靠性要求，企业应当做到：

（1）以实际发生的交易或者事项为依据进行确认、计量，将符合会计要素定义及其确认条件的资产、负债、所有者权益、收入、费用和利润等如实反映在财务报表中。

（2）在符合重要性和成本效益原则的前提下，保证会计信息的完整性，其中包括应当编报的报表及其附注内容等应当保持完整，不能随意遗漏或者减少应予披露的信息。

（3）财务报告中的会计信息应当是中立的、无偏向的。如果企业在财务报告中为了达到事先设定的结果或效果，通过选择或列示有关会计信息影响信息使用者决策和判断，那么这样的财务报告信息就不是中立的。

（二）相关性

相关性要求企业提供的会计信息应当与财务会计报告使用者的经济决策需要相关，有助于财务会计报告使用者对企业过去、现在或者未来的情况作出评价或者预测。例如：区分收入和利得、费用和损失，区分流动资产和非流动资产、流动负债和非流动负债以及适度引入公允价值等，都可以提高会计信息的预测价值，进而提升会计信息的相关性。会计信息是否有用，是否具有价值，关键看其与使用者的决策需要是否相关，是否有助于决策或者提高决策水平。因此，一项信息是否具有相关性取决于其是否具有预测价值和反馈价值。

（1）预测价值。相关的会计信息应当具有预测价值，有助于使用者根据财务会计报告所提供的会计信息预测企业未来的财务状况、经营结果和现金流量。

（2）反馈价值。相关的会计信息能够帮助使用者评价企业过去的决策、证实或者修正过去的有关预测，因而具有反馈价值。反馈价值有助于信息使用者未来决策。信息反馈价值与信息预测价值同时并存，相互影响。

会计信息质量的相关性要求，需要企业在确认、计量和报告会计信息的过程中，充分考虑使用者的决策模式和信息需要。但是，相关性是以可靠性为基础的，两者之间并不矛盾，不应将两者对立起来。也就是说，会计信息在可靠性前提下，应尽可能地做到相关，以满足投资者等财务会计报告使用者的决策需要。

（三）可理解性

可理解性要求企业提供的会计信息应当清晰明了，便于财务会计报告使用者理解和使用。企业提供会计信息的目的在于让使用者利用会计信息进行决策。会计信息使用者要想充分利用会计信息，就必须首先了解会计信息的内涵、熟知会计信息内容。这就要求企业提供的信息要准确、清晰、简洁、易懂，既能综合反映企业的财务状况、经营成果和现金流量，又容易为使用者所理解。从会计核算上看，会计信息要依据合法、方法适当、记录清晰准确、账户对应关系清楚；从提供的财务会计报告上看，会计信息要内容完整、项目齐全、数字准确、勾稽关系清楚。

可理解性是决策者与决策有用性的联结点。若信息不能被决策者理解，那么这种信息则毫无用处。因此，可理解性不仅是信息的一种质量标准，也是一个与使用者有关的质量标准。会计人员应尽可能传递易被人理解的会计信息，而使用者也应设法提高理解信息的能力。

（四）可比性

可比性要求企业按照规定的会计处理方法进行，会计指标应当口径一致，相互可比，既能横向可比，也能纵向可比，即不仅要能同一时期不同企业比较，还要能同一企业不同时期比较。不同时期会计信息前后各期也必须一致，不要随意变动。可比性要求企业提供的会计信息应当具有可比性，具体包括以下两个方面：

（1）同一企业不同时期可比。此即纵向可比，是要求同一企业不同时期发生的相同或者相似的交易或者事项，应当采用一致的会计政策，不得随意变更。但是，满足会计信息可比性要求，并非表明企业不得变更会计政策。企业如果按照规定或者在会计政策变更后可以提供更可靠、更相关的会计信息的，则可以变更会计政策。有关会计政策变更的情况，应当在附注中予以说明。

（2）不同企业相同会计期间可比。此即横向可比，是要求不同企业发生的相同或者相似的交易或者事项，应当采用企业会计准则及其应用指南统一规定的会计政策，确保会计信息口径一致、相互可比，从而使不同企业按照一致的确认、计量和报告要求提供有关会计信息。这主要是为了便于投资者等财务会计报告使用者评价不同企业的财务状况、经营成果和现金流量及其变动情况。

不同企业的会计信息或同一企业不同时期的会计信息如能相互可比，就会大大增强信息的有用性。一家企业的会计信息如能与其他企业类似的会计信息相比较，如能与本企业以前年度同日期或其他时点的类似会计信息相比较，就不难发现它们之间相似相异之处，进而发现本企业当前生产经营管理上的问题。

（五）实质重于形式

实质重于形式要求企业应当按照交易或者事项的经济实质进行会计确认、计量和报告，不应仅以交易或者事项的法律形式为依据。大多数的业务交易，其法律形式反映了经济实质，但是在有些情况下，法律形式没有反映经济实质，这就要求会计人员作出职业判断，按照业务的经济实质进行账务处理。在会计确认、计量过程中，会计人员可能会碰到一些经济实质与法律形式不吻合的业务或事项。例如，融资租入的固定资产，在租期未满以前，从法律形式上讲，所有权并没有转移给承租人，但是从经济实质上讲，与该项固定资产相关的收益和风险已经转移给承租人，承租人实际上也能行使对该项固定资产的控制，因此，承租人应该将其视同自己的固定资产计提折旧。

遵循实质重于形式的要求，体现了对经济实质的尊重，能够保证会计确认、计量信息与客观经济事实相符。

（六）重要性

重要性要求企业提供的会计信息应当反映与企业财务状况、经营成果和现金流量等有关的所有重要交易或者事项。在会计核算中，企业应当对交易或事项区分其重要程度，采用不同的会计处理方法，这对资产、负债、损益等有较大影响。影响财务会计报告使用者据以做出合理判断的重要会计事项，必须按照规定的会计方法和程序予以处理，并在财务会计报告中给予充分、准确的披露。次要的会计事项，在不影响会计信息真实性和财务会计报告使用者作出正确判断的前提下，可适当简化处理。强调重要性的要求，一方面可以提高核算的效益，减少不必要的工作量；另一方面可以使会计信息分清主次，突出重点。遵循会计处理重要性的要求，必须在保证财务会计报告和会计信息质量的前提下进行，兼顾全面性和重要性。

对某项会计事项判断其重要性，在很大程度上取决于会计人员的职业判断。一般来说，重要性可以从质和量两个方面进行判断。从性质方面讲，当某一会计事项的发生可能对决策有重大影响时，其就属于具有重要性的事项。从数量方面讲，当某一会计事项的发生达到总资产的一定比例时，一般认为其具有重要性。

（七）谨慎性

谨慎性要求企业对交易或者事项进行会计确认、计量和报告应当保持应有的谨慎，不应高估资产或者收益、低估负债或者费用。例如，期末对相关资产进行重新计量，发生减值时应计提减值准备，以免虚增资产和收益。具体地说，在存在不确定性的情况下进行判断时，要保持必要的谨慎，不要高估资产或收益，也不低估负债或费用，并对可能发生的损失和费用进行合理的估算。

在市场经济环境下，企业的生产经营活动面临着许多风险和不确定性问题，如应收款项的可收回性、固定资产的使用寿命、无形资产的使用寿命、售出存货可能发生的退货或者返修等。这些时候，企业应当保持应有的谨慎，充分估计到各种风险和损失，既不高估资产或者收益，也不低估负债或者费用，这就是会计谨慎性的要求。例如，企业对可能发生的资产减值损失计提资产减值准备、对售出商品可能发生的保修义务等确认预计负债等，就体现了会计信息质量的谨慎性要求。

谨慎性要求体现于会计确认、计量的全过程，包括会计确认、计量、报告等各个方面。但是，企业不能漫无边际、任意使用或歪曲使用谨慎性原则，否则将会影响会计确认、计量的客观性，造成会计秩序的混乱。运用谨慎性原则，能够合理地估算企业经营中存在的风险，在风险真正发生前就化解，对风险起到预警作用，从而有助于企业正确决策，保护所有者和债权人的利益，提高企业在市场上的竞争力。

（八）及时性

及时性要求企业对于已经发生的交易或者事项，应当及时进行会计确认、计量和报告，不得提前或者延后。会计信息的价值在于帮助所有者或者其他方面作出经济决策，具有时效性。即使是可靠、相关的会计信息，如果不及时提供，就失去了时效性，对于使用者的效用就大大降低，甚至不再具有实际意义。

及时性在会计确认、计量的过程中主要体现在以下三个方面：一是要求及时收集会计信息，即在经济业务发生后，及时收集整理各种原始单据或者凭证；二是要求及时处理会计信息，即按照企业会计准则的规定，及时对经济交易或事项进行确认、计量，并编制出财务会计报告；三是要求及时传递会计信息，即按照国家规定的期限，及时地将编制的财务会计报告传递给财务会计报告使用者，便于其及时使用和决策。

在实务中，会计人员为了及时提供会计信息，可能需要在有关交易或者事项的信息全部获得之前就进行会计处理，从而满足会计信息的及时性要求，但这可能会影响会计信息的可靠性；反之，如果企业等到与交易或者事项有关的全部信息获得之后再进行会计处理，这样的信息披露又可能会由于时效性问题，大大降低其对投资者等财务会计报告使用者决策的有用性。这就需要会计处理在及时性和可靠性之间作相应权衡，以满足投资者等财务会计报告使用者的经济决策需要为判断标准。

企业在信息化时代发展迅速同时也受到信息化时代特点影响，因此企业更需要做好管理信息的控制和质量提升工作。会计信息质量是保证企业信息真实性的基础，更是企业进行运营和发展决策的重要信息基础，企业不能回避会计信息质量中存在的问题，需要根据具体的问题来开展质量维护工作，不断提升会计信息的质量以及在企业中的应用深度，使会计信息在企业高质量发展中发挥更大的作用。

【读一读：会计之道——“诚”】

明清500年间有一批商人，他们走南闯北，足迹横跨欧亚大陆，南至东南亚，北到莫斯科、彼得堡等，东起大阪、仁川，西到伊犁、喀什噶尔。因山西为古晋国封疆，这批商人又被称为晋商。晋商依托山西富产盐、铁、麦、棉、皮、毛、木材等特产的优势，进行长途贩运，发展为票号商人，经营范围十分广泛，夺中国金融之先声，创造了前无古人的繁荣。

2017年6月，习近平总书记在视察山西时高度评价晋商精神，指出：山西自古就有重商文化，形成了诚实守信、开拓进取、和衷共济、务实经营、经世济民的晋商精神。

2022 年 1 月，习近平总书记在平遥中国票号博物馆参观时指出：要坚定文化自信，深入挖掘晋商文化内涵，更好弘扬中华优秀传统文化，更好服务经济社会发展和人民高品质生活。

2023 年 1 月，我国财政部首次制定印发了《会计人员职业道德规范》的通知（财会〔2023〕1 号），明确了会计从业人员职业道德方面"三坚三守"的具体要求：坚持诚信，守法奉公；坚持准则，守责敬业；坚持学习，守正创新。该规范旨在促进会计职业道德建设、引导会计人员不断提高职业道德水平。

诚信，乃立身之本、立道之基、立人之蕴、立世之本。西晋的羊祜在《诫子书》中说"愿汝等言则忠信，行则笃敬"，旨在说明为人应该忠诚守信，行为敦厚恭敬的处世原则。晋商众多家族的家规家训中，"诚信"都是一则重要内容。榆次常氏家训中说"凡语必忠信，凡行必笃敬"，意在说明言而有信、言出必行的重要性。雷府家训中有"蓄积蕴养，乐道安贫，温良恭俭，礼仗诚信"的教诲，围绕君子修身修心修德阐述诚信是为人处世的重要原则。李氏家训中"口勿乱宣，事不乱专"旨在告诫后世子孙，人生在世一事失信，事事受疑，必须以诚信为先。从现代意义上说，会计人员是否诚信守法直接影响着经济运行和社会风气。因而，会计从业人员应树立诚信理念，立身以诚、立业以信、守法奉公、心存敬畏。

七、会计计量属性

会计计量是运用特定的计量标准和计量方法，将满足所需条件的会计要素登记入账并列报于财务报表而确定其金额的过程。会计的准确计量是会计核算的基础，它会对会计信息的完整性和真实性造成影响，而且会对会计信息利用者根据公司的财务状况进行决策产生直接影响。会计计量主要有计量尺度、计量单位、计量对象和计量属性。其中，计量属性是计量的某一要素的特性方面。企业确定相关产品的金额也是需要按照规定的会计计量属性进行计量测算的。计量属性反映的是会计要素金额的确定基础，主要包括历史成本、重置成本、可变现净值、现值和公允价值。

我国《企业会计准则——基本准则》规定，企业在将符合确认条件的会计要素登记入账并列报于会计报表及其附注（又称财务报表）时，应当按照规定的会计计量属性进行计量，确定其金额。会计计量是会计的核心基础，而会计计量的核心是计量属性，计量属性对会计计量行为和结果起关键性作用。因此，不同的计量属性会产生不同的会计计量行为和结果，也就会出现不同的会计信息，对会计工作产生不同影响。

（一）历史成本

1. 概念

历史成本也可以称为原始资本，是资产初始的交易价格，即取得资产时的公允价格。例如存货的初始计量、固定资产的初始与后续计量就都采用了历史成本。在对投资性房地产的初始计量不满足公允价值计量条件时，也采用历史成本计量。

2. 优缺点：

优点：①较强的可靠性。历史成本不是人们主观意志确定的，是以交易时的原始凭证作为依据，符合财务会计核算系统的需要。因为交易价格都有买卖凭证作为证据，使其满足了最初会计记载的需要——原始凭证，所以企业必须以记账凭证为基础来进行编制总分类账和明细分类账，然后登记账簿，最后编制报表。历史成本是最重要和最根本的会计计量属性。②历史成本容易取得，操作简便。实际中，符合成本效益原则是满足会计信息质量特征的众多要求里面最为重要的约束前提。成本相对低和方便获取是历史成本突出的优势，因为历史成本的入账价格实质上就是已发生买卖的价格，不需要企业耗费额外的成本去获取，而且在入账之后，无论环境如何改变，都不会重新进行计量。

缺点：①无法反馈资产的真实价值。由于外界物价环境在各种因素的作用下，始终处于一个动态的变化过程，尤其是当出现较大的波动时，固定的历史成本会发生相应的变化，因而其难以准确反映出资产的实际价值；②历史成本的相关性较差。随着会计报表质量要求的不断提高，历史成本较弱的相关性已经无法满足会计报表的制作需求，导致其在应用过程中受到不小的限制。

（二）重置成本

1. 概念

重置成本是指企业在生产经营过程中，为获取与过去某项资产相同资产而需要支出的现金或现金等价物。例对盘盈的资产以及对捐赠的资产进行计量时运用重置成本。重置成本计量与当前的市场价格密切相关，但现实生活中要确定重置成本往往比较困难，因为进行重置成本计量时要求当前对比参照的资产与原持有资产基本吻合，一旦无法做到这一点就会影响信息的可靠性。

2. 优缺点

优点：在物价发生大幅上涨时，其能够对成本进行准确的计量，避免通过少计成本增加利润，并且重置成本能够对资产当前的价值进行准确反映，这就有助于提高会计信息的实用性。

缺点：存在含义模糊的问题。随着市场经济的不断发展变化，技术的革新速度越来越快，企业难以找到与原有资产相一致或类似的资产，而且确定其具体数值难度较大，由于缺乏类似资产的支持，在没有相关证据的前提下，只能通过估计进行计量。

（三）可变现净值

1. 概念

可变现净值是指资产的估计出售价格去除成本和估计的出售费用以及相关税费后的净值。例如存货在后续计量时运用成本与可变现净值孰低法，存货计提跌价准备时按照成本高于可变现净值的金额计量。可变现净值计量能够反映与现金等值的信息，但与其他计量属性相比，可变现净值不仅操作较困难，也没有考虑到货币的时间价值等因素，只适用于计划未来将销售的资产或未来将清偿的负债，无法适用于企业所有资产。

2. 优缺点

优点：能够随着市场的不断发展变化，对资产未来的实现价值进行准确的反映，具有较高的谨慎性特点，并且还能为企业提供相应的变现价值，为各项决策的有效制定打下良好的基础。

缺点：适用范围较窄，无法用于企业的所有资产上，这就大大限制了其在更大范围内的应用，并且还有可能出现违背持续经营假设，这就导致其参考性严重失真，而且主要是由会计人员根据自身经验得出，缺乏客观性。

（四）现值

1. 概念

现值是指在正常的生产经营状态下，企业所拥有的资产或负债所能实现的未来现金流量折现值。

2. 优缺点

优点：现值是根据资产的时间价值进行计量的，这就能够为企业提供未来的现金流量情况，为各项财务决策的制定提供科学合理的参考，同时还能对实际成本进行一定程度的修正。

缺点：现值的计量属性很大程度上取决于会计人员，而会计人员自身的专业水平高低会对现值计量造成直接的影响，尤其是当会计人员缺乏相应的时间价值和风险等财务观念时，这就会导致现值的可靠程度严重降低。

（五）公允价值

1. 概念

公允价值也叫公允价格，是指市场参与者在计量日发生的有序交易中，出售一项资产所能收到或者转移一项负债所需支付的价格。确定公允价值依赖于会计工作者的职业判断。

2. 优缺点

优点：①公允价值更加符合资产的本质定义。资产的特点之一是预计能为企业产生经济利润，历史成本计量属性下的会计主要是根据过去已交易的事项来获取需要的信息，然而对企业的资产的未来价值往往很难根据会计资料直接获取信息。而公允价值是人们在公开活跃市场上相互买卖得到的价格，在该计量属性下，资产和负债的金额都是以交易双方自愿在公平市场交易情况相互进行资产互换或债务偿还的金额为依据。②公允价值信息具有很强的相关性。能够及时表达市场经济动态是公允价值较为突出的特点，实务中企业利润是通过收入与相关成本、费用配比计算的，历史成本下的收入是按现行价格计算的，而成本费用却是按历史成本计算的，因此会形成差价。采用公允价值计量能将成本费用转化为市价，从而使收入和费用相匹配，然后更加真实地表达企业的经营成效、运行状况及所能承担的财务风险，让投资者据此给出符合实际的判断。

缺点：①可靠性程度不够。公允价值主要依赖于会计人员对市场价值的主观分析，然而实际市场情形变幻莫测，有时很难确定某项资产交易的价格，有的又由于缺乏及时的信息及保护商业秘密的原则等原因无法获取价格而只能估计，特别是那些长期性的与应收应付有关的项目更难预测。②可操作性较差。首先，企业有各种各样的资产类型，而且身处的市场环境也不一样，很难对市场信息的是否真实进行辨别，活跃市场中那些的交易价格有判断难度很大的问题也不易解决。现实工作中，会计人员只可以大概地评估或采用相近价值的操作。其次，运用现值技术是对公允价值进行判断的主要形式，这是因为不相同投资方之间、投资方与管理当局之间对投资的期望报酬率可能做不到完全统一。由于对未来现金流量的估计的不确定性很大，所以在具体的技术操作上具有很大难度。

【知识拓展——主要会计计量属性之间的关系】

1. 历史成本所反映的是某项资产的过去价值，而其他四种计量属性所反映的是某项资产的现时价值，这要予以有效区分，避免混淆。

2. 重置成本与公允价值所反映的是为重新获得某项资产所必须支出的成本，而当资产不存在时，其就无法通过真实的交易获悉其价值的相关信息。此时，会计人员就要根据预测的资产对其价值进行评估，那么在这种特殊的条件下，重置成本与公允价值相等。

3. 可变现净值与公允价值关注的是未来某一段时间，其所反映的资产价值构成中不包含贴现值。若可变现净值所关注的时间较近，此时的可变现净值就等于公允价值，其中主要体现的是会计计量过程中的成本效益。

八、会计机构与会计人员

（一）会计机构

会计机构是指从事和组织领导会计工作的职能部门。《中华人民共和国会计法》规定，各单位应当根据会计业务的需要，依法采取下列一种方式组织本单位的会计工作：（一）设置会计机构；（二）在有关机构中设置会计岗位并指定会计主管人员；（三）委托经批准设立从事会计代理记账业务的中介机构代理记账；（四）国务院财政部门规定的其他方式。这一规定可从以下三方面加以理解：

第一，各单位可以根据本单位的会计业务繁简情况决定是否设置会计机构。但是，无论单位是否需要设置会计机构，会计工作必须依法开展，不能因为没有会计机构而对会计工作放任不管，这是法律所不允许的。会计机构是各单位办理会计事务的职能机构，会计人员是直接从事会计工作的人员。建立健全会计机构，配备数量和素质都相当的、具备从业资格的会计人员，是各单位做好会计工作，充分发挥会计职能作用的重要保证。因此，为了科学、合理地组织开展会计工作，保证本单位正常的经济核算，各单位原则上应设置会计机构。

第二，不能单独设置会计机构的单位，应当在有关机构中设置会计人员并指定会计主管人员。这是为了提高工作效率，明确岗位责任的内在要求，同时也是由会计工作专业性、政策性强等特点所决定的。会计主管人员作为中层管理人员，行使会计机构负责人的职权，按照规定的程序任免。

第三，不具备设置会计机构和会计人员条件的，应当委托经批准设立从事会计代理记账业务的中介机构代理记账。

至于一个单位究竟需要配备多少会计人员，设置多少会计岗位，没有统一的标准，各单位可以根据本单位的组织结构形式和业务工作量、经营规模等因素来进行设置。

（二）代理记账

代理记账机构是指依法取得代理记账资格从事代理记账业务的机构。会计师事务所及其分所可以依法从事代理记账业务。除会计师事务所以外的机构从事代理记账业务，应当经县级以上人民政府财政部门批准，领取由财政部统一规定样式的代理记账许可证书。代理记账机构可以接受委托办理下列业务：

（1）根据委托人提供的原始凭证和其他资料，按照国家统一的会计制度的规定进行会计核算，包括审核原始凭证、填制记账凭证、登记会计账簿、编制财务会计报告等；

（2）对外提供财务会计报告；

（3）向税务机关提供税务资料；

（4）委托人委托的其他会计业务。

【注意】会计机构内部应当建立稽核制度，出纳人员不得兼任稽核、会计档案保管和收入、支出、费用、债权债务账目的登记工作。

（三）会计人员

1. 会计岗位的有关规定

会计工作岗位一般可分为：会计机构负责人或者会计主管人员，出纳，财产物资核算，工资核算，成本费用核算，财务成果核算，资金核算，往来结算，总账报表，稽核，档案管理等。会计工作岗位，可以一人一岗、一人多岗或者一岗多人，并应当有计划地进行轮换。出纳人员不得兼任（兼管）稽核、会计档案保管和收入、支出、费用、债权债务账目的登记工作。

2. 会计人员的有关规定

会计人员所从事的职业是一种专业性和操作性都很强的社会职业，承担着重要的经济责任和社会责任，因此，一名会计人员必须具备其职业所需的相关专业技能，为顺利开展会计专业活动奠定基础。《中华人民共和国会计法》第三十八条规定：会计人员应当具备从事会计工作所需要的专业能力。担任单位会计机构负责人（会计主管人员）的，应当具备会计师以上专业技术职务资格或者从事会计工作三年以上经历。

3. 会计专业技术资格的规定

会计专业技术资格是指担任会计专业职务的任职资格，分为初级、中级和高级三个级别。这些资格是从事会计专业技术工作的必备条件，获得资格的途径是通过参加财政部和人事部 ý 共同组织的全国统一考试，并且成绩合格。高级会计师资格实行考试与评审相结合的评价办法，申请参加高级会计师资格评审的人员，须经考试合格后方可参加评审。

4. 会计人员法律责任

（1）伪造、变造会计凭证、会计账簿，编制虚假财务会计报告，隐匿或者故意销毁依法应当保存的会计凭证、会计账簿、财务会计报告的，由县级以上人民政府财政部门责令限期改正，给予警告、通报批评，没收违法所得，违法所得二十万元以上的，对单位可以并处违法所得一倍以上十倍以下的罚款，没有违法所得或者违法所得不足二十万元的，可以并处二十万元以上二百万元以下的罚款；对其直接负责的主管人员和其他直接责任人员可以处十万元以上五十万元以下的罚款，情节严重的，可以处五十万元以上二百万元以下的罚款；属于公职人员的，还应当依法给予处分；其中的会计人员，五年内不得从事会计工作；构成犯罪的，依法追究刑事责任。

（2）授意、指使、强令会计机构、会计人员及其他人员伪造、变造会计凭证、会计账簿，编制虚假财务会计报告或者隐匿、故意销毁依法应当保存的会计凭证、会计账簿、财务会计报告的，由县级以上人民政府财政部门给予警告、通报批评，可以并处二十万元以上一百万元以下的罚款；情节严重的，可以并处一百万元以上五百万元以下的罚款；属于公职人员的，还应当依法给予处分；构成犯罪的，依法追究刑事责任。

5. 会计人员继续教育相关规定

（1）参加继续教育的人员范围

①国家机关、企业、事业单位以及社会团体等组织具有会计专业技术资格的人员。

②不具有会计专业技术资格但从事会计工作的人员。

（2）开始参加继续教育的时间

①具有会计专业技术资格的人员应当自取得会计专业技术资格的次年开始参加继续教

育，并在规定时间内取得规定学分。

②不具有会计专业技术资格但从事会计工作的人员应当自从事会计工作的次年开始参加继续教育，并在规定时间内取得规定学分。

（3）学分制

①会计专业技术人员参加继续教育实行学分制管理，每年参加继续教育取得的学分不少于90学分。其中，专业科目一般不少于总学分的2/3。

②会计专业技术人员参加继续教育取得的学分，在全国范围内当年度有效，不得结转以后年度。

③对会计专业技术人员参加继续教育情况实行登记管理。

（4）用人单位应当建立本单位会计专业技术人员继续教育与使用、晋升相衔接的激励机制，将参加继续教育情况作为会计专业技术人员考核评价、岗位聘用的重要依据。

（5）会计专业技术人员参加继续教育情况，应当作为聘任会计专业技术职务或者申报评定上一级资格的重要条件。

【知识拓展1——会计专业技术资格考试的报名条件和考试科目】

（1）报考基本条件

①遵守《中华人民共和国会计法》和国家统一的会计制度等法律法规。

②具备良好的职业道德，无严重违反财经纪律的行为。

③热爱会计工作，具备相应的会计专业知识和业务技能。

（2）报考初级资格，除具备基本条件外，还必须具备高中毕业（含高中、中专、职高和技校）及以上学历。（其中："技校学历"是指经国务院人力资源和社会保障行政部门认可的技工院校学历。）

（3）报考中级资格，除具备基本条件外，还需具备下列条件之一。

①具备大学专科学历，从事会计工作满5年。

②具备大学本科学历或学士学位，从事会计工作满4年。

③具备第二学士学位或研究生班毕业，从事会计工作满2年。

④具备硕士学位，从事会计工作满1年。

⑤具备博士学位。

⑥通过全国统一考试，取得经济、统计、审计专业技术中级资格。

（4）考试级别和考试科目：初级资格考试科目包括《经济法基础》和《初级会计实务》。中级资格考试科目包括《财务管理》《经济法》和《中级会计实务》。参加会计专业技术中级资格考试的人员，在连续两个年度内，全部考试科目均合格者，可获得会计专业技术中级资格证书；参加初级资格考试的人员，必须在一个考试年度内通过全部科目的考试，方可获得会计专业技术初级资格证书。

【知识拓展2——出纳与会计】

出纳与会计都属于财务人员，二者的工作既有区别，同时也存在着许多必然的联系。从人员关系上来讲，出纳人员与会计人员都属于一个独立核算单位的财务工作者；从业务关系上来说，出纳与会计都属于一个单位的财会岗位，工作中应相互协助、密切合作，即“出纳管钱，会计管账”。

出纳负责的工作：出纳人员专管货币资金的收付以及与之相关的现金日记账和银行存款日记账的登记。同时，出纳人员还必须每日或者定期与会计人员对账，核对双方库存现金、银行存款账实是否相符，以做到相互配合、相互监督，从而避免多报、冒领等差错。因此，出纳人员不是单纯地办理现金的收付和银行存款的存取，也要涉及部分会计业务，所以需要学习会计知识，以便在填制收款凭证和付款凭证时，熟练地掌握会计科目的对应关系。

会计负责的工作：会计人员专管总账和除货币资金之外的其他明细账。会计岗位有许多细分，如记账会计、税务会计、材料会计、成本会计等。会计人员要负责整个会计核算工作，从平行登记总账、明细账到编制会计报表，以及完成纳税申报和成本核算。

【知识拓展3——会计人员职业道德规范】

（一）坚持诚信，守法奉公。牢固树立诚信理念，以诚立身、以信立业，严于律己、心存敬畏。学法知法守法，公私分明、克己奉公，树立良好职业形象，维护会计行业声誉。

（二）坚持准则，守责敬业。严格执行准则制度，保证会计信息真实完整。勤勉尽责、爱岗敬业，忠于职守、敢于斗争，自觉抵制会计造假行为，维护国家财经纪律和经济秩序。

（三）坚持学习，守正创新。始终秉持专业精神，勤于学习、锐意进取，持续提升会计专业能力。不断适应新形势新要求，与时俱进、开拓创新，努力推动会计事业高质量发展。

【项目检测】

一、判断题

1. 会计的一般对象是社会再生产过程中的资金运动。（　）
2. 会计核算的七种方法之间互无联系，是相互独立的。（　）

3. 会计方法主要是指会计核算方法。 （ ）
4. 凡是特定对象中能够以货币表现的经济活动，都是会计核算和监督的内容。 （ ）
5. 会计主体与法人主体是同一概念。 （ ）

二、单选题

1. 会计所使用的主要计量尺度是（ ）。
   A. 实物量度　B. 劳动量度
   C. 货币量度　D. 实物量度和货币量度
2. 会计的基本职能是（ ）。
   A. 核算和管理　B. 控制和监督
   C. 核算和监督　D. 核算和分析
3. 下列业务不属于会计核算范围的事项是（ ）。
   A. 用银行存款购买材料　B. 生产产品领用材料
   C. 企业自制材料入库　D. 与外企业签订购料合同
4. 会计主体假设规定了会计核算的（ ）。
   A. 时间范围　B. 空间范围
   C. 期间费用范围　D. 成本开支范围

5. 2022 年 3 月 20 日阳光公司采用赊销方式销售产品 60 000 元，6 月 20 日收到货款存入银行。按权责发生制核算时，该项收入应属于（ ）。
   A. 2022 年 3 月　B. 2022 年 4 月
   C. 2022 年 5 月　D. 2022 年 6 月

7. （ ）作为会计核算的基本前提，就是将每一个会计主题持续的生产经营活动划分为若干个相等的会计期间。
   A. 持续经营　B. 会计年度
   C. 会计分期　D. 会计主体
8. 会计对象是企业再生产过程中的（ ）。
   A. 实物运动　B. 资产
   C. 资金运动　D. 收入

三、多选题

1. 根据权责发生制原则，下列各项中应计入本期的收入和费用的是（ ）。
   A. 本期销售货款收存银行　B. 上期销售货款本期收存银行
   C. 本期预收下期货款存入银行　D. 计提本期固定资产折旧费
   E. 以银行存款支付下期的报刊杂志费

2. 下列各种方法属于会计核算专门方法的有（　　）

A. 登记账簿　　B. 成本计算

C. 复式记账　　D. 监督检查

E. 预测决策　　F. 财产清查

3. 会计核算的基本前提是（　　）。

A. 会计主体　　B. 会计分期

C. 持续经营　　D. 货币计量

4. 会计分期可分为（　　）。

A. 年度　　B. 季度

C. 半年度　　D. 月度

四、综合题

阳光公司 2023 年 12 月发生下列交易或事项：

（1）销售产品 70 000 元，其中 30 000 元已收到存入银行，其余 40 000 元尚未收到。

（2）收到现金 800 元，为上月提供的劳务收入。

（3）用现金支付本月份的水电费 900 元。

（4）本月应计劳务收入 1 900 元。

（5）用银行存款预付下年度房租 18 000 元。

（6）用银行存款支付上月份借款利息 500 元。

（7）预收销售货款 26 000 元，已通过银行收妥入账。

（8）本月负担年初已支付的保险费 500 元。

（9）上月预收货款的产品本月实现销售收入 18 000 元。

（10）本月负担下月支付的修理费 1 200 元。

要求：1. 按收付实现制原则计算 12 月份的收入、费用。

2. 按权责发生制原则计算 12 月份的收入、费用。

五、思考题

1. 什么是会计？如何认识会计的本质？

2. 会计的基本职能有哪些？如何理解？

3. 会计目标有哪些？

第二章 掌握会计要素和会计等式

随着第一章“理解会计基本概念”中学习内容的掌握，越来越多的会计知识将呈现在我们面前。通过第一章的学习，我们知道会计对象可概括为企业的资金运动。那么，请同学们思考，对于企业的资金运动，我们应当如何反映呢？本章节我们将学习会计六大要素（资产、负责、所有者权益、收入、费用以及利润）及会计等式（资产=负责+所有者权益；收入-费用=利润）。

【学习目标】

知识目标：理解会计六大要素的概念及内容，掌握会计基本等式。

能力目标：能够正确判断会计六大要素，能够正确分析会计要素的记账方向以及增减变动情况。

素质目标：脚踏实地，实事求是，坚持不做假账；具备审慎合规的意识和严谨操作的职业习惯。

【情景导入】

空空公司于2020年6月1日成立，当时公司的自有资金有300万元，接受大华公司投资100万元，向银行取得长期借款100万元，均存放于公司银行账户。

思考：同学们能否说明空空公司成立时的财产情况（财务状况）呢？

第一节 会计要素

会计对象是指会计所核算和监督的内容，即会计工作的客体。由于会计需要以货币为主要计量单位，对一定会计主体的经济活动进行核算和监督，因而会计并不能核算和监督社会再生产过程中的所有经济活动，即凡是特定主体能够以货币表现的经济活动，就是会计核算和监督的内容，也就是会计的对象。以货币表现的经济活动通常又称为价值运动或资金运动。由于单位的组织形式和经济活动的内容不同，所以不同单位的会计对象均有不同的特点。

请同学们回顾并思考：

（1）企业的资金运动是如何运转的呢？

（2）会计人员如何对资金运动进行核算？

【知识拓展——制造业的资金运动】

制造业的资金运动表现为三种类型：①资金进入企业；②资金在企业内部循环周转；③资金退出企业。

①资金进入企业。

制造业要进行生产经营活动，就必须拥有一定数量的资金，即必须拥有一定数量的财产物资（包括厂房、机器设备、工具等劳动资料；原材料、在产品、产成品等劳动对象）和一定数量的货币资金。

②资金在企业内部循环周转。

制造业的生产经营过程分为三个阶段，即供应、生产、销售。

③资金退出企业。

当企业偿还借款、上缴税金、分配利润、抽减资本金后，部分资金将不再参加周转，而是退出了企业。因为销售产品取得货款，成本费用得到补偿，部分资金又重新进入生产经营过程，在企业内部循环周转。

一、会计要素的含义

资金运动作为会计对象仍然是比较抽象的，具体落实到会计核算上，仍需要作进一步的分类，就如同大家都是在校的大学生，但作为学校需要分不同专业、不同年级、不同班级进行管理一样。会计要素就是对会计对象按其经济特征所做的基本分类，是会计对象的具体化。它是反映企业财务状况和经营成果的基本单位，是会计报表的基本构件。会计要素的意义主要有以下三个方面：①会计要素能够在一定程度上，以科学分类的方式，将会计对象区别出来，从而使会计人员能按照类别设置账户，合理地登记账簿。②会计人员如果不能对会计对象进行分类，那么就无法进行账户的设置，进而影响到正常的会计核算。而会计要素的意义之一，就是为会计账户设置会计科目提供依据。③会计要素可以反映出会计报表当中，需要展现出来的一系列指标。从这方面来看的话，会计要素则相当于是会计报表的基本框架。

一方面，企业资金投入包括企业债权人投入和企业所有者投入两类，前者称为负债，后者称为所有者权益。投入资金形成的机器设备、厂房、材料等经济资源称为资产。由此产生反映财务状况的三大会计要素，即资产、负债和所有者权益。另一方面，企业的各项资产经过一定时期的营运，将发生一定的耗费，同时由于出售商品、提供劳务而获得一定的收入，收支相抵后产生利润或亏损，从而分离出反映经营成果的另外三大会计要素，即收入、费用和利润。会计要素是组成会计报表的基本单位，我国《企业会计准则——基本准则》规定，企业会计要素包括六类，即资产、负债、所有者权益、收入、费用和利润，会计对象与会计要素如图 2-1 所示。

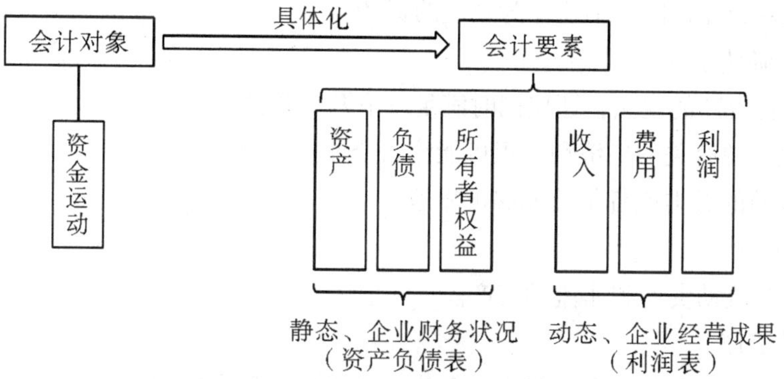

图 2-1　会计对象与会计要素

二、会计要素的分类

（一）资产

1. 概念

资产是指企业过去的交易或者事项形成的、由企业拥有或者控制的、预期会给企业带来经济利益的资源。

（1）企业过去的交易或者事项包括购买、生产、建造行为或其他交易或者事项。预期在未来发生的交易或者事项不形成资产。

（2）由企业拥有或者控制是指企业享有某项资源的所有权，或者虽然不享有某项资源的所有权，但该资源能被企业所控制。

（3）预期会给企业带来经济利益，是指直接或者间接导致现金和现金等价物流入企业的潜力。

【注意】资产是由过去的交易、事项形成的并由企业拥有或者控制的资源，即形成资产的交易或事项已经发生，比如：已经发生的固定资产购买才形成资产，而计划中的固定资产购买则不能形成企业的资产。同时，资产必须是由企业拥有或控制的资产。如果企业不能拥有或控制能产生经济利益的某项资源，则其不能将该资源作为资产。如企业经营租入的固定资产，由于未拥有该固定资产的所有权，仅取得一段时间的使用权，没有控制其使用、处理的处置权，即不能控制它，因而不能将其作为企业的资产；而融资租入固定资产，虽然企业不拥有其所有权，但能够控制它，就应该将其作为企业的资产。所有权或控制权的存在是判断某项资源是否属于企业资产的重要标志。预期会给企业带来经济利益是判断某项资源是否应列为资产的又一标志。所谓经济利益，即直接或间接流入企业的现金或现金等价物。资产能够给企业带来经济利益。如果某项资源不能给企业带来经济利益，那么它就不能成为资产。如待处理财产损失，是已发生但未批准处理的损失，预期不会导致经济利益流入企业，因而不能作为企业的资产。

2. 资产的确认条件

除需要符合资产的定义，还应同时满足以下两个条件：

（1）与该资源有关的经济利益很可能流入企业；

（2）该资源的成本或者价值能够可靠地计量。

3. 资产的分类

资产可分为流动资产和非流动资产。

（1）流动资产

流动资产是指企业可以在一年或一个营业周期内变现或运用的资产。满足下列条件之一的可归类为流动资产：①预计在一个正常营业周期中变现、出售或耗用的资产；②主要以交易目的而持有的；③预计在资产负债表日起一年内（含一年）变现的；④自资产负债表日起一年内，交换其他资产或清偿负债的能力不受限制的现金或现金等价物。

流动资产包括库存现金、银行存款、应收账款、应收票据、其他应收款、预付账款、存货、短期投资等。

（2）非流动资产

非流动资产是指变现期间或使用寿命超过一年或长于一年的一个营业周期的资产，是指流动资产以外的资产。非流动资产包括长期股权投资、固定资产、在建工程、工程物资、无形资产等。

（二）负债

1. 概念

负债是指企业过去的交易或者事项形成的、预期会导致经济利益流出企业的现时义务。现时义务是指企业在现行条件下已承担的义务。未来发生的交易或者事项形成的义务，不属于现时义务，不应当确认为负债。

【注意】概念中的现时义务包括法定义务和推定义务。法定义务，通常是指企业在经济管理和经济协调中依照经济法律、法规的规定必须履行的责任。如企业同其他企业签订购货合同而产生的付款义务；依照税法要求缴纳税金的义务；按分红方案产生的向股东支付股利的义务，均属于法定义务。推定义务，通常是指企业在特定情况下产生或推断出的责任。如企业的生产经营造成环境污染而可能发生的罚款或企业对已售商品质量做出的承诺，企业应当为此承担的义务即属于推定义务。具体包括租赁、环境污染、质量承诺等事项可能承担的义务。负债是企业的现时义务，是企业过去的交易或事项形成的，现已承担的义务，导致这种义务的事项已经发生。如银行借款是因为企业接受了银行贷款形成的，如没有接受银行贷款就不会产生银行借款这项负债。又如应付账款是由于企业采用信用方式购买商品或接受劳务形成的，在购买商品，接受劳务之前，相应的应付账款是不存在的。负债的清偿会导致经济利益流出企业。无论负债对应的是法定义务还是推定义务，如果清偿就会导致资产的转移，或对外提供劳务，或将一部分股权转移给债权人，即导致经济利益流出企业。对此，企业不能回避，换言之，企业能够回避的义务，则不能相应地确认为一项负债。

2. 负债的确认条件

确认负债，除需要符合负债的定义，还应同时满足以下两个条件：

（1）与该义务有关的经济利益很可能流出企业；

（2）未来流出的经济利益的金额能够可靠地计量。

3. 负债的分类

负债可分为流动负债和非流动负债。

（1）流动负债

流动负债又称短期负债，是指企业由于过去的经济活动形成的、能以货币计量、将在一年或超过一年的一个营业期内偿还的经济义务。流动负债除了具有负债的一般特征之外，还具有以下特点：①它是在债权人提出要求时即期偿付，或在一年内或一个经营期内必须偿付的债务；②它是要用企业的流动资产或新的流动负债进行清偿债务。流动负债主要包括短期借款、应付账款、应付票据、预收账款、应付职工薪酬、应交税费、其他应付款和1年内到期的长期借款等。

（2）非流动负债

非流动负债又称为长期负债，是指偿还期在一年以上的债务，是指流动负债以外的负债，非流动负债包括长期借款、应付债券、长期应付款等。

（三）所有者权益

1. 概念

所有者权益是指企业资产扣除负债后由所有者享有的剩余权益。公司的所有者权益又称为股东权益。

所有者权益的来源包括所有者投入的资本、其他综合收益、留存收益。

（1）所有者投入的资本

所有者投入的资本是指所有者投入企业的资本部分，它包括实收资本和资本溢价（或股本溢价）两部分。

（2）直接计入所有者权益的利得和损失

直接计入所有者权益的利得和损失是指不应计入当期损益、会导致所有者权益发生增减变动的、与所有者投入资本或者向所有者分配利润无关的利得或者损失。

利得是指由企业非日常活动所形成的、会导致所有者权益增加的、与所有者投入资本无关的经济利益的流入。损失是指由企业非日常活动所发生的、会导致所有者权益减少的、与向所有者分配利润无关的经济利益的流出。

（3）留存收益

留存收益是指企业历年实现的净利润留存于企业的部分，包括盈余公积和未分配利润两部分。

【注意】企业资产涉及经济利益的主体有两个，一是所有者，二是债权人。他们同为企业的资金提供者，企业资产总额的经济利益亦归属两个主体，即所有者和债权人。从会计角度定义企业所有者权益的金额，其等于资产减去负债后的余额，它的依据是历史成本原则，即只对已经发生的交易或事项予以确认和计量，对未发生的交易或事项则不予确认。

2. 所有者权益的确认条件

所有者权益金额取决于资产和负债的计量。

3. 所有者权益的构成

（1）实收资本：是指投资者按照企业章程、合同或协议的约定，实际投入企业的资本，即企业的注册资本或股本。实收资本的构成比例，即投资者的出资比例或股东的股份比例，一般是确定所有者在企业所有者权益中所占的份额的依据，是企业进行利润分配或股利分配的依据。实收资本确认和计量时，企业需要设置“实收资本”科目，核算企业接受投资者投入的实收资本，股份有限公司将该科目改为“股本”。投资者可以用现金投资，也可以用现金以外的固定资产和无形资产投资。收到投资者投资时，借记“银行存款”或借记有关资产类科目，贷记“实收资本”，按其差额，贷记“资本公积——资本溢价（股本溢价）”。

（2）资本公积：包括投资者投入资本超过注册资本或者股本部分的金额（即资本溢价或者股本溢价）和直接计入所有者权益的利得和损失。资本溢价（或股本溢价）是企业收到投资者超出其在企业注册资本（或股本）中所占份额的投资。资本溢价（或股本溢价）的原因主要有溢价发行股票、投资者超额缴入资本等。按照《中华人民共和国公司法》规定，法定公积金（资本公积和盈余公积）转为资本时，所留存的该项公积金不得少于转增前公司注册资本的25%。

（3）盈余公积：是指企业按税后利润的一定比例提取的法定盈余公积，以及按投资者确定的比例从税后利润中计提的任意盈余公积。

（4）未分配利润：企业留待以后年度进行分配的结存利润，也是企业所有者权益的构成部分。未分配利润是期初未分配利润，加上本期实现的净利润，减去提取的各种盈余公积和分出利润后的余额。在会计处理上，未分配利润通过“利润分配”科目进行核算。“利润分配”科目需要分别设置“提取法定盈余公积”“提取任意盈余公积”“应付现金股利或利润”“转作股本的股利”“盈余公积补亏”“未分配利润”等科目进行明细核算。

（四）收入

1. 概念

收入是指企业在日常活动中形成的、会导致所有者权益增加的、与所有者投入资本无关的经济利益的总流入。收入主要有以下特征：

（1）收入是企业在日常活动中形成的。

日常活动是指企业为完成其经营目标所从事的经常性活动以及与之相关的活动。例如工业企业销售产品、销售材料，商业企业销售商品，安装公司提供安装服务等均属于企业的日常活动。明确界定日常活动是为了将收入与利得相区分，日常活动是确认收入的重要判断标准，凡是日常活动所形成的经济利益的流入应当确认为收入，反之，非日常活动所形成的经济利益的流入不能确认为收入，而应当计入利得。比如，处置固定资产属于非日常活动，所形成的净利益就不应确认为收入，而应当确认为利得。再如，无形资产出租所取得的租金收入属于日常活动所形成的，应当确认为收入，但是处置无形资产属于非日常活动，所形成的净利益，不应当确认为收入，而应当确认为利得。

（2）收入能导致企业所有者权益的增加。

与收入相关的经济利益的流入会导致所有者权益的增加，不会导致所有者权益增加的经济利益的流入不符合收入的定义，不应确认为收入。例如，企业向银行借入款项，尽管也导致了企业经济利益的流入，但该流入并不导致所有者权益的增加，而是使企业承担了一项现时义务，故会计人员不应将其确认为收入，应当确认一项负债。

（3）收入是与所有者投入资本无关的经济利益的总流入。

经济利益的流入有时是所有者投入资本的增加所致，所有者投入资本的增加不应当确认为收入，而应当直接确认为所有者权益。

【注意】收入是从企业的日常活动中产生，而不是从偶发的交易或事项中产生，如销售商品的收入。有些交易，也能为企业带来经济利益，但不属于企业的日常活动，其流入的经济利益是利得，而不是收入。收入可能表现为企业资产的增加，如增加货币、应收账款等，也可能表现为企业负债的减少，如以商品抵偿债务，或二者兼而有之。由“资产-负债=所有者权益”的公式可知，企业取得收入一定能增加所有者权益。但收入总是与一定期间的费用成本相配比的，只有收支相抵后的净额导致所有者权益增加，才认为是收入，如收支相抵后净额导致所有者权益减少的则不是收入。收入只包括本企业经济利益的流入，不包括为第三方或客户代收的款项，如增值税销项税款，代收利息等。代收的款项，一方面增加企业的资产，另一方面增加企业负债，不增加所有者权益，不作为收入。

2. 收入的确认条件

企业收入的来源渠道多种多样，不同收入来源特征有所不同，其收入确认条件也往往存在差别，如销售商品，提供劳务，让渡资产使用权等。一般而言，收入只有在经济利益很可能流入从而导致企业资产增加或者负债减少，且经济利益的流入额能够可靠计量时才能予以确认。收入的确认至少应当符合以下条件：一是与收入相关的经济利益应当很可能流入企业；二是经济利益流入企业的结果会导致资产的增加或者负债的减少；三是经济利益的流入额能够可靠计量。

3. 收入的分类

收入从大的方面来说，可以分为营业收入和利得。营业收入是企业日常经营活动产生的，而利得是非日常活动产生的营业外收入。而营业收入又可以分为主营业务收入和其他业务收入。营业收入的分类如表 2-1 所示。

表 2-1 营业收入的分类

分类	内容	特征	举例
营业收入	主营业务收入	日常、主营	销售商品、提供劳务
	其他业务收入	日常、非主营	销售原材料收入、租金收入

（五）费用

1. 概念

费用是指企业在日常活动中发生的、会导致所有者权益减少的、与向所有者分配利润无关的经济利益的总流出。费用主要有以下特征：

（1）费用是企业在日常活动中发生的，而不是在偶尔的交易或者事项中发生的。

（2）费用可能表现为资产的减少或是负债的增加，或者是两者兼而有之。

（3）费用将引起所有者权益的减少。

【注意】费用首先是企业日常活动中所产生的经济利益流出，如因出售商品而引起的资产流出，而不是偶发交易或事项中产生的经济利益流出。不属于企业日常经济活动的流出，不是费用。费用是企业为销售商品、提供劳务而发生的经济利益流出，反之，则不视为费用，如企业分派股利，虽然也发生了经济利益的流出，但不是为了销售产品、提供劳务，故不作为费用。

2. 费用的确认条件

在确认费用时，首先应当划分生产费用与非生产费用的界限。生产费用是指与企业日常生产经营活动有关的费用，如生产产品所发生的原材料费用、人工费用等；非生产费用是指不属于生产费用的费用，如用于购建固定资产所发生的费用，不属于生产费用。其次，应当划分生产费用与产品成本的界限。生产费用与一定的期间相联系，而与生产的产品无关；产品成本与一定品种和数量的产品相联系。最后，应当划分生产费用与期间费用的界限。生产费用应当计入产品成本，而期间费用直接计入当期损益。费用的确认除了应当符合定义外，也应当满足严格的条件，即费用只有在经济利益很可能流出从而导致企业资产减少或者负债增加，且经济利益的流出额能够可靠计量时才能予以确认。因此，费用的确认至少应当符合以下条件：一是与费用相关的经济利益应当很可能流出企业；二是经济利益流出企业的结果会导致资产的减少或者负债的增加；三是经济利益的流出额能够可靠计量。

3. 费用的分类

（1）费用按照其性质可分为营业成本和期间费用，如表 2-2 所示。

表 2-2　费用的分类

分类	内容	举例
营业成本	主营业务成本	销售商品对应的成本
	其他业务成本	销售原材料对应的成本
期间费用	销售费用	广告宣传费
	管理费用	行政管理部门水电费、管理人员工资
	财务费用	利息支出

（2）费用按照与收入的配比关系不同，可分为生产费用与期间费用。

①生产费用：生产费用是指与企业日常生产经营活动有关的费用，按其经济用途可分为直接材料、直接人工和制造费用。生产费用应按其实际发生情况计入产品的生产成本；对于生产几种产品共同发生的生产费用，应当按照受益原则，采用适当的方法和程序分配计入相关产品的生产成本。

②期间费用：期间费用是指企业本期发生的、不能直接或间接归入产品生产成本，而应直接计入当期损益的各项费用，包括管理费用、销售费用和财务费用。

管理费用是指企业行政管理部门为了组织和管理生产经营活动而发生的各种费用。

销售费用是指企业在销售商品和提供劳务等日常活动中发生的除营业成本以外的各项费用以及专设销售机构的各项经费。

财务费用是指企业筹集生产经营所需资金而发生的费用。

【注意】费用和成本的关系：费用包括能计入成本的费用和不能计入成本的费用。能计入成本的费用构成商品的营业成本；不能计入成本的费用称为期间费用，直接计入当期损益。

（六）利润

1. 概念

利润是指企业在一定会计期间的经营成果。利润包括收入减去费用后的净额、直接计入当期利润的利得和损失等。

直接计入当期利润的利得和损失，是指应当计入当期损益、会导致所有者权益发生增减变动的、与所有者投入资本或者向所有者分配利润无关的利得或者损失。

2. 利润的确认条件

利润的确认取决于收入和费用、直接计入当期利润的利得和损失金额的计量。

3. 利润的分类

利润是衡量企业优劣的一种重要标志，是评价企业管理层业绩的一项重要指标，也是投资者等财务报告使用者进行决策时的重要参考。利润按其构成的不同层次，可划分为营业利润、利润总额和净利润。

（1）营业利润：营业利润是指企业从事生产经营活动中取得的利润，是企业利润的主要来源。

计算公式：

营业利润=营业收入-营业成本-税金及附加-销售费用-管理费用-研发费用-财务费用-资产减值损失+其他收益+投资收益-投资损失+公允价值变动收益-公允价值变动损失+资产处置收益-资产处置损失。

其中：营业收入=主营业务收入+其他业务收入

营业成本=主营业务成本+其他业务成本

（2）利润总额：利润总额是指企业在一定时期内通过生产经营活动所实现的最终财务成果。

计算公式：利润总额=营业利润+营业外收入-营业外支出

其中：

营业外收入是指企业发生的与企业日常生产经营活动无直接关系的各项收入。包括非流动资产处置利得、非货币性资产交换利得、出售无形资产收益、债务重组利得、企业合并损益、盘盈利得、因债务人原因确实无法支付的应付款项、政府补助、教育费附加返还款、罚款收入、捐赠利得等。

营业外支出是指企业发生的与企业日常生产经营活动无直接关系的各项支出。包括非流动资产处置损失、非货币性资产交换损失、债务重组损失、公益性捐赠支出、非常损失、盘亏损失等。

（3）净利润：净利润是指企业当期利润总额减去所得税后的金额，即企业的税后利润。

计算公式：净利润=利润总额-所得税费用　或

净利润=利润总额×（1-所得税率）

其中：所得税费用是指企业将实现的利润总额按照企业所得税法律规定的标准向国家计算缴纳的税费。

净利润是一个企业经营的最终成果，净利润多，企业的经营效益就好；净利润少，企业的经营效益就差，它是衡量一个企业经营效益的主要指标。

【知识拓展——利润分配程序】

利润分配程序是指公司制企业根据适用的法律、法规或规定，对企业一定期间实现的净利润进行分配必须经过的步骤。根据《中华人民共和国公司法》等有关规定，企业当年实现的利润总额应按国家有关税法的规定作相应的调整，然后依法缴纳所得税。缴纳所得税后的净利润按下列顺序进行分配。具体包括以下几方面：

1. 弥补以前年度的亏损

按我国财务和税务制度的规定，企业的年度亏损，可以由下一年度的税前利润弥补，下一年度税前利润尚不足以弥补的，可以由以后年度的利润继续弥补，但用税前利润弥补以前年度亏损的连续期限不超过5年；5年内弥补不足的，用本年税后利润弥补。本年净利润加上年初未分配利润为企业可供分配的利润，只有可供分配的利润大于零时，企业才能进行后续分配。

2. 提取法定盈余公积金

根据《中华人民共和国公司法》的规定，法定盈余公积金的提取比例为当年税后利润（弥补亏损后）的10%。【注意】当法定盈余公积金已达到注册资本的50%时可不再提取。法定盈余公积金可用于弥补亏损、扩大公司生产经营或转增资本，但公司用盈余公积金转增资本后，法定盈余公积金的余额不得低于转增前公司注册资本的25%。

3. 提取任意盈余公积

根据《中华人民共和国公司法》的规定，公司从税后利润中提取法定公积金后，经股东会或者股东大会决议，还可以从税后利润中提取任意公积金。

4. 向投资者分配利润

根据《中华人民共和国公司法》的规定，公司弥补亏损和提取公积金后所余税后利润，可以向股东（投资者）分配股利（利润），其中有限责任公司股东按照实缴的出资比例分取红利，全体股东约定不按照出资比例分取红利的除外；股份有限公司按照股东持有的股份比例分配，但股份有限公司章程规定不按持股比例分配的除外。

总结六大要素之间的关系，如表2-3所示。

表 2-3　六大要素之间的关系

资产=负债+所有者权益	收入-费用=利润
资金运动的静态表现	资金运动的动态表现
表明资产的来源与归属	表明经营成果与相应期间收入和费用关系
编制资产负债表的依据	编制利润表的基础

第二节　会计等式

一、会计要素与会计等式的联系

会计核算对象是企业产生的经营业务行为。不管会计核算所需处理的经营业务如何复杂，会计人员都要从两个方面将其进行划分，其一表现出了企业财务状况，其二表现出了企业经营成绩。

与企业财务状况紧密相关的经营活动，可以全部理解为资产、负债与所有者权益；任一与企业经营业务成果相关的都能够归纳为收入、费用、利润。资产能够被企业进行控制与拥有，对其计量可以使用货币。依据不同的表现形式与流动特点我们可以将资产划分两种：一种是与资金、存货以及应收账款紧密联系的流动资产；另一种是与长期投资和固定资产紧密相关的非流动资产。将资产作为对象产生的要求和所有权叫作权益，权益主要包含了所有者与债权人的权益。债权人具有的权益体现为债权人拥有企业资产时提出的要求权。从企业经营角度研究，企业能够利用货币计量并承担，以资产或者劳务作为偿付对象的债务叫作负债。按照偿付所需的具体时间我们可以将负债分为流动负债与非流动负债。所有者的权益就是企业中的投资者对资产拥有的相关权利，也可以认为是企业的全部资产与全部负债相减产生的差额，主要分为收益与投资者投资两方面的内容。因此可以得出这样的等式：资产=负债+所有者权益。由这三个会计基本要素组成的平衡关系为会计等式，体现某一时点有关企业的财务状况，此概念具有静态特点。

一般来说，企业产生劳务或者售卖商品从而获得的资金叫作收入。与之对应，企业在获取收入的这一过程中，消耗了企业拥有的资产，这类消耗了的资产可以称作费用。取得收入，一是指企业增加了总资产额或者降低总负债额；二是指企业所有者减少了权益金额。此时，企业很难从资产变动、所有者权益负债立场分析这种增减问题，主要的原因是产生的一系列费用与收入难以比较，由此，企业需要对收入与费用适当进行配比，把收入用来抵减费用，计算企业在一定经营时间内获得的成绩，会计将其称为利润。我们可以进一步列出会计等式对会计动态对象进行标示：利润=收入-费用，这一等式真正体现出了会计要素之间存在的数量联系。

二、会计等式的表达形式

会计等式是运用数学方程的原理描述会计要素之间数额关系的表达式。每一项资金运动过程必然涉及相应的会计要素，从而资金运动涉及的会计要素之间就存在一定的相互关系，会计要素之间这种内在关系可以通过会计平衡式表现出来，这个平衡等式就是会计平衡公式，也称之为会计等式。会计等式是会计正确设置账户、复式记账、试算平衡和设计与编制会计报表的重要理论依据。

（一）反映财务状况的会计等式

资产=负债+所有者权益，如图 2-2 所示。

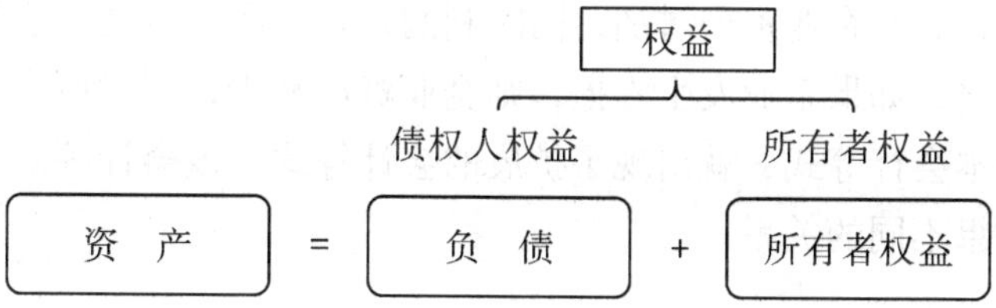

图 2-2　会计等式

企业要从事生产经营活动，一方面，必须拥有一定数量的资产，这些资产以各种不同的形态分布于企业生产经营的各个阶段，成为企业生产经营活动的基础。另一方面，这些资产要么来源于债权人，形成企业的负债，要么来源于投资者，形成企业的所有者权益。由此可见，资产、负债以及所有者权益，实际上是同一价值运动的两个方面。这两方面之间存在着恒等关系。也就是说，一定数额的资产必然对应着相同数额的负债与所有者权益。这是基本会计等式最常用的一种表达方式。

“资产=负债+所有者权益”这一会计等式是资金的静态表现，是设置账户、复式记账法的理论基础，也是编制资产负债表的依据。

（二）反映经营成果的会计等式

收入-费用=利润

企业经营的目的是获取收入，实现盈利。企业在取得收入的同时，也必然要发生相应的费用。会计人员通过收入与费用的比较，才能确定企业一定时期的盈利水平。广义而言，企业一定时期所获得的收入扣除所发生的各项费用后的余额，即表现为利润。“收入-费用=利润”这一会计等式是资金运动的动态表现，反映了利润的实际过程，是编制利润表的依据。

（三）扩展的会计等式

资产=负债+所有者权益+（收入-费用），如图 2-3 所示。

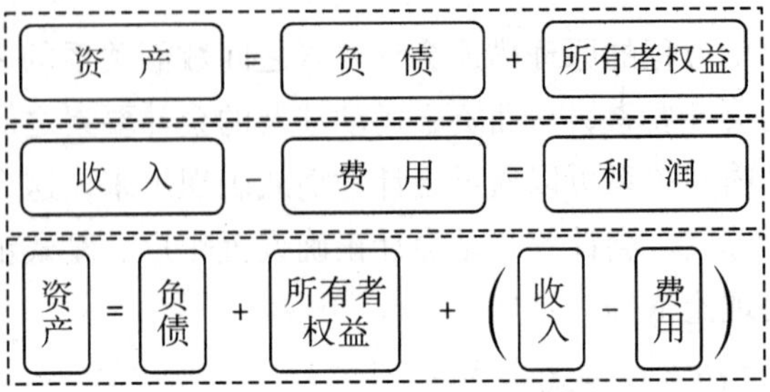

图 2-3　扩展的会计等式

企业取得利润，表明企业资产增加，同时利润是属于所有者的，取得利润意味着所有者权益的增加。反之，如果企业发生亏损，则企业资产减少，同时所有者权益也减少。将利润或亏损计入基本会计等式，就出现了扩展的会计等式。该会计等式动态地反映了企业财务状况和经营成果不同的关系。

三、经济业务的发生对会计等式的影响

企业任何一项经济业务的发生，必然会引起“资产=负债+所有者权益”等式中各项会计要素的增减变动，但是却不会破坏上述会计等式的平衡关系。该等式会计要素的变动主要表现为四种类型、九种情况。

（一）四种类型

（1）资产项目之间有增有减

（2）权益项目之间有增有减

（3）资产和权益同时增加

（4）资产和权益同时减少

（二）九种情况（见图 2-4）

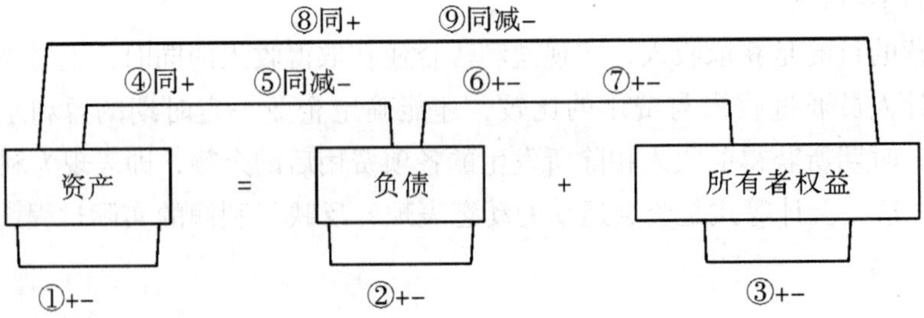

图 2-4　经济业务的发生对会计等式的影响

这九种情况可表述为：

（1）一项资产增加、另一项资产等额减少的经济业务。

（2）一项资产增加、一项负债等额增加的经济业务。

（3）一项资产增加、一项所有者权益等额增加的经济业务。

（4）一项资产减少、一项负债等额减少的经济业务。

（5）一项资产减少、一项所有者权益等额减少的经济业务。

（6）一项负债增加、另一项负债等额减少的经济业务。

（7）一项负债增加、一项所有者权益等额减少的经济业务。

（8）一项所有者权益增加、一项负债等额减少的经济业务。

（9）一项所有者权益增加、另一项所有者权益等额减少的经济业务。

【课堂练习】

阳光公司 2023 年 12 月 1 日的财务状况（单位：万元）为：

资产=负债+所有者权益

200=60+140

阳光公司 2023 年 12 月份发生如下经济业务：

（1）从银行取得短期借款 40 万元，存入开户银行。

（2）购买原材料 20 万元，用银行存款支付。

（3）用银行存款归还之前欠某公司的货款 30 万元。

（4）以短期借款抵付应付账款 10 万元。

（5）资本公积转增资本 50 万元。

（6）收到甲企业投入的设备 1 台，价值 10 万元。

（7）丙企业收回投资 20 万元，以存款支付。

（8）乙企业代本企业偿还货款 10 万元，作为对本企业的投资。

（9）向股东分配利润 30 万元，但尚未支付。

要求：请根据上述经济业务，分析这些经济业务对会计等式的影响情况。

四、会计要素与会计等式的重要意义

（一）有利于对会计科目类别进行划分

会计实务按照会计要素或者会计等式将会计科目划分为负债、资产、所有者权益、收入、费用、利润。在这个前提下，收入和费用是耗费资产的加减项，事实上企业增加的债务责任与资产要素权，属于负债、权益的加项，归列为权益或者负债。

（二）确定了复式记账的方向

根据会计等式产生的会计要素之间的联系，凭借企业经济行为引发的会计科目变动，按照内部资产出现的变化等额、内部负债引起了变化等额、资产负债中间等额的增减变化与记账借贷符号规则，最终决定了复式记账的具体方向。

（三）彰显了我国经济发展具体要求

我国计划经济阶段，企业产生了十分简单的经济活动，全部经营生产行为都需要国家实行统购统销，企业自主经营行为匮乏，资金全部来源于国家。因此，将企业经营行为划分为资金使用与来源，与之相对应的会计等式也成为占用资金的主要方式。我国积极发展市场经济后，企业逐渐拥有了自主经营权，逐渐出现了复杂的经济活动，传统会计模式无法满足经济发展要求，因此开始实行新财务会计机制之后，企业已经开始使用西方发达国家的会计要素与等式，这些措施对于我国会计制度与国际接轨发挥了重要作用。

（四）有机统一了资产负债表与利润表的编制

按照会计等式，我们可以划分资产、负债和所有者权益到左右两边：左边是资产，右边是负债和所有者权益，左右两边产生的合计数相同。同时会计还要按照会计等式设计与编制损益表，生动地体现出计算费用具体要求，如果收入比费用大则出现了利润，反之出现了亏损，该表同时密切关系着资产负债表与利润表，进而完整体现企业内部财务情况与成绩，及其产生过程。

【项目检测】

一、判断题

1. 企业获取资产的来源渠道主要有两条：一是由企业所有者投资形成，二是由债权人贷款形成。（　　）

2. 会计基本等式所体现的平衡关系原理，是设置账户、进行复式记账和编制会计报表的理论依据。（　　）

3. 预收账款和预付账款均属于负债。（　　）

4. 从数量上看，资产与权益始终保持平衡关系，任何经济业务的发生均不会改变资产和权益的金额。（　　）

5. 主营业务收入和营业外收入均属于收入。（　　）

二、单选题

1. 下列不属于资产要素的是（　　）。

A. 银行存款　　B. 库存现金

C. 预收账款　　D. 预付账款

2. 期间费用不包括（　　）。

A. 管理费用　　B. 制造费用
C. 销售费用　　D. 财务费用

3. 下列经济业务发生，不会导致会计等式两边总额发生变化的有（　　）。
A. 收回应收账款并存入银行
B. 从银行取得借款并存入银行
C. 以银行存款偿还应付账款
D. 收到投资者以无形资产进行的投资

4. 下列引起资产和负债同时增加的经济业务是（　　）。
A. 以银行存款偿还银行借款　　B. 收回应收账款存入银行
C. 购进材料一批货款未付　　D. 以银行借款偿还应付账款

5. 某企业本期期初资产总额为 140 000 元，本期期末负债总额比期初增加 20 000 元，所有者权益总额比期初减少 10 000 元，则企业期末资产总额为（　　）。
A. 170 000 元　　B. 130 000 元
C. 150 000 元　　D. 120 000 元

三、多选题

1. 反映企业财务状况的会计要素有（　　）。
A. 资产　　B. 收入
C. 费用　　D. 负债
E. 所有者权益

2. 反映企业经营成果的会计要素有（　　）。
A. 资产　　B. 收入
C. 费用　　D. 利润
E. 所有者权益

3. 下列关于资产的特征说法正确的有（　　）。
A. 必须为企业现在所拥有或控制
B. 必须能用货币计量其价值
C. 必须是用来转卖的财产
D. 必须是有形的财产物资
E. 必须具有能为企业带来经济利益服务的潜力

四、综合题

1. 判断下面的经济业务内容分别属于哪个会计要素，请在对应的栏目内打"√"。

序号	经济内容	资产	负债	所有者权益	收入	费用	利润
1	库存的现金						
2	成品仓库中的完工产品						
3	企业欠银行的长期借款						
4	企业存放在银行的存款						
5	企业的机器设备						
6	企业未缴纳的增值税						
7	企业应收回的货款						
8	企业预先收到的订货款						
9	材料库中的原材料						
10	企业销售产品的收入						
11	销售产品发生的广告费						
12	企业销售材料的收入						
13	企业收到的投入资本						
14	企业对外进行的投资						
15	发生的办公费用						
16	年末未分配的利润						
17	制造产品发生的费用						
18	本年累计实现的净利润						
19	企业的房屋和建筑物						
20	企业的专利技术						
21	车间内未完工的在产品						
22	应付职工的工资						
23	发生的利息费用						

五、思考题

1. 什么是会计要素？会计要素有哪些？
2. 会计各要素之间有什么样的关系？

第三章　掌握会计科目、会计账户及借贷记账法

通过前边内容的学习，我们知道：会计工作有特殊的程序，包括确认、计量、记录、报告。简而言之，确认是从企业发生的事项当中挑选哪些应该由会计管理。计量是将归会计管的事项用货币标价，确定价值。记录是通过专门的媒介、采用系统的方法将事项记录下来。报告是将记录的事项归类汇总，编制报表。本章会计科目、会计账户与借贷记账法的学习是我们进行会计账务处理的前提，那么会计科目、会计账户及借贷记账法是什么？有何联系？我们如何利用借贷记账法进行企业日常经济业务的处理呢？接下来，让我们一起进入“掌握会计科目、会计账户及借贷记账法”的学习。

【学习目标】

知识目标：理解会计科目与会计账户的概念，掌握会计科目与会计账户的联系与区别。了解记账方法的内容，理解复式记账法的记账原理，掌握借贷记账法的内容。

能力目标：能够设置会计科目和会计账户，能够利用会计账户反映经济业务的增减变动情况。能够运用借贷记账法进行会计分录的编写。

素质目标：明确目标，实事求是，遵守法规法纪，有计划地完成各项工作。

【情景引入】

空空公司成立后，在后续的生产经营过程中，购买了3台机器设备，发票上载明买价共计300万元，增值税共计39万元；购买了一批A材料，发票上载明买价共计100万元，增值税共计13万元.

思考：小鹏作为空空公司的一名会计人员，他应当如何对以上发生的经济业务进行确认、计量与记录呢？

第一节　会计科目与会计账户

一、会计科目

（一）会计科目的概念

会计确认会过滤掉不属于会计核算范畴的事项，会计计量是对经济活动的粗略分类，但如果我们只是把这些交易或者事项依次记录，则对于会计信息使用者来说，其就无法准确地掌握会计信息。比如资产有存款、房产，如果不分类记录，会计信息使用者就看不出存款和房产的具体情况，也无法预见交易或事项带来的影响。所以会计人员在记录时，则需要使用特殊的符号，将企业的交易事项详细分类，这个符号就是会计科目。会计核算中设置会计科目和账户，就类似于公安机关户籍管理，会计要素划分了省份，会计科目具体到社区，社区有几个家庭，家庭有几个成员，成员的基本情况，都通过会计科目反映出来。会计科目使用出现错误，就好比户籍管理将张三的儿子记到了李四家，王五户头的人口变动记到了陈六家，社会关系一片混乱。因此，会计科目对于会计核算而言至关重要。

会计科目是对会计对象的具体内容（即会计要素）进行分类核算所规定的项目。企业在生产经营过程中，经常发生各种各样的会计事项。会计事项的发生，必然引起会计要素的增减变动。同一类会计要素内部的具体项目不同，其性质和内容也往往不同。例如，同属于资产的“固定资产”和“原材料”，其经济内容，在生产中的作用和价值转移方式都不相同；同属于负债的“应付账款”“短期借款”和“长期借款”，其形成原因、债权人、偿还期限等也不相同。会计要素是对会计对象的基本分类，而仅依靠这 6 项会计要素仍难以满足各方面对会计信息的需要。例如，所有者需要了解利润构成及其具体分配情况，了解负债及其构成情况；债权人需要了解流动比率、速动比率等指标，以评判其债权的安全情况；税务机关要了解企业欠缴税金的详细情况等。为此，企业还必须对会计要素做进一步分类。这种对会计要素的具体内容进行分类核算的项目，称为会计科目。为了全面、系统、分类地核算和监督各项会计要素的增减变化，会计人员必须设置会计科目。设置会计科目是正确填制会计凭证、运用借贷记账、登记账簿和编制财务会计报告的基础。

（二）设置会计科目的原则

1. 会计科目的设置，必须结合会计要素的特点

会计人员设置会计科目，必须对会计要素的具体内容进行科学分类，以便分门别类地反映和监督各项经济业务。各单位应结合本单位经济活动的特点来确定应设置的会计科目。例如，制造业应设置“生产成本”和“制造费用”科目，用以核算和监督制造业产

品的生产过程，而商品流通企业则不设置这样的科目。

2. 会计科目的设置，必须符合会计目标的要求

财务会计的目标是提供有用的会计信息，以满足与企业有经济利益关系的各方了解企业财务状况和经营成果的需要，同时满足企业内部加强经营管理的需要。例如，企业的盈亏情况是会计信息使用者非常关心的。为此，企业必须设置“主营业务收入”“主营业务成本”“管理费用”“财务费用”“本年利润”等科目，用于反映盈亏的情况。而为了反映企业实际拥有的资本金情况，企业需要设置“实收资本”科目。

3. 会计科目的设置，必须将统一性与灵活性相结合

目前，会计科目由财政部统一制定颁布，但企业可根据自身规模的大小、业务的繁简程度等自行增设、减少或合并某些会计科目。例如，制造业可增设“备用金”等科目，可以不单设“预收账款”“预付账款”科目。

4. 会计科目的设置，应保持相对稳定，会计科目的名称要简明易懂

为了便于对不同时期的会计资料进行分析对比，会计科目的设置应保持相对稳定。此外，每个会计科目都有特定的核算内容，其名称要含义明确、通俗易懂，以便于开设和运用账户，不能将不同特征的资料记入同一科目。

（三）会计科目表

财政部于 2006 年 10 月颁布了《企业会计准则——应用指南》，对企业应用的会计科目及其核算内容做出了规定，企业应按规定设置和使用会计科目。同时，企业在不违反会计准则中确认、计量和报告规定的前提下，可以根据实际情况自行增设、分拆、合并某些会计科目。为满足基础会计教学需要，这里只提供部分与制造业生产经营活动有关的会计科目名称，如表 3-1 所示，其余的会计科目将在后续有关专业会计课程中介绍。

表 3-1　企业会计科目表（简表）

编号	会计科目名称	编号	会计科目名称
	一、资产类	21	应付职工薪酬
1001	库存现金	221	应交税费
1002	银行存款	231	应付利息
1012	其他货币资金	232	应付股利
1101	交易性金融资产	241	其他应付款
1121	应收票据	2501	长期借款
1122	应收账款	2502	应付债券
1123	预付账款	2701	长期应付款
1131	应收股利	2801	预计负债
1132	应收利息	2901	递延所得税负债

表3-1(续)

编号	会计科目名称	编号	会计科目名称
1221	其他应收款		三、共同类
1231	坏账准备	3101	衍生工具
1402	在途物资	3201	套期工具
1403	原材料		四、所有者权益类
1404	材料成本差异	4001	实收资本
1405	库存商品	4002	资本公积
1511	长期股权投资	4101	盈余公积
1512	长期股权投资减值准备	4103	本年利润
1531	长期应收款	4101	利润分配
1601	固定资产		五、成本类
1602	累计折旧	5001	生产成本
1603	固定资产减值准备	5101	制造费用
1604	在建工程		六、损益类
1605	工程物资	6001	主营业务收入
1606	固定资产清理	6051	其他业务收入
1701	无形资产	6101	公允价值变动损益
1702	累计摊销	6111	投资收益
1703	无形资产减值准备	6301	营业外收入
1711	商誉	6401	主营业务成本
1801	长期待摊费用	6402	其他业务成本
1811	递延所得税资产	6403	税金及附加
1901	待处理财产损溢	6601	销售费用
	二、负债类	6602	管理费用
2001	短期借款	6603	财务费用
2101	交易性金融负债	6701	资产减值损失
2201	应付票据	6711	营业外支出
2202	应付账款	6801	所得税费用
2203	预收账款	6901	以前年度损益调整

为了便于填制会计凭证、登记账簿、查阅账目和实行会计电算化，会计科目表统一规定了会计科目的编号。总分类科目采取四位制：千位数码代表会计科目按会计要素区分的类别，百位数码代表每大类会计科目下的较为详细的类别，十位和个位数码一般代表会计科目的顺序号。为了便于增加和建立某些会计科目，科目编号留有空号，企业不应随意打

乱重编。企业在填制会计凭证、登记账簿时，应当填列会计科目的名称，或者同时填列会计科目的名称和编号，不能只填科目编号而不填科目名称。

（四）会计科目的分类

会计科目是对会计要素按其经济内容所做的进一步分类，每一个会计科目都明确反映特定的经济内容，但各个会计科目并非彼此孤立的，而是相互联系、相互补充地组成一个完整的会计科目体系。为了正确地掌握和运用会计科目，我们可对会计科目进行适当的分类。

1. 按经济内容分类

会计科目按经济内容分类是主要的、基本的分类。制造业的会计科目按其所反映的经济内容，可以划分为六大类：资产类、负债类、共同类、所有者权益类、成本类和损益类，其具体划分可参见表 3-1。

2. 按提供核算指标的详细程度分类

会计科目按提供核算指标的详细程度，可以分为总分类科目和明细分类科目。

总分类科目（也称总账科目或一级科目），是对会计要素具体内容进行总括分类的科目，它提供总括核算指标。总分类科目由财政部统一制定颁布。明细分类科目（也称明细科目或细目），是对总分类科目进一步分类的科目，它提供明细核算指标。明细分类科目的设置，除制度已有规定外，各单位可根据实际情况和经营管理的需要自行设置。

如果某一总分类科目下面设置的明细分类科目较多，可增设二级科目（也称子目）。二级科目是介于一级科目与三级科目之间的科目，它提供的核算指标要比一级科目详细，但又比三级科目概括。例如，在“原材料”总分类科目下，可按材料的类别设置二级科目如表 3-2 所示。

表 3-2 原材料各级科目

总分类科目（一级科目）	明细分类科目	
	二级科目（子目）	三级科目（细目）
原材料	原料及主要材料	圆钢 生铁 紫铜
	辅助材料	润滑油 防锈剂
	燃料	汽油 原煤

（五）会计科目的重要性

1. 会计科目是会计管理活动成功和会计信息质量保障的基础和关键

会计科目从支撑核算、反映信息、承载制度等多角度形成有效管理体系。无论是传统的会计工作，还是现代企业会计管理活动，会计科目几乎参与会计核算、会计信息、会计制度、财务管理等全过程，越来越多的企业从执行企业会计准则及财经制度、设置预算定额指标、明确核算要求及实施内控管理等方面，将会计科目作为企业经营管理的重要工具，甚至从管理会计角度锁定企业经营目标，指导会计操作，引导财务管理，从源头上保障会计信息真实、准确、完整。

2. 科学合理的会计科目设置标准是推动企业财务精细化管理的重要抓手

在现代财务管理模式下，企业财务精细化管理归根结底是对会计工作各环节进行多维化、颗粒化管理并拓展延伸。一整套科学合理的会计科目能够从设置、分层、细化和衍生等方面，将全部财务活动通过锚定目标、管控过程、分解任务等，结合会计核算体系，借助信息化手段予以记载、反映、监督和分析，形成管理闭环，最终实现精细化管理目标。

3. 严密有效的会计科目体系是强化会计监督的有效方式

大数据的广泛应用，对会计监督模式、方式、手段及作用产生了极大影响，会计监督从传统意义的事后监督逐步演化为事前提示、事中监督+预警、事后督查+分析，其作用和意义在信息化时代企业的经营发展中更加凸显。而企业在运营管理中，体系完善、逻辑严密、控制有效的会计科目是大数据信息所依赖的重要载体之一，因此，会计科目体系越严密有效，会计监督也就愈发具备条件并发挥作用。

4. 加强会计科目管理是提高会计信息化建设水平的关键环节

利用计算机软件和网络共享等方式获取、处理、传输和应用会计科目数据，并使得会计科目数据成为管理者进行决策和管理的依据，是信息化技术向现代会计管理赋能的普遍逻辑和过程。无论是会计要素的产生过程，还是会计管理活动的目标对象，忽视会计科目管理一方面不利于提升科目管理的信息化水平，另一方面也必然影响会计信息化建设的整体实现程度和效果。

【课堂讨论】如果让同学们通过某种方式把企业发生的经济业务连续、系统地记录下来，反映会计要素的增减变化情况，大家会如何进行记录呢？

二、会计账户

（一）概念

如果说会计科目只是一个名字的话，那么我们给它加上框架、格式和内容，它就成了我们所说的会计账户。会计科目只是对会计对象具体内容进行分类的项目或名称，还不能进行具体的会计核算。为了全面、序时、连续、系统地反映和监督会计要素的增减变动，我们还必须设置账户。前面我们学了会计科目，接下来我们要在会计科目的基础上学习另一个名词——会计账户。

会计账户是指按照会计科目开设的，具有一定格式和结构，用来连续、系统、分类记录和反映会计要素增减变动情况及其结果的一种专门工具。设置账户是会计核算的一种专门方法。会计账户使原始数据转换为初始会计信息。企业通过会计账户可以对大量复杂的经济业务进行分类核算，从而提供不同性质和内容的会计信息。由于会计账户以会计科目为依据，因而某一会计账户的核算内容具有独立性和排他性，并在设置上要服从会计报表的编报要求。

（二）账户的基本结构

账户不但要有明确的核算内容，而且要有一定的结构。账户的基本结构从数量上看，发生经济业务所引起的会计要素变动，无非是增加和减少两个方面，因而账户也分为左、右两个方向，一方登记增加，另一方登记减少。至于哪一方登记增加，哪一方登记减少，取决于所记录的经济业务和账户的性质。登记本期增加的金额，称为本期增加发生额；登记本期减少的金额，称为本期减少发生额；增减相抵后的差额，称为余额，余额按照表示的时间不同，分为期初余额和期末余额。在实际工作中，账户的具体结构可以根据不同的需要设计出多种多样的格式，但其基本内容包括：①账户名称；②日期和摘要；③凭证号；④增加额、减少额及余额。其中，反映各个会计要素的增加额、减少额和余额这三个部分就形成了账户的基本结构，如表 3-3 所示。

表 3-3 总账

账户编号及名称：________

<table>
<tr><td colspan="2">年</td><td rowspan="2">凭证号数</td><td rowspan="2">摘要</td><td colspan="11">借方</td><td colspan="11">贷方</td><td rowspan="2">借或贷</td><td colspan="11">余额</td><td rowspan="2">√</td></tr>
<tr><td>月</td><td>日</td><td>亿</td><td>千</td><td>百</td><td>十</td><td>万</td><td>千</td><td>百</td><td>十</td><td>元</td><td>角</td><td>分</td><td>亿</td><td>千</td><td>百</td><td>十</td><td>万</td><td>千</td><td>百</td><td>十</td><td>元</td><td>角</td><td>分</td><td>亿</td><td>千</td><td>百</td><td>十</td><td>万</td><td>千</td><td>百</td><td>十</td><td>元</td><td>角</td><td>分</td></tr>
<tr><td></td><td></td><td></td><td></td><td></td><td></td><td></td><td></td><td></td><td></td><td></td><td></td><td></td><td></td><td></td><td></td><td></td><td></td><td></td><td></td><td></td><td></td><td></td><td></td><td></td><td></td><td></td><td></td><td></td><td></td><td></td><td></td><td></td><td></td><td></td><td></td><td></td><td></td><td></td></tr>
<tr><td></td><td></td><td></td><td></td><td></td><td></td><td></td><td></td><td></td><td></td><td></td><td></td><td></td><td></td><td></td><td></td><td></td><td></td><td></td><td></td><td></td><td></td><td></td><td></td><td></td><td></td><td></td><td></td><td></td><td></td><td></td><td></td><td></td><td></td><td></td><td></td><td></td><td></td><td></td></tr>
</table>

为了便于说明，人们通常将账户的基本结构简化为 T 型账户，其格式见图 3-1。

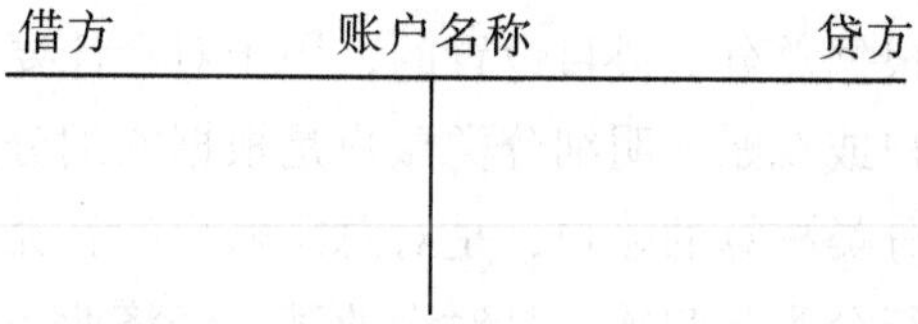

图 3-1 账户的基本结构简化形式——“T 形账户”（1）

在借贷记账法下，由于账户的左方固定为借方，右方固定为贷方，以资产类账户为例，如图 3-2 所示。

借方	会计科目名称（资产类）		贷方
期初余额	×××	本期减少额	×××
本期增加额	×××		
期末余额	×××		

图 3-2　账户的基本结构简化形式——“T 形账户”（2）

资产类账户中，分为两个基本部分：左右两方，一方登记增加额，一方登记减少额。

账户中记录四种核算指标，即期初余额、本期增加数、本期减少数和期末余额。其关系式如图 3-3 所示：

期末余额=期初余额+本期增加额-本期减少额

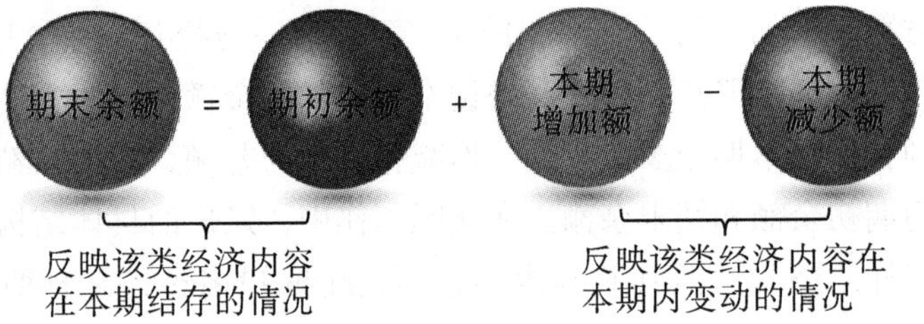

图 3-3　会计账户中四个数额之间的关系

（三）会计账户的分类

会计账户按照不同标准有不同的分类。

1. 按照其所反映会计要素具体内容的详细程度及统驭关系分类

同会计科目的分类相对应，按照其所反映会计要素具体内容的详细程度及统驭关系，会计账户可分为总分类账户和明细分类账户。

为了保证会计核算指标的规范性，便于相关部门进行横向与纵向的对比，总账账户在我国，其名称、核算内容及使用方法都有着严格的、统一的规定。每个行业、每个企业都要根据自身的生产经营特点及国家统一规定来制定账户的名称，并依此来设置若干个总分类账户。总分类账户是指根据总分类科目设置的，用于对会计要素具体内容进行总括分类核算的账户，简称总账账户或总账。明细分类账户是根据明细分类科目设置的，用于对会计要素具体内容进行明细分类核算的账户，是对总账账户的补充及完善，该类账户能够使企业的经济业务更好地进行分类与归纳，是对企业某一经济业务进行明细核算的账户，简称明细账。总账账户称为一级账户，总账以下的账户称为明细账户。

总分类账户是其下属的明细分类账户的统驭账户。总分类账户以货币作为主要的计量单位，总括性地反映各项会计要素的增、减变动情况。明细分类账户是总分类账户的辅助账户，是总分类账户的补充和具体化。明细分类账户除了以货币作为主要的计量单位外，还需要增加实物计量和劳动计量，例如：为了具体地了解和掌握各种原材料的收入、发出和结存情况，企业需要在“原材料”总分类账户下，按照原材料的品种、规格设置原材料明细分类账户。在原材料明细分类账户中，企业既要使用货币计量，又要使用实物计量，并同时进行登记，以便加强对实物和资金的管理。

2. 按其所反映的经济内容分类

由于会计账户的设置是依照会计科目而设置的，因而会计账户的经济内容与会计科目的经济内容一致，也就是账户所反映的会计对象的具体内容与会计科目是一致的。对于各单位的经济业务活动，我们按照会计科目的划分标准将其分成六大要素，即资产、负债、所有者权益、收入、费用和利润。每一个会计要素都具有自己独特的经济内容，都是由更细小的经济要素所组成的，因此企业要为它们各自设立一类账户进行核算。

账户除按上述标准进行分类以外，还可以按其他标准进行分类：如按会计报表分类（资产负债表账户和利润表账户）、按期末余额分类（借方余额账户、贷方余额账户和期末无余额账户）等。

（四）会计账户与会计科目的联系与区别

会计科目与会计账户是一对形影不离的双胞胎，长相很相似，因而在辨认上容易引起误解与歧义，但是这两组概念是既有区别也有联系的。会计科目就是对会计要素进行具体的分类核算，是整个账务处理、会计记录的基础。而会计账户则是根据会计科目设置的用来反映会计要素增减变化的一种载体。会计科目指的是会计业务的分类记录，而会计账户则是会计科目的账页呈现形式。

会计科目与会计账户之间既有共同点，又有区别。会计科目和账户的共同点是：会计科目和会计账户都是按照相同的经济内容来设置的，会计账户是根据会计科目开设的。会计科目的名称就是会计账户的名称。会计科目规定的核算内容就是会计账户应记录和反映的经济内容。在实际工作中，会计人员往往把会计科目和会计账户不加区别地互相通用。

会计科目和会计账户的区别是：会计科目是按经济内容对会计要素所做的分类；会计账户则是在会计科目所做分类的基础上，对经济业务内容进行全面、连续、系统记录的工具。因此，会计科目只是个名称，只能表明某项经济内容，不存在结构问题。而会计账户必须具备一定的结构，以便记录和反映某项经济内容的增减变动及其结果。由于会计账户按照会计科目命名，所以在实际工作中，会计科目与会计账户不加严格区分，相互通用。

会计对象、会计要素、会计科目、会计账户的联系与区别如图 3–4 所示。

【课堂讨论】

同学们，前边我们依次学习了会计对象、会计要素、会计科目以及会计账户，请同学们思考它们之间有何联系与区别。

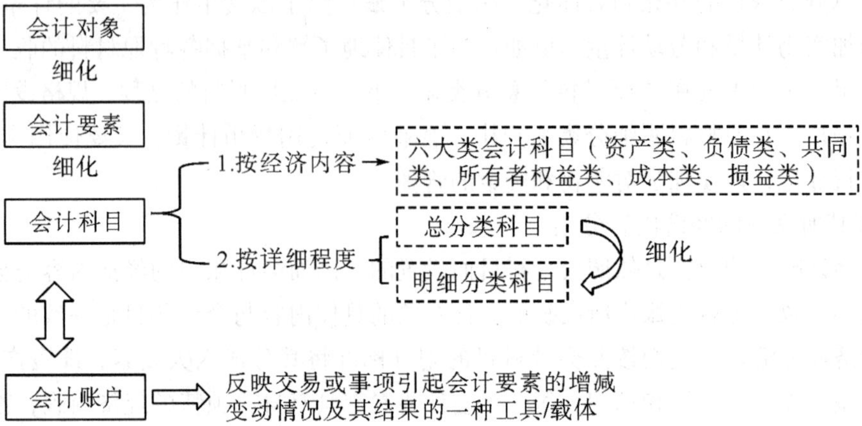

图 3-4　会计对象、会计要素、会计科目、会计账户的联系与区别

会计对象的最基本分类是会计要素，而会计科目是对会计要素所作的进一步分类。会计账户直接以会计科目为依据而设置，是对会计对象进行分类反映和控制的工具，是分类、系统、连续记录核算经济业务、反映企事业单位各项资金变动情况及其变动结果的手段。资金变动情况就是具体经济业务的发生额，是通过会计分录来确定经济业务应登记账户名称、记账方向和记账金额的，所以会计分录也被称为记账公式。而会计分录也将是我们学习的重点内容。

【案例分享】

谢霖是我国第一位注册会计师，并开办了中国历史上第一家会计师事务所——正则会计师事务所。他于1905年留学日本明治大学攻读商科，获学士学位，后又被清政府授以商科举人。20世纪初中国传统的簿记方式弊端百出，已不适用于日益进步的社会的需要。谢霖回国后致力于引进西方复式记账法则，改良传统会计，面对社会需要不断地推陈出新。1936年，南京国民政府立法院通过所得税征收条例，条例中将所得税的征税主体分为三类，其中一类主要针对自由职业者，而在当时自由职业者并无相应的会计制度，这既不利于征税者，也不利于缴税者。面对这一窘境，谢霖提出了自由职业者所得税会计制度。谢霖从会计科目、账簿、表式三个方面对自由职业者会计制度进行了介绍。

第一，会计科目。他将自由职业者的会计科目分为负债、资产、利益、损失四大类。负债类主要包括资金（凡因开业、设备所出之资金）、准备金（为每年从纯收益中提出的款项，以备填补损失，或有特别用途）、应付票据、借入款、代收款、应付款、借用款（凡当事人因委托代办事务，交来之款项，托代支用者），预收款、暂收款（暂收之，尚未确定其性质），总分业务所往来款（主要指的是总机构与分支机构以及分支机构与分支机构之间的往来款项）；资产类主要包括房屋设备、器具、图书、有价证券、存出款、应收票据、应收代垫、预付、暂付款（暂支之款，尚未确定性质者）、现金（主要为收付的现金）、总分业务所往来欠款、不敷款及上年度亏损；利息类主要包括薪给、年金（月承办案件论年收入或一期间收入之年金）、薪酬、利息（主要指存入款项和有价证券滋生的利息）；损失类主要包括业务所房租、业务使用人薪给报酬、业务上必须之舟车旅费、其他业务上直接必需之费用、所得税。

第二，账簿。为了方便使用，谢霖将自由职业者应用的账簿分为两种，一种为横式，另一种为直式，以满足不同人群的阅读习惯。账簿由主要账和辅助账组成，主要账又分为日记账和分类账，日记账专记每日现金及转账的进出，分类账充当了汇总会计科目的作用，将每日日记账内的各账过入。辅助账又可分为分户账和扣缴从业者所得税，分户账即为针对各个会计科目所设的一种辅助账，如资金类分户账、准备金分户账、应付票据分户账、借入款分户账、薪给分户账等。扣缴从业者所得税账为支付从业者之薪给、年金报酬时所填，表示扣除从业者所得税的数额。

第三，表式。表的种类形式主要有两种，一种为月结，另一种为年结。月结主要由月计表和各月损益计算书组成，年结主要由资产负债表、损益计算书、资产目录、负债目录组成。

谢霖将所有的会计科目划分为负债、资产、利益、损失，并且明确每笔交易应计入哪个科目，根据会计科目的划分，人们可以准确无误地编制出资产负债表、损益表、资产目录、负债目录。他将账簿分为两大类，即主要账和辅助账，其中主要账又设日记账和分类账，日记账类似于流水账，分类账是为了将流水账过入，起到汇总会计科目的作用。总账设有余额一栏，可通过编制试算表来证明本日账目的无误。辅助账中根据会计科目又设有分户账，每一分户账记录每一户名的具体交易，分户账余额相加后的总数可与分类账中的各科目余额核对，来证明分户账的正确性。最后可根据分类账中的各科目余额编制试算平衡表，分析资产、负债和损益，这样就可以编制资产负债表和损益计算书。谢霖制定的这一套关于自由职业者的会计制度，在当时具有非常重要的意义。他解决了政府机关在征收所得税时无法计算税额的问题，并且推动了近代会计制度在我国的发展。

第二节 借贷记账法与会计分录的编制

一、记账方法

会计账户仅仅是记录经济业务的工具。人们要在会计账户中记录经济业务，还必须借助于一定的方法，即记账方法。记账方法是指根据一定的原理、记账符号、记账规则，采用一定的计量单位，利用文字和数字在账簿中登记经济业务的方法。它功能是把原始凭证上粗糙的记录转化成账簿上有序的、有用的记录。记账方法具体包括记账方式、记账符号、记账规则、记账内容和试算平衡方法等要素。按照登记经济业务记账方式的不同，记账方法可分为单式记账法和复式记账法两种。

（一）单式记账法

单式记账法是对发生经济业务之后所产生的会计要素的增减变动，只在一个账户中进行登记的方法。单式记账法主要存在以下缺点：①不能全面、系统地反映经济业务引起的资金运动；②单式记账法的记录体系简单、不完整，不便于人们检查账户记录的准确性和完整性。

在我国奴隶社会时期和封建社会初期，国家的财政收入主要来自一些经常性项目，如税收、纳贡等；支出也主要是为了满足统治阶级自身的实际需要，而且收入和支出发生的时间会相隔很长，缺乏配比性。在这种情况下，统治者往往只关心经济活动的结果，而对经济活动的过程和原因不太关心。会计作为统治阶级或官厅的“管家”，只需如实反映资产（主要是实物）的收入情况、支出情况以及结余情况就可以了。当时的会计与这种简单的会计思想相适应，产生了入、出、余“三柱结算”的平衡思想，这时的会计恒等式就表现为：入-出=余，这种三柱平衡思想成熟于汉代，一直延续到宋代。在宋代，也许是为了适应会计核算连续性和系统性的要求以及明确不同会计人员的责任，产生了“四柱结算”会计平衡思想。所谓“四柱结算”会计平衡思想就是在“三柱结算”思想的基础上考虑了上期结余情况。于是“四柱结算”的平衡等式可以表示为：旧管+新收-开除=现在，或者表示为：原+入-出=存。这种平衡思想所体现的四柱计算关系为我国后来的收付记账方法建立了理论依据。后来收付记账法中的“上期结存+本期收入-本期支出=本期结存”的核算原理就是来源于“四柱结算”平衡思想。

（二）复式记账法

复式记账法是以“资产=负债+所有者权益”这一会计等式为理论基础的。复式记账法是指对每一笔经济业务都要以相等的金额，同时在两个或两个以上相互联系的账户中进行登记的记账方法。例如：用银行存款 1 000 元购买原材料，在记账时既要登记原材料的价值增加了 1 000 元，又要登记银行存款减少了 1 000 元。这样账户的记录就能全面反映经济活动的来龙去脉，从而使账户记录能较完整、系统地反映各项经济活动的发生过程和结果。同时，人们通过账户的对应关系，能检查各项经济业务是否合法、合理，从而充分发挥会计反映和监督的功能。因此，复式记账法有以下特点：①设置有完整的账户体系；②可以全面、连续、系统地反映经济活动的过程和结果，表现资金运动的来龙去脉；③便于通过进行试算平衡检查账户记录的正确性。

随着商品经济的发展和市场交换的范围逐渐扩大，生产也就更加专业化。同时，工厂的投资主体逐渐多元化，经济往来关系也日趋复杂。在这种情况下，传统的单式记账方法已经很难满足现实需要。因为，在单式记账方法下，会计核算的基本目标是详细记录和反映资产（主要表现为实物）的增减变动与结余情况。在商品经济条件下，会计核算不仅需要反映企业的财务状况和经营成果，还要明确揭示不同权益主体之间的权益结构和变动情况。因为，随着交换经济和银行信用业的发展，企业的权益主体不仅包括投资者（也就是现代意义上的股东），还包括债权人。债权人和投资者都是资产的来源对象，但他们对企业的资产有着不同的求偿权。在这种情况下，会计核算不仅要如实反映资产的增减变动情况，还要对资产的不同来源进行分门别类的核算，会计记账方法也由原来的单式记账法过渡到复式记账法。在复式记账法中，我们不仅关注资产的增减变动及结余情况，还要同时关注资产不同来源主体的权益的增减变动与结余情况，以及资产和权益的平衡情况。由于商品经济以财产权的独立占有和明确划分为前提条件，因此，一定的资产必然伴随着一定的主体权益，而且无论从价值还是数量上讲，资产和权益必然相等。也可以说，现在的会计平衡式或者说会计恒等式由单式记账法下的单方面“守恒”逐步过渡到单方面“守恒”与两方面“平衡”相结合，用公式可以表示为：资产=负债+所有者权益。上述会计恒等式无论从静态还是从动态讲，都是成立的。从动态或者是具体过程上来说，上述恒等式也可以写为：资产类账户的期初余额+本期增加额-本期减少额=负债和所有者权益类账户的期初余额+本期增加额-本期减少额。按照传统的会计习惯，我们一般把左边也就是资产称为“资金占用”，右边（负债和所有者权益）称为“资金来源”。资金来源总是等于资金占用，如果说资金来源是某一经济业务的原因，那么资金占用就是某一经济业务的相应结果。复式记账法之所以称为“复式”，是因为我们不仅要考虑“资产”的“守恒”，还要考虑负债和所有者权益（也就是权益）的“守恒”。同时，我们还要必须关注资产和权益两个方面的“平衡”，也就是说，我们要同时考虑一项经济业务的原因和结果两个方面。在传统的单式记账法下，我们只是考虑了资产这一方面，或者说只关注经济业务的实际结果，而没有对具体的原因加以区别和关注。

会计基本等式是复式记账的理论依据。复式记账可以按记账规则、记账符号、试算平衡方法的不同，分为增减记账法、借贷记账法和收付记账法三种类型的记账方法。借贷记账法是目前我国法定的记账方法，也是运用最广泛的复式记账法。借贷方哪一方记增加金额、减少金额，取决于账户所要反映的业务性质和经济内容。

【案例分享——复式记账法的发展】

复式记账法从产生、发展到完善并沿用至今，体现了强大的生命力和严谨的科学性。不过复式记账法中的借贷记账符号及其蕴藏的奥秘，形成了会计界的长期性难题，致人困惑。这是因为，借贷记账符号在复式记账法的长期使用中经过演变逐渐远离了其字面意思，增加了人们理解的难度，导致了难以自圆其说的困境，从而沦为不表示含义的符号，让不少学者感到困惑。如美国著名会计学家利特尔顿（A. C. Littleten）发出感叹：借贷记账法留下了令人困惑的特征，有些账户左方代表增加，而另一些账户却是右方代表增加。利特尔顿困惑是会计界的基础性问题，中外众多学者从不同角度展开了丰富的研究，并形成了不同的学说。

（1）拟人学说。该学派最具代表性的人物当数现代会计之父卢卡·帕乔利（Luca Pacioli），其在《簿记论》（1494）中指出，当一个投资者最初将现金投入企业时，会计人员需使用两个术语，其一称为现金，其二称为资本，其将借主、贷主和拟人说合为一体，认为一个分录要通过两个账户进行记录，并用借主和贷主观念阐明借贷法则，从而形成“代表借主的账户=代表贷主的账户”这一等式。这一观点丰富和发展了拟人学说，有力地诠释了当时银行业和金融业的簿记实务，奠定了簿记理论的发展基础。

（2）静态论学说。该学说形成于19世纪中叶的欧洲，又称为平衡理论。该理论从等式平衡关系的两边出发，认为任何经济业务均不会破坏等式的平衡关系。也就是说，在等式两边同增或同减，或者是等式中的一边有增有减，等式两边依然保持平衡，从而揭示了借贷记账本质。实质上，静态论学说主要是从相对静止的角度，说明借贷复式记账原理。其较好地总结了会计核算工作中的经验，有利于指导会计实务。

（3）动态论学说。该学说创立于20世纪初的动态论，起源于德国会计学家巴比（Pape）提出的资本循环说。其认为企业资本在不断地运动，并从运动的观点分析借贷原理，从而形成动态学说的雏形。此后，该学说继续得到传承和发展。如德国的斯坎西尼（G. Sganzini）和沃尔伯（E. Wable）从资本循环运动的角度发展了动态学说理论，并认为资本运动中的“来源”记贷、“去向”记借，以此揭示借贷记账原理，夯实了复式簿记理论的科学基础。

（4）资金运动论及其发展。该学派基于动态论学说展开探索，以资金运动作为会计对象，以借方和贷方分别记录资金运动中的终点和起点，阐述借贷记账原理。此后，资金运动论进一步拓展，形成价值与使用价值矛盾运动论，阐明借贷符号的记账原理，并形成“经济—会计理论”。有学者进一步从借贷记账法的起源进行考察，认为借贷记账法源于金融业借主和贷主的借贷业务，继而以借贷业务中的现金流量方向为基点，诠释借贷记账符号与借贷业务之间的对应关系，以揭示借贷记账符号及其奥秘。具体来说，借贷记账符号不是纯粹的会计记账符号，而是具有实际意义，即“借”表示流入，“贷”表示流出。

二、借贷记账法

（一）借贷记账法的概念

借贷记账法是一种复式记账法。借贷记账法是按照复式记账法的原理，以资产和权益的恒等关系为基础，以“借”和“贷”二字作为记账符号，以“有借必有贷，借贷必相等”为记账规则来登记经济业务的一种记账方法。

借贷记账法以“借”“贷”二字作为记账符号，并不是纯粹的、抽象的记账符号，而是具有深刻经济内涵的科学的记账符号。该方法最初由欧洲钱庄资本家用来记录钱庄的债权、债务事项。当钱庄出借货币时，记录在债务人（即债主）的名下，称为借，表示人欠事项，是钱庄资本家的一项权利。当钱庄取得资金来源时，记录在债权人（即贷主）的名下，称为贷，表示欠人事项，是钱庄资本家的一项还债义务。然而，借贷的最初含义，并没有流行多久，因为社会经济的发展，借贷记账法很快就从银行金融业广泛应用于工商业以及行政事业等各单位。“借”“贷”最初表示债权、债务的含义，逐步扩大到对资产等各项财产物资、收入、费用、利润的增加和减少的记录（记录财产物资增减变化和计算经营损益。）。由此，原来仅限于记录债权、债务关系的“借”“贷”二字已不能概括经济活动的全部内容，它表示的内容应该包括全部经济活动资金运动变化的来龙去脉，它们逐渐失去了原来字面上的含义，并在原来含义的基础上进一步升华，获得了新的经济含义：第一，代表账户中两个固定的部位。一切账户，均需设置两个部位记录某一具体经济事项数量上的增减变化（来龙去脉），账户的左方一律称为借方，账户的右方一律称为贷方。第二，具有一定的、确切的、深刻的经济含义。“贷”字表示资金运动的“起点”（出发点），即表示会计主体所拥有的资金（某一具体财产物资的货币表现）的“来龙”（资金从哪里来）；“借”字表示资金运动的“驻点”（短暂停留点，因资金运动在理论上没有终点），即表示会计主体所拥有的资金的“去脉”（资金的用途、去向或存在形态）。这是由资金运动的内在本质决定的。会计既然要全面反映与揭示会计主体的资金运动，在记账方法上就必须体现资金运动的本质要求。

具体而言，企业资金运动的全过程，表现为资金的筹集、运用与退出，而资金运动的每一阶段、每一环节又必然由每一笔资金的运行来体现和完成，而每一笔资金的运行又必然表现为资金是怎么来的，又运用到何处去这两个方面。凡是资金的来源取得，都用贷表示，凡是资金的用途去向，都用借表示；又由于资金在循环周转过程中，总是不断地改变自身的形态，每一笔资金运行时“来龙”“去脉”两个方面就会随之而不断地转换，上一环节的“去脉”或“来龙”，会成为下一环节的“来龙”或“去脉”。例如：企业取得短期借款 500 000 元存入银行（资金筹集）。该笔 500 000 元的资金，来源是短期借入，去向为存入银行如图 3-5 所示。

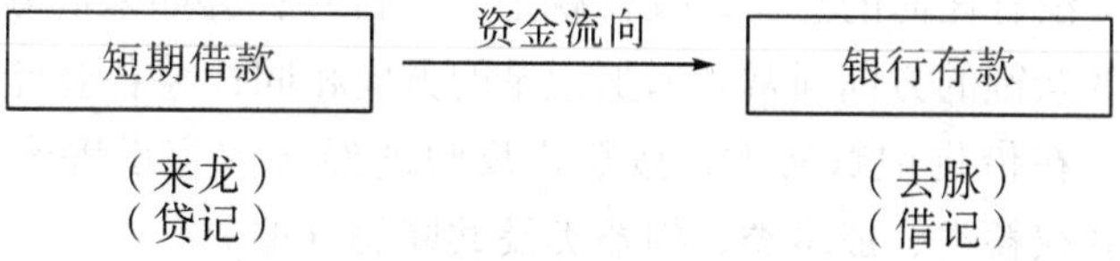

图 3-5　资金流向

由此可见，借贷记账法的“借”和“贷”，不仅表现为主体对资金所拥有的权利和义务，还表现为主体资金运行的轨迹方向。凡是资金“来龙”（不仅指资金来源）的方向，均用“贷”表示，凡是资金“去脉”（不仅指资产、费用等）的方向，均用“借”表示。这样，每一笔资金的运动过程及其方向，都可以用借贷记账法的“借”和“贷”加以表示。

（二）借贷记账法的基本内容

借贷记账法包括以下的基本内容：记账符号、账户结构和记账规则。

1. 记账符号

借贷记账法是以借贷作为记账符号，分别登记会计要素的增加额和减少额。但是这里的“借”“贷”已经失去了字面上的原有含义，只是表示记账的方向。哪一方记增加，哪一方记减少，取决于账户所反映的经济内容。

其基本归类如表 3-4 所示：

表 3-4　各类账户记账方向

账户类别		借方	贷方
资产类		增加	减少
负债类		减少	增加
所有者权益类		减少	增加
成本类		增加	减少
损益类	费用类	增加	减少
	收入类	减少	增加

2. 账户结构

账户结构是指在账户中如何记录经济业务所引起的各项会计要素的增减变动情况及结果，即增加记何方，减少记何方，余额在何方。借贷记账法的账户结构必须结合账户类型加以运用。账户的基本结构为：每一个账户均分为“借方”和“贷方”，并规定账户左方为“借方”，账户右方为“贷方”。账户的性质不同，其“借方”和“贷方”反映的经济业务变动情况就不同，其账户结构也不同。在理解会计账户的过程中，我们须注意以下几点：①“借”“贷”没有任何的意义，仅仅就是一个符号；②如果借方记录增加，那么贷方必然记录减少；③余额的方向通常和增加记录的方向相同；④各会计要素的记录规则因其特征而有所不同。在借贷记账法下，按账户反映的经济内容设置账户，账户分为资产类、负债类、所有者权益类、成本类、损益类及共同类（略）。

（1）资产类账户的结构

资产类账户的结构：账户的借方登记资产的增加额，贷方登记资产的减少额；账户期末如有余额，一般为借方余额。每一会计期间借方登记的金额合计数称为本期借方发生额，贷方登记的金额合计数称为本期贷方发生额。该类账户期末余额的计算公式如下：

资产类账户期末借方余额=期初借方余额+本期借方发生额-本期贷方发生额

资产类账户的结构如表3-5所示：

表3-5 资产类账户结构

借方	贷方
期初余额×××	
本期增加额×××	本期减少额×××
本期借方发生额×××	本期贷方发生额×××
期末余额×××	

（2）负债类账户的结构

负债类账户的结构与资产类账户相反。账户的贷方登记负债的增加额，借方登记负债的减少额，账户期末如有余额，一般为贷方余额。该类账户期末余额的计算公式如下：

负债类账户期末贷方余额=期初贷方余额+本期贷方发生额-本期借方发生额

负债类账户的结构如表3-6所示：

表3-6 负债类账户结构

借方	贷方
	期初余额×××
本期减少额×××	本期增加额×××
本期借方发生额×××	本期贷方发生额×××
	期末余额×××

（3）所有者权益类账户的结构

所有者权益类账户的结构与负债类账户的结构相同。账户的贷方登记所有者权益的增加额，借方登记所有者权益的减少额，账户期末如有余额，一般为贷方余额。该类账户期末余额的计算公式如下：

所有者权益类账户期末贷方余额=期初贷方余额+本期贷方发生额-本期借方发生额

所有者权益类账户的结构如表3-7所示：

表 3-7　所有者权益类

借方	贷方
本期减少额×××	期初余额××× 本期增加额×××
本期借方发生额×××	本期贷方发生额×××
	期末余额×××

（4）成本类账户的结构

成本类账户是用来反映企业存货在取得或形成的过程中，其成本归集和计算过程的账户。成本类账户的结构与资产类账户的结构基本相同，账户的借方记录费用成本的增加额，账户的贷方记录费用成本转入抵销收益类账户（减少）的额，由于借方记录的费用成本的增加额一般都要通过贷方转出，所以账户通常没有余额，如果有余额，也表现为借方余额。该类账户期末余额的计算公式如下：

成本类账户期末借方余额=期初借方余额+本期借方发生额-本期贷方发生额

成本类账户的结构如表 3-8 所示：

表 3-8　成本类账户结构

借方	贷方
期初余额××× 本期增加额×××	本期减少额×××
本期借方发生额×××	本期贷方发生额×××
期末余额×××	

（5）损益类账户的结构

①费用类账户结构

企业在生产经营中发生的各种耗费，可以视为资产的消耗。所以费用类账户的结构与资产类基本相同。账户的借方登记费用的增加额，贷方登记费用的减少额，期末费用类账户借方的增加额一般要通过贷方转出，所以该类账户期末通常没有余额。费用类账户的结构如表 3-9 所示：

表 3-9　费用类账户结构

借方	贷方
本期增加额×××	本期减少额×××
本期借方发生额×××	本期贷方发生额×××

②收入类账户结构

收入类账户的结构与负债及所有者权益类账户相类似。账户的贷方登记收入的增加额，借方登记收入的减少额。同费用类账户一样，期末收入类账户期末贷方的增加额一般要通过借方转出，所以该类账户期末通常没有余额。收入类账户的结构如表 3-10 所示：

表 3-10　收入类账户结构

借方	贷方
本期减少额×××	本期增加额×××
本期借方发生额×××	本期贷方发生额×××

通过上述账户结构我们可以看出：不同性质的账户其借贷含义不同，账户结构也有所区别，它体现了借贷记账法的基本特点。它们的账户结构总模式可归纳为表 3-11、图 3-6 所示：

表 3-11　账户结构总模式表

账户类别		借方	贷方	账户余额
资产类		增加	减少	在借方
负债类		减少	增加	在贷方
所有者权益类		减少	增加	在贷方
成本类		增加	减少	在借方
损益类	费用类	增加	减少	一般无余额
	收入类	减少	增加	一般无余额

借方　账户名称（会计科目）贷方	
期初余额 本期增加额	本期减少额
本期借方发生额 期末余额	本期贷方发生额

期末余额=期初借方余额+本期借方发生额−本期贷方发生额

资产、费用、成本类账户结构

借方　账户名称（会计科目）　贷方	
本期减少额	期初余额 本期增加额
本期借方发生额	本期贷方发生额 期末余额

期末余额=期初贷方余额+本期贷方发生额−本期借方发生额

负债、所有者权益、收入类账户结构

图 3-6　各账户结构

（三）记账规则

记账规则是会计运用记账方法记录经济业务时应当遵守的规律，是记账方法本质特征的具体表现。借贷记账法的记账规则，根据复式记账原理及借贷记账法下账户结构的特点，将每一笔经济业务都以相等的金额记入一个账户的借方和另外一个（或几个）相关账户的贷方或者记入一个账户的贷方和另外一个（或几个）相关账户的借方，其借贷金额相等。这一记账规则可表述为“有借必有贷；借贷必相等”，即：①每笔业务在记账时，都会同时涉及借方和贷方，即不可以都记到借方或都记到贷方；②记到借方的金额和记到贷方的金额要相等。

例如：当企业用银行存款 3 000 元购买材料的经济业务发生时，将会使“银行存款”和“原材料”两个资产类账户一增一减 3 000 元；当企业从银行借入短期借款 20 000 元并直接用于偿还了一笔应付账款的经济业务发生时，将会使“短期借款”和“应付账款”两个负债类账户一增一减 20 000 元；当企业用银行存款 60 000 元归还了银行的一笔长期借款的经济业务发生时，将会使一个“银行存款”资产类账户和一个“长期借款”负债类账户同时减少 60 000 元。

【案例分享——中国古代的会计记账方法】

中国原始社会末期，由实物记事（计数）、绘画记事（计数）、结绳记事（计数）、刻契记事（计数）等方式所体现的原始计量记录行为基本代表着同时期的会计行为。原始计量记录行为是会计的萌芽状态，并成为会计的直接渊源。奴隶社会取代原始社会后，在原始计量的基础上，逐步形成最早的会计制度。中国有关会计事项记载的文字，最早出现于商朝的甲骨文，而会计称号的命名、会计的职称均起源于西周，这表明大约在西周，我国初步形成会计工作组织系统，而在当时也已形成了文字叙述式的“单式记账法”。会计在春秋至秦汉时期，在原则、法律、方法方面均有所发展。孔子提出了中国最早的会计原则：“会计当而已矣”，它与目前的客观性原则相似。战国时期，中国还出现了最早的封建法典——《法经》，其中包含了会计方面的内容。秦汉时期，中国在记账方法上已超越文字叙述式的“单式记账法”，建立起另一种形式的“单式记账法”，即以“入”“出”为会计记录符号的定式简明会计记录方法。西汉时采用的由郡国向朝廷呈报财务收支簿——“上计簿”可视为会计报告。南北朝时期，苏绰创造“朱出墨入记账法”，规定以红记出、以墨记入。唐宋时期，我国会计理论与方法进一步推进。首先，产生了《元和国计簿》《太和国计簿》《会计录》等具有代表性的会计著作；其次，创立了“四柱结算法”，把我国的簿记发展提升到一个较为科学的高度，集中归纳了中式会计的基本原理，为后来的“龙门账”和“四脚账”的产生奠定了理论基础。“四柱结算法”中四柱平衡关系形成了会计上的方程式，这不仅成为我国传统的中式记账法（中式簿记）的一个特色，而且在世界范围内也一直沿用下来。元代承袭旧制，在会计方面无大的发展。至明代，政府颇为重视会计报表，要求按旧管、新收、开除和实在四柱编报，报表逐级汇总上报，国家对报表有统一的编报格式和上报日期。到明代具有代表性的会计著作是《万历会计录》。明末清初之际，中国又出现了一种新的科学的复式记账法——“龙门账法”。此方法是根据唐宋以来“四柱结算法”原理设计出的一种适合于民间商业的会计核算方法。“龙门账”的诞生为中式簿记由单式记账向复式记账的转变奠定了理论基础。到了清代，会计制度又有新的突破，即在“龙门账”的基础上设计发明了“四脚账法”，亦称“天地合账”，是中式簿记发展过程中出现的一种比较成熟的复式记账方法，由“三脚账”发展而成。它的记账方法有两种，一种是以现金记录，另一种是以现金与转账事项并重来记录。从“四脚账法”的原理来看，它与借贷记账法“有借必有贷，借贷必相等”的记账规则基本一致。清末，随着西式会计的引入，中式会计逐渐趋于衰落。总而言之，中国古代会计制度经历了从文字叙述式到定式表达式、从单式簿记到复式簿记的演变过程。而单式簿记经历了从“三柱结算法”到“四柱结算法”的沿革，复式簿记则经历了从“龙门账法”到“四脚账法”的演进。

三、会计分录

（一）会计分录的概念

会计人员在运用借贷记账法登记经济业务时，有关账户之间会自动形成相互对照的关系，这种关系称之为账户的对应关系，具有对应关系的账户叫对应账户。为了便于账户对应关系的正确表述和日后的监督检查，会计人员在将经济业务记入会计账簿前应先根据经济业务所涉及的账户及其借贷方向和金额编制会计分录，在经检查无误后，方可记账。

会计分录，简称分录，就是运用复式记账法，对发生的每一笔会计交易或事项在记入账户之前标明其应借、应贷账户的名称及其金额的一种特殊记录。企业发生经济业务后，需通过编制会计分录对经济业务进行确认，编制会计分录是会计工作的开始，也是会计工作的重点，如果会计分录这一环节出现问题，则根据其进行的接下来的一系列会计工作如登记会计账簿、编制报表等都会出现问题。

会计分录包括记账方向（借方或贷方）、账户名称（会计科目）和金额三个部分。记账方向是指反映经济业务事项发生增减变动的方向；账户名称是用来反映经济业务事项的内容；金额是反映资金变动的数额。会计人员为了保证账户记录的正确性，在把经济业务记入各账户之前，应先根据经济业务的原始凭证编制会计分录，然后再根据会计分录登记账户。会计分录可分为简单分录和复合分录，一笔经济业务只涉及两个账户发生增减变化时，编制的一借一贷的会计分录称为简单的会计分录，即简单分录；一笔经济业务引起两个以上账户发生增减变化时，编制的一借多贷、一贷多借、多借多贷的会计分录称为复合的会计分录，即复合分录。

【小提示】编制会计分录是会计记录交易事项的初始阶段，在实际工作中，会计一般使用记账凭证来完成单笔交易事项的会计分录。会计分录是记账凭证的主要内容。

（二）编制会计分录的步骤

①一项业务发生后，首先找出这项经济业务涉及的所有会计科目，并且至少两个。②将这项经济业务涉及的会计科目，在会计要素中进行确认，是资产、费用、负债、所有者权益或者收入。③分析这项经济业务的发生引起该会计要素是增加还是减少。④借贷方向确定后，根据记账规则进行检查，分录中借方、贷方金额是多少，是否相等，有无错误。

【案例分析】

2023 年 12 月 5 日，阳光公司从银行提取现金 2 000 元备用。

思考：针对这笔业务，我们应如何编制会计分录呢?

阳光公司从银行提取现金一方面引起了其现金增加 2 000 元，另一方面引起了其银行里边的存款减少了 2 000 元。因此，此笔业务涉及的会计账户（会计科目）有“库存现金”以及“银行存款”，这两个会计账户（科目）都属于资产类会计账户（科目），因此会计分录可编制为：

借：库存现金　　　　2 000

　贷：银行存款　　　　2 000

会计分录的编制步骤可总结为以下四步：

步骤一：分析经济业务涉及的账户的名称（会计科目）；

步骤二：分析经济业务所涉及的账户的性质；

步骤三：分析经济业务的增减变动情况；

步骤四：确定记入账户的方向和余额。

【课堂讨论】

学习完编制会计分录的步骤后，请同学们观察并思考上述业务会计分录的格式。

（三）会计分录的书写规则

会计分录的编写应按照以下规则进行：

①借方内容写在上面，贷方内容写在下面，不可先贷后借。②每行先写借或贷，再写账户名称，最后写金额。③借贷方金额写成两列，各自对齐，便于汇总。如果有几个“借”或几个“贷”，要求分别将借和贷的文字和金额数字对齐。④金额后不用写“元”。

⑤贷方内容应缩进两个字符书写。⑥若有二、三级账户应在一级账户后画杠说明。

【案例分析】

2022 年 3 月 6 日，阳光公司购买价值 50 000 元的原材料，原材料已入库，用银行存款支付。（增值税税率为 13%）

要求：请同学们根据已学内容——编制会计分录的步骤及书写规则，编制此笔业务的会计分录。

（四）记账、对账与结账

1. 记账

记账就是把一个企事业单位或者个人家庭发生的所有经济业务运用一定的记账方法在账簿上记录；也指根据审核无误的原始凭证及记账凭证，按照国家统一的会计制度规定的会计科目，运用复式记账法将经济业务序时地、分类地登记到账簿中去。企业发生的经济业务，在编制了记账凭证（会计分录）以后，应记入事先设置好的有关账户，这一记账的过程，会计专业术语称为记账。

2. 对账

对账就是核对账目，是指在会计核算中，为保证账簿记录正确可靠，对账簿中的有关数据进行检查和核对的工作。对账主要有账证核对、账账核对、账实核对、账表核对。

（1）账证核对。账证核对就是将各种账簿记录与记账凭证及其所附原始凭证进行核对，以求账证相符。这是保证账账、账实、账表相符的基础。具体包括：①现金日记账、银行存款日记账与现金、银行存款收付款记账凭证及所附的原始凭证相核对。②明细分类账与全部记账凭证及所附原始凭证相核对。③总分类账与据以记账的凭证（科目汇总表或分类汇总记账凭证，全部收款、付款、转账凭证）相核对。

（2）账账核对。账账核对就是对本单位各种账簿之间的记录进行核对，以求账账相符。具体包括：①总分类账全部账户的借方发生额合计与贷方发生额合计核对。②总账各账户的期末余额与其所属的各明细账的期末余额合计数核对。③现金日记账、银行存款日记账的本期发生额和期末余额与总账中现金账户、银行存款账户的本期发生额和期末余额核对。④会计部门的各种财产物资明细账的期末余额与财产保管部门或使用部门的财产物资明细账的期末余额核对。

（3）账实核对。账实核对是对各种财产物资的账面余额与实有数进行核对。具体包括：①现金日记账的账面余额与库存现金实有数逐日核对。②银行存款日记账、银行借款明细账的余额定期与银行对账单核对。③各种财产物资明细账的账面结存数量定期与财产物资实存数核对。④各种应收、应付账款明细账的账面余额与有关债权人、债务人的明细账记录核对。

（4）账表核对。账表核对是指将账簿记录与据其编制的各种财务报表有关数字进行核对，以保证财务报表真实、可靠。

3. 结账

登记账户后期末要结算出每个账户的本期发生额和期末余额，这一过程，会计专业术语称为结账。结账是一项将账簿记录定期结算清楚的账务工作。结账是为编制财务报表打基础，时间与财报的时间同步，也就是月末、季末以及年末。结账的程序如下：①将本期发生的经济业务事项全部登记入账，并保证其正确性；②按权责发生制的要求，调整有关账项，合理确定本期应计收入和应计费用；③将损益类科目转入“本年利润”科目，结平所有损益类科目。

（五）试算平衡

会计人员运用借贷记账法“有借必有贷，借贷必相等”的记账规则，对每一笔经济业务编制会计分录，其借贷两方的发生额必然是相等的。一定时期内，所有账户的借方发生额合计数是所有经济业务的会计分录的借方发生额的累计，所有账户的贷方发生额合计数是所有经济业务的会计分录的贷方发生额的累计。因此，将一定时期内的全部经济业务的会计分录全部登账后，所有账户的本期借方发生额和所有账户的本期贷方发生额的合计数额也必然相等。由借贷记账法的账户结构特点可知，所有账户的借方余额之和即为资产的合计数，所有账户的贷方余额即为权益的合计数，资产必然等于权益，因此，所有账户的期末借方余额合计数必然等于期末贷方余额合计数。所以，会计人员有必要定期对所有账户的记录进行发生额和余额试算，检查全部账户的借方发生额合计与全部账户的贷方发生额合计是否相等。试算全部账户的期末借方余额合计与全部账户贷方余额合计是否相等，根据这种借贷平衡关系，会计人员运用会计平衡等式检查和验证账户记录是否正确，从而提高会计核算的质量。但是，即便试算平衡表借方余额合计数和贷方余额合计数相等，也并不一定表示账户处理完全正确。有些错误不会导致试算平衡表中各账户借方余额合计数与贷方余额合计数的失衡。例如，漏记会计分录，重会计分录，错记会计分录所确定的应借、应贷账户，过账错误但数额恰好互相抵消等。这些错误并不影响试算平衡，试算平衡表也难以发现这些错误。但是，会计记录上的大多数错误往往会使借贷失衡，试算平衡表在验证会计处理正确性方面仍有极其重要的功效，不失为一种简便、有效的验证工具。

过账后，为了检查账户记录的正确性，在借贷记账法下，会计人员可在一定时期终了时通过编制试算平衡表进行核对。基于借贷记账法“有借必有贷，借贷必相等”的记账规则，如果编制的会计分录和过账都未发生差错，当任何一笔会计分录过账后，与该笔过账相关的两个或两个以上账户中的借方发生额和贷方发生额必然是相等的。所以一定时期全部会计分录过账后全部借方发生额合计数和贷方发生额合计数也必然是相等的。如果双方合计数不等，则说明账户记录出现了差错。试算平衡就是运用上述原理，检查和验证账户记录正确与否的一种方法。

试算平衡通常是通过编制试算平衡表进行的。试算平衡的方法有两种，发生额平衡法和余额平衡法。试算平衡就是根据“资产=权益”的平衡关系，利用记账规则在账户中记录经济业务所必然出现的借贷平衡，通过计算其是否平衡来检查账户的记录是否正确、完整的一种验证方法。主要包括：

1. 发生额平衡法

发生额平衡法是用来检查全部账户的借贷发生额是否相等的一种方法。其计算公式如下：

全部账户借方发生额=全部账户贷方发生额

2. 余额平衡法

余额平衡法是用来检查所有账户借方期初或期末余额和贷方期初或期末余额合计数是否相等的一种方法。其计算公式如下：

全部账户期初借方余额=全部账户期初贷方余额

全部账户期末借方余额=全部账户期末贷方余额

在会计实务中，会计人员往往是通过在期末编制试算平衡表的方式进行发生额及余额的试算平衡。试算平衡表的格式如表 3-12 所示：

表 3-12　发生额及余额试算平衡表

年　月　日

会计账户	期初余额		本期发生额		期末余额	
	借方	贷方	借方	贷方	借方	贷方
库存现金						
银行存款						
○○○						
合计						

【课堂练习】

2021 年 12 月阳光公司总分类账户的期初余额如表 3-13 所示：

表 3-13　总分类账户的期初余额

账户名称	借方余额	账户名称	贷方余额
库存现金	5 000	应付账款	5 000
银行存款	150 000	实收资本	300 000

表3-13(续)

账户名称	借方余额	账户名称	贷方余额
固定资产	150 000		
合计	305 000	合计	305 000

要求：根据表中的期初余额和本期发生的 2 笔经济业务开设并登记 T 型账户，计算结出本期发生额及期末余额。

（1）2021 年 12 月 8 日，阳光公司把 1 000 元现金存入银行。

（2）2021 年 12 月 15 日，阳光公司向乙企业购入不需安装的某设备价值 10 000 元，款项尚未支付。(增值税税率为 13%)

解析：

（1）

借：银行存款　　1 000

　贷：库存现金　　1 000

（2）

借：固定资产　　10 000

　　应交税费——应交增值税（进）　　1 300

　贷：应付账款——乙企业　　11 300

会计账户如下：

库存现金

期初余额：　5 000	
	（1）1 000
	1 000
期末余额：　4 000	

银行存款

期初余额：　150 000	
（1）1 000	
1 000	
期末余额：　151 000	

固定资产

期初余额：150 000	
（2）10 000	
10 000	
期末余额：160 000	

应付账款

5 000	期初余额：
	（2）11 300
	11 300
	期末余额：16 300

实收资本

	期初余额：300 000
0	0
	期末余额：300 000

应交税费

	期末余额：0
（2）1 300	
1 300	
期末余额：1 300	

发生额及余额试算平衡表如表 3-14 所示。

表 3-14　发生额及余额试算平衡表

2021 年 12 月 31 日

账户名称	期初余额		本期发生额		期末余额	
	借方	贷方	借方	贷方	借方	贷方
库存现金	5 000			1 000	4 000	
银行存款	150 000		1 000		151 000	
固定资产	150 000		10 000		160 000	

表3-14(续)

账户名称	期初余额		本期发生额		期末余额	
	借方	贷方	借方	贷方	借方	贷方
应付账款		5 000		11 300		16 300
应交税费			1 300		1 300	
实收资本		300 000				300 000
合计	305 000	305 000	12 300	12 300	316 000	316 300

表 3-12 中的全部期初余额、本期发生额、期末余额的借方、贷方合计数都是平衡的，说明账户记录基本正确，但不能说绝对正确，因为有些错误不能通过试算平衡表发现：例如，借贷科目写错或借贷方向颠倒，借方和贷方都漏记或重记等。如果试算不平衡，则说明在记账、计算或编表的某一环节中一定出现了错误，会计人员应认真查找。

【项目检测】

一、单选题

1. 会计科目是（　　）。
   A. 账户的名称（账户，不等同于报表的项目）
   B. 账簿的名称
   C. 报表项目的名称（项目）
   D. 会计要素的名称

2. 账户的贷方反映的是（　　）。
   A. 费用的增加　　B. 所有者权益的减少
   C. 收入的增加　　D. 负债的减少

3. “应收账款”账户初期余额为 5 000 元，本期借方发生额为 6 000 元，贷方发生额为 4 000 元，则期末余额为（　　）元。
   A. 借方 5 000　　B. 贷方 3 000
   C. 借方 7 000　　D. 贷方 2 000

4. 在借贷记账中，账户的哪一方记增加数，哪一方记减少数取决于（　　）。
   A. 账户的结构　　B. 账户的作用
   C. 账户的用途　　D. 账户的类型

5. 账户余额一般与（　　）在同一方向。
   A. 增加额　　B. 减少额
   C. 借方发生额　　D. 贷方发生额

二、多选题

1. 下列会计科目中属于资产类科目的是（　　）。

A. 应收账款　　B. 销售费用
C. 预收账款　　D. 盈余公积
E. 预付账款

2. 期间费用一般包括（　　）。

A. 财务费用　　B. 管理费用
C. 制造费用　　D. 销售费用
E. 待摊费用

3. 期末结账后没有余额的账户是（　　）。

A. 主营业务收入　　B. 生产成本
C. 投资收益　　D. 实收资本
E. 其他业务收入

三、判断题

1. 账户是会计科目的名称。（　　）
2. 在会计核算中，会计科目往往也就是指账户，因为会计科目是根据账户设置的。（　　）
3. 凡是余额在借方的都是资产类账户。（　　）
4. 账户的借方反映资产和负债及所有者权益的增加，贷方反映资产和负债及所有者权益的减少。（　　）
5. 负债类账户的结构与资产类账户的结构正好相反。（　　）

四、综合题

1. 根据账户期末余额的计算公式，计算有关数据

资料：阳光公司一些账户的有关数据如表3-15。

表3-15　阳光公司账户情况

账户名称	期初余额	本期借方发生额	本期贷方发生额	期末余额
库存商品	350 000	785 000	824 500	?
生产成本	1 250 000	?	936 000	256 000
应交税费	?	160 000	380 000	300 000
实收资本	2 000 000	?	1 500 000	2 500 000

要求：计算每个账户的未知数据。

2. 资料：阳光公司 2021 年 6 月 1 日有关账户余额如下：

固定资产	360 000 元	实收资本	330 000 元
库存现金	1 000 元	应付账款	69 600 元
银行存款	38 600 元		

6 月份发生下列经济业务：

（1）国家投资修建厂房一栋，总造价为 400 000 元，已投入使用。

（2）从银行取得短期借款 100 000 元，存入银行。

（3）用现金购买办公用品 100 元。

（4）用银行存款 20 000 元，归还银行短期借款。

（5）开出转账支票一张，偿还上月所欠购货款 48 000 元。

（6）将现金 200 元送存银行。

要求：根据上述资料

（1）开设有关 T 型账户，并登记期初余额；

（2）编制会计分录；

（3）根据会计分录登记账户并结算每个账户的本期发生额和期末余额。

五、思考题

1. 什么是会计科目？什么是会计账户？会计科目与会计账户间有何联系？

2. 请谈谈你对借贷记账法的理解。

第四章　掌握企业基本经济业务的账务处理

通过前边三章内容的学习，我们知道了会计基本原理、会计核算方法；掌握了借贷记账法及会计分录的编制；理解了会计是以货币作为主要计量单位，根据会计法律法规，采用专门的方法和程序，对特定主体（企业、行政事业单位）的经济活动进行连续、系统、全面、综合的核算和监督，并向有关方面提供财务信息的一种经济管理活动。企业要开展正常的生产经营活动，首先必须要有资本金，企业有了资本金后，接下来的任务就是进行物资的采购，储备生产需要的各项材料物资，然后进行企业的生产活动，最终把生产的产品推向市场进行销售。在本章节的学习中，我们将了解企业钱从哪里来（筹资业务）、往哪里去（采购、生产业务）、如何回来（实现销售）等资金运动过程；主要掌握企业资金筹集过程、企业供应过程、企业生产过程、企业销售过程以及企业利润形成与分配过程的账务处理。

现在，请同学们思考以下两个问题：①资金是怎么运动的？②我们应如何对资金运动进行记录呢？下面我们将以工业企业的基本经济业务为例，带领大家一起来认识一下资金到底是怎么运动的，以及在资金运动的过程中，会计应该如何写出分录来记录这些资金的运动情况。

【学习目标】

知识目标：①了解企业资金筹集的渠道，掌握企业资金筹集过程涉及的会计账户。②理解企业供应过程以及进行会计核算涉及的会计账户内容。③理解企业生产过程以及进行会计核算涉及的会计账户内容；掌握基本的成本费用分配方法。④理解企业销售过程以及进行会计核算涉及的会计账户内容。⑤理解企业利润形成与分配过程以及进行会计核算涉及的会计账户内容；掌握企业的营业利润、利润总额以及净利润的计算公式以及相互联系。

能力目标：①能够运用借贷记账法处理企业资金筹集业务（投资者投入资金、向债权人借入资金）的账务处理，编制会计分录。②能够运用借贷记账法对企业供应过程中发生的每笔经济业务进行账务处理，并编制会计分录。③能够运用借贷记账法对企业生产过程中发生的每笔经济业务进行账务处理，并编制会计分录；能够进行成本费用的分配及核算。④能够运用借贷记账法对企业销售过程中发生的每笔经济业务进行账务处理，并编制会计分录。⑤能够运用借贷记账法对企业利润形成与分配过程中发生的每笔经济业务进行账务处理，并编制会计分录；能够进行企业利润的计算。

素质目标：①诚实守信，树立正确的世界观、人生观以及价值观。②依法纳税，遵守法律法规，廉洁自律。③严谨认真，客观公正。④坚持准则，明辨是非，拥有耐心、细心以及责任心。⑤客观公正，实事求是，不弄虚作假，时刻保持廉洁自律，坚持自己的准则，不违背法律法规。

【情景引入】

空空公司成立后，在后续的生产经营过程中，购买了3台机器设备，发票上载明买价共计300万元，增值税共计39万元；购买了一批A材料，发票上载明买价共计100万元，增值税共计13万元。

思考：小鹏作为空空公司的一名会计人员，他在对以上经济业务进行确认、计量后，该如何进行记录反映呢？小鹏该如何熟练地掌握空空公司日常经济业务的账务处理呢？

第一节　企业资金筹集过程的账务处理

一、资金筹集基本认知

资金筹集（筹资）是指企业为满足生产经营资金的需要，向企业外部单位或个人以及从其企业内部筹措资金的一种财务活动。企业进行生产经营活动，必须拥有一定数量的资金，作为生产经营活动的物质基础。企业筹集资金的具体方式也称为企业筹集资金的渠道，企业筹资形式如图4-1所示。

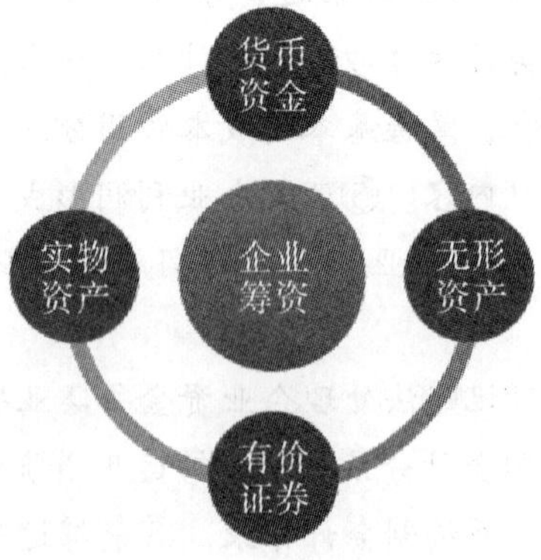

图4-1　企业筹资形式

企业的资金筹集业务按其资金来源不同通常分为向投资人筹集和向债权人借款。

投资人投入的资金形成投入资本，是所有者权益的构成内容，投资者可以参与企业的经营管理，能享有企业的经营收益，但也要承担企业的经营风险。负债资金形成债权人权益，主要包括企业向债权人借入的资金和结算形成的负债资金等。

（一）所有者投入资本的构成

1. 按投资主体的不同，所有者投入资本可以分为国家资本金、法人资本金、个人资本金和外商资本金，如表 4-1 所示。

表 4-1 所有者投入资本

类别	特点
国家资本金	代表国家投资的政府部门或者机构以国有资产投入企业形成
法人资本金	其他法人单位以其依法可支配的资产投入企业形成
个人资本金	社会个人或企业内部职工以个人合法财产投入企业形成
外商资本金	外国投资者向企业投资以及我国港澳台地区投资者向境内企业投资形成

（2）按照具体内容的不同，所有者投入资本可以分为实收资本（股本）和资本公积，如表 4-2 所示。

表 4-2 按内容分类所有者投入资本

类别	特点
实收资本（股本）	企业的投资者按企业章程、合同或协议的约定，实际投入企业的资本金，以及按照有关规定由资本公积、盈余公积等转增资本的资金
资本公积	企业收到投资者投入的、超出其在企业注册资本（或股本）中所占份额的投资，以及直接计入所有者权益的利得与损失等

（二）负债筹资的构成

负债筹资主要包括短期借款、长期借款等如表 4-3 所示。

表 4-3 负债筹资的构成

负债筹资方式	含义
短期借款	企业根据生产经营的需要，从银行或其他金融机构借入的偿还期在一年以内（含一年）的各种借款
长期借款	企业向银行或者其他金融机构借入的期限在一年以上（不含一年）的各种借款

二、资金筹集业务的核算

对于投入的资本金，会计人员需要核算其投入资本金的入账价值，对于借入资本金既要核算借入资本金的本金，还要核算其利息。这些就构成了企业核算筹集资金的业务。企业为了核算筹集资金的过程，应设置“实收资本”“资本公积”等账户来反映筹资时所有者权益的增加；应设置“银行存款”“固定资产”等账户来反映筹资时资产的增加；应设置“短期借款”“长期借款”等账户来反映筹资时负债的增加。

（一）投资者投入资金业务的账务处理

为了核算和监督投资者投入资金业务，企业应设置两个主要账户：“实收资本”（股份有限公司为“股本”）账户和“资本公积”账户。同时，在投资者投入资金业务的核算过程中还涉及“银行存款”“固定资产”“无形资产”等账户。

1. 账户设置

（1）“库存现金”账户

①核算内容：库存现金是指存放在企业财会部门，由出纳人员经管的货币。该账户用来核算存放在企业可随时用于支付的货币现款的增减变动情况。

②账户性质：资产类账户。

③账户结构：借方登记库存现金的增加数；贷方登记库存现金的减少数；期末余额在借方，表示企业库存现金实有数额。

④日记账：按货币种类分别设置“库存现金日记账”。

库存现金

借方	贷方
登记库存现金的增加数	登记库存现金的减少数
期末余额：企业库存现金实有数额	

（2）“银行存款”账户

①核算内容：银行存款是指企业存放在开户银行或其他金融机构账户的款项。该账户用来核算企业存放在开户银行或其他金融机构账户的款项的增减变动情况。

②账户性质：资产类账户。

③账户结构：借方登记银行存款的增加数；贷方登记银行存款的减少数；期末余额在借方，表示企业银行存款实有数额。

④日记账：按开户银行和其他金融机构及存款种类分别设置“银行存款日记账”。

银行存款

借方	贷方
登记银行存款的增加数	银行存款的减少数
期末余额：企业银行存款实有数额	

（3）“实收资本”账户（股本）

①核算内容：实收资本是指投资者作为资本投入企业的各种财产，是企业注册登记的法定资本总额的来源，它表明所有者对企业的基本产权关系。该账户用来核算企业投资者投入资本的增减变动情况及其结果。（注意：股份有限公司设置“股本”账户，股份有限公司以外的其他企业设置“实收资本”账户）

②账户性质：所有者权益类账户。

③账户结构：借方登记依法定程序减少的资本金数额；贷方登记企业实际收到的投资者投入的资本金数额；期末余额在贷方，表示企业实有的资本金数额。

④明细账：按投资者设置明细科目，进行明细分类核算。

实收资本

借方	贷方
登记依法定程序减少的资本金数额	登记企业实际收到的投资者投入的资本金数额
	企业实有的资本金数额

【注意】投资者投入的超过其所认缴的资本金的数额，不能计入实收资本或股本，而只能作为资本溢价或股本溢价计入资本公积。如溢价发行股票，发行价为 140 元，股票面值为 100 元，应当按股票面值 100 元作为“股本”入账，而溢价 40 元则作为“资本公积”入账。

（4）“资本公积”账户

①核算内容：资本公积是指企业收到投资者的超出其在企业注册资本中所占资本的投资，以及直接计入所有者权益的利得和损失等。该账户用来核算企业资本公积的增减变动情况。

②账户性质：所有者权益类账户。

③账户结构：借方登记依法定程序转增注册资本等而减少的资本公积；贷方登记企业因资本溢价（股本溢价）等而增加的资本公积；期末余额在贷方，表示企业实有的资本公积数额。

④明细账：按资本公积的项目设置明细科目，进行明细分类核算。

资本公积

借方	贷方
登记依法定程序转增注册资本等而减少的资本公积	记企业因资本溢价（股本溢价）等而增加的资本公积
	企业实有的资本公积数额

（5）“固定资产”账户

①核算内容：固定资产是指企业为生产产品、提供劳务、出租或者经营管理而持有的、使用时间超过 12 个月的，价值达到一定标准的非货币性资产，包括房屋、建筑物、机器、机械、运输工具以及其他与生产经营活动有关的设备、器具、工具等。该账户用来核算企业固定资产的原价。

②账户性质：资产类账户。

③账户结构：借方登记增加的固定资产原价；贷方登记减少的固定资产原价；期末余额在借方，表示企业现有固定资产的原价。

④明细账：按固定资产类别和使用部门设置明细科目，进行明细分类核算。

固定资产

借方	贷方
登记增加的固定资产原价	登记减少的固定资产原价
企业现有固定资产的原价	

（6）“无形资产”账户

①核算内容：无形资产是指没有实物形态的可辨认非货币性资产。该账户用来核算企业拥有或控制的没有实物形态的可辨认的非货币性资产，主要包括专利权、非专利技术、商标权、著作权、土地使用权等。

②账户性质：资产类账户。

③账户结构：借方登记企业购入、自行创造并按法律程序申请取得和接受其他单位投资转入等而增加的无形资产；贷方登记因对外投资或转销等而减少的无形资产；期末余额在借方，表示现有无形资产的价值。

④明细账：按无形资产项目设置明细科目，进行明细分类核算。

无形资产

借方	贷方
登记企业购入、自行创造并按法律程序申请取得和接受其他单位投资转入等而增加的无形资产	登记因对外投资或转销等而减少的无形资产
现有无形资产的价值	

2. 业务核算

【例 4-1】2023 年 12 月 1 日，阳光公司收到大兴公司投资 100 000 元，款项已存入阳光公司银行账户。

要求：请编制此笔经济业务的会计分录。

借：银行存款　　100 000

　贷：实收资本——大兴公司　　100 000

【解析】这是一笔接受投资的经济业务。此笔经济业务的发生使阳光公司的“银行存款”增加 100 000 元，应记入“银行存款”账户的借方，同时，也使得阳光公司的“实收资本”增加 100 000 元，应记入“实收资本”账户的贷方。

【例 4-2】2023 年 12 月 2 日，阳光公司收到欣欣公司投入的资金 400 000 元，存入银行；收到天天公司投入的固定资产，经评估确认为 200 000 元；收到平安公司投入的专利权，评估确认为 100 000 元。

要求：请编制此笔经济业务的会计分录。

借：银行存款　　400 000

　　固定资产　　200 000

　　无形资产——专利权　　100 000

　贷：实收资本——欣欣公司　　400 000

　　　　　　　——天天公司　　200 000

　　　　　　　——平安公司　　100 000

【解析】这是一笔接受投资的经济业务。此笔经济业务的发生使阳光公司的“银行存款”增加 400 000 元、“固定资产”增加 200 000 元、“无形资产”增加 100 000 元，应分别记入“银行存款”“固定资产”“无形资产”账户的借方；同时阳光公司的“实收资本”增加 700 000 元，应记入“实收资本”账户的贷方（提示：也可按投资者对实收资本进行明细核算）。

【例 4-3】2023 年 12 月 2 日，阳光公司收到天天公司投资投入的全新设备 3 台并交付使用，协商作价 600 000 元。按照公司章程和投资协议规定，应确认实收资本 500 000 元，其余的作为资本公积处理。

要求：请编制此笔经济业务的会计分录。

借：固定资产　　　　600 000
　贷：实收资本——天天公司　　　　500 000
　　　资本公积　　　　100 000

【解析】这是一笔接受投资的经济业务。此笔经济业务的发生使阳光公司的“固定增加”600 000 元，应记入“固定资产”账户的借方；同时阳光公司的“实收资本”增加 500 000 元，应记入“实收资本”账户的贷方，多出来的 100 000 元作为“资本公积”，应记入“资本公积”账户的贷方。

【自我测评 1】2023 年 12 月 1 日，大地公司收到欣欣公司投入的资金 400 000 元，已经存入银行；收到天天公司投入生产设备一台，评估作价 100 000 元。

要求：请同学们编制此笔经济业务的会计分录。

（二）向债权人借入资金的账务处理

企业为了进行生产经营活动，除了要吸收投资人的投资以外，还经常需要向银行或非银行等金融机构借款。借入资金属于企业的负债，它是企业自有资金的重要补充，对于满足企业生产经营的资金需要、降低资金成本等有着重要的意义。企业为了核算和监督向债权人借入资金的业务，应设置以下主要账户：“短期借款”“长期借款”“财务费用”“应付利息”等。

1. 账户设置

（1）“短期借款”账户

①核算内容：短期借款是指企业根据生产经营的需要，从银行或其他金融机构借入的偿还期在一年以内的各种借款，包括生产周转借款、临时借款等。该账户用来核算企业向银行或其他金融机构借入的期限在一年以下（含一年）的各种借款的增减变动情况。

②账户性质：负债类账户。

③账户结构：借方登记偿还款项的实际数额；贷方登记借入款项的实际数额；期末余额在贷方，表示企业尚未偿还的借款。

④明细账：按借款种类设置明细科目，进行明细分类核算。

短期借款

借方	贷方
登记短期借款的减少额	登记短期借款的增加额
	尚未归还的短期借款本金

（2）“长期借款”账户

①核算内容：长期借款是指企业向银行或其他金融机构借入期限在一年以上（不含一年）或超过一年的一个营业周期的各项借款。该账户用来核算企业向银行或其他金融机构借入的期限在一年以上（不含一年）的各种借款的借入、应计利息、归还和结欠情况。

②账户性质：负债类账户。

③账户结构：借方登记还本付息的数额；贷方登记借入的款项及预计的应付利息；期末余额在贷方，表示企业尚未偿还的长期借款本息数额。

④明细账：按借款种类设置明细科目，进行明细分类核算。

长期借款

借方	贷方
登记归还长期借款本金及利息	登记借入长期借款本金及应计利息
	尚未归还的长期借款本金及利息

（3）“财务费用”账户

①核算内容：财务费用是指企业为筹集生产经营所需资金等而发生的各项筹资费用，包括利息支出（减利息收入）、汇兑差额，以及相关手续费。该账户用来核算企业财务费用的发生和结转情况。

②账户性质：损益类账户。

③账户结构：借方登记发生的利息支出、汇兑损失及相关的手续费；贷方登记利息收入、汇兑收益及期末转入“本年利润”账户的财务费用净额（即财务费用支出大于收入的差额，如果收入大于支出，则进行反方向结转）。结转后，该账户期末结转后无余额。

④明细账：按费用项目设置明细科目，进行明细分类核算。

财务费用

借方	贷方
登记手续费、利息费用等财务费用的增加额	登记应冲减财务费用的利息收入、期末转入“本年利润”账户的财务费用净额等

（4）“应付利息”账户

①核算内容：应付利息是指企业按照合同约定应支付的利息，包括吸收存款，分期付

息到期还本的长期借款，企业债券等应支付的利息。该账户用来核算企业应付利息的增减变动情况。

②账户性质：负债类账户。

③账户结构：借方登记归还的利息；贷方登记企业按照合同利率计算确定的应付未付的利息；余额在贷方，反映企业应付未付的利息。

④明细账：按债权人设置明细科目，进行明细分类核算。

应付利息

借方	贷方
登记实际支付的利息数	登记企业的应付利息数
	表示应付未付的利息

2. 账务处理

【例 4-4】2023 年 12 月 1 日，阳光公司向银行借入生产经营资金 500 000 元，年利率 3%，期限 6 个月，每月付息，到期还本，款项已存入银行。

要求：请编制此笔经济业务的会计分录。

借：银行存款　　500 000

　贷：短期借款　　500 000

【解析】这是一笔取得短期借款的经济业务。此笔经济业务的发生使阳光公司“银行存款”增加 500 000 元，应记入“银行存款”账户的借方；同时也使阳光公司的“短期借款”也增加了 500 000 元，应记入“短期借款”的贷方。

【例 4-5】2024 年 1 月 1 日，阳光公司收到应付银行利息清单，应付利息 1 250 元，通过银行账户支付。

要求：请编制此笔业务的会计分录。

借：财务费用　　1 250

　贷：银行存款　　1 250

【解析】这是一笔按月支付借款利息的经济业务。此笔经济业务的发生使阳光公司“银行存款”减少 1 250 元，应记入“银行存款”账户的贷方；与此同时，阳光公司的“财务费用”增加了 1 250 元，应记入“财务费用”的借方。（提示：每月做相同的支付利息会计分录）

【例 4-6】2024 年 6 月 1 日，阳光公司偿还到期的短期借款 500 000 元及本期利息 1 250元。

要求：请编制此笔经济业务的会计分录。

①偿还短期借款时：

借：短期借款　　500 000

　贷：银行存款　　500 000

②支付本期利息时：

借：财务费用　　1 250

　贷：银行存款　　1 250

【解析】这是一笔偿还借款本金及利息的经济业务。此笔经济业务的发生使阳光公司“银行存款”减少 501 250 元，应记入“银行存款”账户的贷方；与此同时，阳光公司的“短期借款”减少了 500 000 元，应记入“短期借款”账户的借方，“财务费用”增加了 1 250元，应记入“财务费用”账户的借方。

思考：若把此笔经济业务合并为一笔会计分录，该如何书写？

【课堂讨论】

若阳光公司向银行借入的 500 000 元短期借款按月计提利息，到期一次还本付息，作为会计人员，你准备如何进行账务处理？

若短期借款利息需要预提，预提利息时借记“财务费用”账户，贷记“应付利息”账户。支付利息时，对于已经预提的利息部分，借记“应付利息”账户，贷记“银行存款”账户。对于当期负担的利息，借记“财务费用”账户，贷记“银行存款”账户。

【试一试】2023 年 12 月 2 日，阳光公司向银行借入生产经营资金 500 000 元，年利率 3%，期限 6 个月，按月计提利息，到期一次还本付息，款项已存入银行。

要求：请编制此笔业务的会计分录。

（1）12 月 08 日借入短期借款时

借：银行存款　　500 000

　贷：短期借款　　500 000

（2）每月计提利息时

借：财务费用　　1 250

　贷：应付利息　　1 250

（3）还款时

借：短期借款　　500 000

　　应付利息　　6 250

　　财务费用——利息　　1 250

　贷：银行存款　　507 500

【自我测评 2】大地公司在 2023 年 12 月 1 日从银行借入为期 3 个月的借款 800 000 元并存入银行，借款年利率 5%，利息按月计提，到期一次还本付息。请同学们编制此笔业务的会计分录。

【课堂练习】

大地公司 2023 年 12 月份有关经济业务如下，请编制以下业务的会计分录。

（1）2023 年 12 月 1 日，收到国家投入的资本 100 000 元，存入银行。

（2）2023 年 12 月 2 日，收到某单位投入的一台设备，价值 30 000 元。

（3）2023 年 12 月 3 日，向银行借入六个月期限的借款 50 000 元，存入银行。

（4）2023 年 12 月 10 日，预提本月的短期借款利息 3 000 元。

（5）2023 年 12 月 13 日，以银行存款支付到期的短期借款 40 000 元，并支付其利息 1 500元（前已预提 900 元）。

第二节　企业供应过程的账务处理

一、供应过程基本认知

企业再生产过程包括供应、生产及销售三个环节，供应过程是企业生产经营活动的准备阶段。在这一过程中，为了进行产品生产，企业需要建造厂房、购买机器设备等，形成固定资产，同时还需要采购生产产品所需要的各种材料，以满足生产的需要，形成材料储备。一方面，企业需根据自身生产经营的需要，及时从供应单位购进各种物资；另一方面，企业需要支付供应商物资的买价和其他相关采购费用，进行货款的结算。企业供应过程业务主要包括原材料的购入业务和固定资产购置业务两部分。会计人员需要正确核算物资的采购成本、增值税进项税额等。

二、企业供应过程的核算

（一）材料采购业务的账务处理

制造企业的材料采购业务，主要是采购生产需要的各种材料物资，为生产经营活动的正常进行准备的工作。企业为了加强对企业材料采购的管理，反映库存材料增减变动及结余情况，监督材料的保管和使用，在材料采购业务上应设置“在途物资”“原材料”“应付账款”“应付票据”“应交税费”“预付账款”等会计账户。

1. 账户设置

（1）“在途物资”账户

①核算内容：在途物资是指企业购入尚未到达或尚未验收入库的各种物资。该账户用来核算企业采用实际成本进行材料等物资的日常核算、已采购但尚未验收入库的各种物资的采购成本。

②账户性质：资产类账户。

③账户结构：借方登记购入的在途物资的采购成本；贷方登记结转入库的在途物资的实际成本；期末余额在借方，反映在途物资的实际采购成本。

④明细账：按采购物资的种类设置相应的明细科目，进行明细分类核算。

在途物资

借方	贷方
登记购入的在途物资的采购成本	登记结转入库的在途物资的实际成本
在途物资的实际采购成本	

【注意】

材料的采购成本包括买价和采购费用两部分：

①买价：指供应单位的发票价格，及不含税价。

②采购费用：包括途中运杂费、入库前的整理挑选费、运输途中的合理损耗以及购入材料应负担的税金、其他费用等。（其中：运杂费：指材料从购入至到达企业仓库前所发生的各项费用，包括运输费、装卸费、保险费、包装费和仓储费等；入库前的整理挑选费用：指整理挑选中发生的工资、费用支出和必要的损耗。）

③相关税费：指进口关税、消费税或其他税金，不包括可抵扣的进项税。

（2）"原材料"账户

①核算内容：原材料是指企业在生产过程中经加工改变其形态或性质并构成产品主要实体的各种原料及主要材料、辅助材料、燃料、修理备用件、包装材料、外购半成品等。该账户用来核算和监督企业库存材料的收入、发出和结存情况。

②账户性质：资产类账户。

③账户结构：借方登记已验收入库材料的实际成本；贷方登记发出材料的实际成本；期末余额在借方，表示库存材料的实际成本。

④明细账：按材料的种类和规格设置相应的明细科目，进行明细分类核算。

原材料

借方	贷方
登记入库材料的实际成本	登记发出材料的实际成本
库存材料的实际成本	

（3）"应付账款"账户

①核算内容：应付账款是指因购买材料、商品或接受劳务供应等而发生的债务。这种负债通常是由于交易双方在商品购销和提供劳务等活动中由于取得物资或接受劳务与支付价款在时间上不一致而产生的。该账户用来核算企业因购买材料、商品或接受劳务等，而应付给供应单位的款项。

②账户性质：负债类账户。

③账户结构：借方登记偿还的应付款项；贷方登记因购买材料、商品和接受劳务等而发生的应付未付的款项；期末余额在贷方，表示尚未偿还的应付款项。

④明细账：按供应单位设置明细科目，进行明细分类核算。

应付账款

借方	贷方
登记偿还的应付款项	登记因购买材料、商品和接受劳务等而发生的应付未付的款项
	尚未偿还的应付款项

（4）“应付票据”账户

①核算内容：应付票据是指由出票人出票，委托付款人在指定日期无条件支付确定的金额给收款人或持票人的票据。该账户用来核算和监督因购买材料、商品和接受劳务等而开出、承兑的商业汇票，包括银行承兑汇票和商业承兑汇票。

②账户性质：负债类账户。

③账户结构：借方登记到期付款或转出的商业汇票；贷方登记因购买材料、商品和接受劳务等而开出、承兑的商业汇票；期末余额在贷方，表示尚未到期的商业汇票。

④明细账：按债权人设置明细科目，进行明细分类核算。

应付票据

借方	贷方
登记到期付款或转出的商业汇票	登记因购买材料、商品和接受劳务等而开出、承兑的商业汇票
	尚未到期的商业汇票

（5）“应交税费”账户

①核算内容：应交税费是指企业根据在一定时期内取得的营业收入、实现的利润等，按照现行税法规定，采用一定的计税方法计提的应缴纳的各种税费，包括企业依法缴纳的增值税、消费税、企业所得税、个人所得税、资源税、土地增值税、城市维护建设税、房产税、城镇土地使用税、车船税、教育费附加、矿产资源补偿费等。该账户用来核算企业各种税费的应纳、缴纳等详细情况。

①账户性质：负债类账户。

②账户结构：借方登记实际缴纳的税金数；贷方登记应缴纳的税费。期末余额在贷方，为应交未交的税费；余额在借方，表示多交或尚未抵扣的税费。

④明细账：按税费的种类设置相应的明细科目，进行明细分类核算。

应交税费

借方	贷方
登记已经缴纳的各种税费	登记各种应缴纳的税费
多交或尚未抵扣的税费	应交未交的税费

【课堂讨论】

我国有哪些税呢？

【知识拓展——“税”】

2021 年 12 月，杭州市税务局稽查发布通告，通过税收大数据分析，发现网络主播黄某在 2019—2020 年偷逃税款 6.43 亿元，少缴其他税款 0.6 亿元，主要通过隐匿个人收入、虚构业务、虚假申报和少缴税款等方式偷逃税款，最后有关部门对黄某依法作出处罚决定，追缴税款、加收滞纳金并处罚款共计 13.41 亿元。

根据国家税法规定，依法纳税是企业必须履行的义务。企业必须按照国家规定履行纳税义务，对其经营所得依法缴纳各种税费。

（1）税收是国家为行使其职能、满足社会公共需要，凭借其公共权力，按照法律所规定的标准和程序，参与国民收入分配，强制、无偿且固定地取得财政收入的一种特定分配形式。

（2）我国的税收分别由税务局、海关负责征收管理。

目前，我国的税收分别由税务、海关等系统负责征收管理，具体内容见表 4-4。

表 4-4 税收征收管理范围

征管主体	负责征管的税种
税务系统（国家税务总局系统）	增值税；消费税；车辆购置税；城市维护建设税；企业所得税；个人所得税；资源税；城镇土地使用税；耕地占用税；土地增值税；房产税；车船税；印花税；契税；烟叶税；环境保护税
海关	关税；船舶吨税；代征进口环节的增值税、消费税

（3）增值税。

①概念：增值税是对销售货物、提供加工修理修配劳务或者发生应税行为（销售服务、无形资产或者不动产）过程中实现的增值额作为计税依据而征收的一种税。

②增值税纳税人：在中国境内销售货物、提供加工及修理修配劳务、销售服务、无形资产、不动产以及进口货物的单位和个人。

③增值税一般税率：13%，适用于销售货物、劳务、有形动产租赁服务或进口货物等（适用 9%、6%、0 税率的情况除外）。

④“应交税费——应交增值税”账户结构（见图 4-2）

应交税费——应交增值税

结构

借方	贷方
登记企业采购材料时向供应单位支付的进项税额和实际缴纳的增值税	登记企业销售产品时向购货单位收取的销项税额；

期末如有贷方余额表示应交未交的增值税，如有借方余额则表示多交或尚未抵扣的增值税。

图 4-2　“应交税费——应交增值税”账户结构

⑤根据财政部《关于印发〈增值税会计处理规定〉的通知》（财会〔2016〕22 号）的有关要求，全面试行营业税改征增值税后，“营业税金及附加”科目名称调整为“税金及附加”科目，该科目核算企业经营活动发生的消费税、城市维护建设税、资源税、教育费附加及房产税、城镇土地使用税、车船税、印花税等相关税费。

⑥偷税、逃税、漏税。

偷税：偷税是指纳税人以不缴或者少缴税款为目的，采取各种不公开的手段，隐瞒真实情况，欺骗税务机关的行为。按照《中华人民共和国税收征收管理法》第六十三条规定，纳税人伪造、变造、隐匿、擅自销毁账簿、记账凭证，或者在账簿上多列支出或者不列、少列收入，或者经税务机关通知申报而拒不申报或者进行虚假的纳税申报，不缴或者少缴应纳税款的，是偷税。对纳税人偷税的，由税务机关追缴其不缴或者少缴的税款、滞纳金，并处不缴或者少缴的税款百分之五十以上五倍以下的罚款；构成犯罪的，依法追究刑事责任。

逃税：逃税是指纳税人违反税法规定不缴或少缴税款的非法行为。

漏税：漏税是指纳税人因无意识而发生的漏缴或少缴税款的违章行为。

骗税：骗税是指纳税人用虚构事实或隐瞒真相的方法，经过公开的合法的程序，利用国家税收优惠政策，骗取减免税或者出口退税的行为。

欠税：欠税是指纳税人、扣缴义务人未按照法律、行政法规规定或者税务机关依照法律、行政法规的规定确定的期限，缴纳或者解缴税款的行为。

偷税漏税逃税都是违反我国税收规定，非法侵占税务利益的行为，我国对偷税漏税逃税的判罚是非常严重的，涉及相关偷税漏税逃税问题的，都需要面临巨额罚款，造成恶劣影响和巨大经济损失的，还应当追究刑事责任。公民应当严格遵守相关税收的法律规定，避免出现偷税漏税逃税行为。

（6）“预付账款”账户

①核算内容：预付账款是指企业按照购货合同的规定，预先以货币资金或货币等价物支付供应单位的款项。该账户用来核算企业因购买材料、商品或接受劳务，而按购货合同规定预付给供应单位的款项。在日常核算中，预付账款按实际付出的金额入账，如预付的材料、商品采购货款、必须预先发放的在以后收回的农副产品预购定金等。

②账户性质：资产类账户。

③账户结构：借方登记企业因购货而预付或补付给供应单位的货款；贷方登记所购材料、商品或接受劳务的金额及退回多付的金额。期末余额在借方，表示实际预付的款项；期末余额在贷方，反映企业尚未补付的款项。

④明细账：按供应单位设置相应的明细科目，进行明细分类核算。

预付账款

借方	贷方
登记企业因购货而预付或补付给供应单位的货款	登记所购材料、商品或接受劳务的金额及退回多付的金额
实际预付的款项	

2. 账务处理

企业外购材料物资的业务，由于距离采购地点远近不同、货款结算方式不同等原因，可能会导致材料的入库和货款的支付不在同一时间完成。此外，还存在预付货款购货等情况。这就需要企业根据具体情况，分别进行会计处理。企业外购材料物资价款结算类型主要有三种类型：①现款交易，即“一手交钱，一手交货”；②欠款交易，即“先收料，后付款”（主要有以下两种形式：按合同约定时间付款和开出承兑汇票付款，持票人到期兑现）；③预付货款，即“先付款，后收料”。

（1）货款已支付，同时材料验收入库

【例 4-7】2023 年 12 月 8 日，阳光公司从供应商大地公司购入甲材料一批，增值税专用发票上注明价款 10 000 元，增值税 1 300 元，已用银行存款支付，材料已验收入库。

要求：请编制此笔经济业务的会计分录。

借：原材料——甲材料　　10 000

　　应交税费——应交增值税（进项税额）　　1 300

　贷：银行存款　　11 300

【解析】这是一笔购买材料，货款已支付，同时材料验收入库的经济业务。此笔经济业务的发生使阳光公司“银行存款”减少 11 300 元，应记入“银行存款”账户的贷方；与此同时，阳光公司的“原材料”增加了 10 000 元，应记入“原材料”账户的借方；增值税 1 300 元应作为进项税处理，记入“应交税费——应交增值税（进项税额）”账户的借方。

【自我测评 3】2023 年 12 月 8 日，大地公司从天天公司购入 A 材料 5 吨，单价 2 000 元，增值税进项税额 1 300 元；从顺利公司购入 B 材料 20 吨，单价 1 000 元，增值税进项税额 2 600 元。两笔经济业务货款及增值税均用银行存款付清，材料验收入库。

要求：请同学们编制此笔经济业务的会计分录。

（2）材料已发货，货款尚未支付

【例 4-8】2023 年 12 月 9 日，阳光公司从大风公司购入丙材料并收到大风公司开具的增值税专用发票。发票上列明：丙材料 5 000 件，单价 100 元，价款 500 000 元，增值税税额 65 000 元，价税总计 565 000 元，材料已经验收入库，货款尚未支付。

要求：请编制此笔业务的会计分录。

借：原材料——丙材料　　500 000
　　应交税费——应交增值税（进项税额）　　65 000
　贷：应付账款——大风公司　　565 000

【解析】这是一笔购买材料，材料已发货，货款尚未支付的经济业务。此笔经济业务的发生使阳光公司欠大风公司的货款增加，应记入“应付账款”账户的贷方；与此同时，阳光公司的“原材料”增加了 500 000 元，应记入“原材料”账户的借方；增值税 65 000 元应作为进项税处理，记入“应交税费——应交增值税（进项税额）”账户的借方。

【自我测评 4】2023 年 12 月 5 日，大地公司从鸿运公司购入甲材料并收到鸿运公司开具的增值税专用发票。发票上列明：甲材料 6 000 千克，单价 100 元，价款 600 000 元，增值税 78 000 元，货款约定于下月支付，材料在运输途中，未验收入库。

要求：请同学们编制此笔经济业务的会计分录。

（3）材料已发货，已开出商业承兑汇票

【例4-9】2023年12月10日，阳光公司从大海公司购入乙材料10吨，单价2 000元，增值税进项税额2 600元。阳光公司开出商业承兑汇票一张，期限3个月，材料尚未验收入库。

要求：请编制此笔业务的会计分录。

借：在途物资——乙材料　　20 000

　　应交税费——应交增值税（进项税额）　　2 600

　贷：应付票据——大海公司　　22 600

【解析】这是一笔购买材料，材料已发货，已开出商业承兑汇票的经济业务。此笔经济业务的发生使阳光公司对大海公司开具了一张商业承兑汇票，导致阳光公司“应付票据”的增加，应记入“应付票据”账户的贷方；与此同时，由于材料尚未入库，从而导致阳光公司“在途物资”增加了20 000元，应记入“在途物资”账户的借方；增值税2 600元应作为进项税处理，记入“应交税费——应交增值税（进项税额）”账户的借方。

【自我测评5】2023年12月10日，大地公司从前进公司购入乙材料并收到前进公司开具的增值税专用发票。该发票上列乙材料4 000千克，单价50元，价款200 000元，增值税税额26 000元。前进公司代垫运费200元，材料已经验收入库，大地公司签发了一张商业承兑汇票。

要求：请同学们编制此笔经济业务的会计分录。

（4）以预付账款购货

【例 4-10】2023 年 12 月 11 日，阳光公司向鸿发公司采购一批丁材料，所需支付的价款总额为 100 000 元，按照合同规定预付给供应单位 50 000 元，验收货物后补付其余款项。

要求：请编制此笔业务的会计分录。

借：预付账款——鸿发公司	50 000	
贷：银行存款		50 000

【解析】这是一笔购买材料，以预付账款购货经济业务。此笔经济业务的发生使阳光公司的“银行存款”减少了 50 000 元，应记入“银行存款”账户的贷方；与此同时，阳光公司增加了一笔“预付账款”，应记入“预付账款”账户的借方。

【例 4-11】2023 年 12 月 14 日，阳光公司收到鸿发公司发来的丁材料，经验收无误后入库，增值税专用发票上注明价款 100 000 元，增值税进项税额 13 000 元，并以银行存款补付不足款项。

要求：请编制此笔业务的会计分录。

借：原材料——丁材料	100 000	
应交税费——应交增值税（进项税额）	13 000	
贷：预付账款——鸿发公司		50 000
银行存款		63 000

【解析】这项经济业务使阳光公司的“原材料”增加了 100 000 元，应记入“原材料”的借方，支付的增值税进项税 13 000 元，应记入“应交税费——应交增值税（进项税额）”账户的借方，同时“预付账款”减少了 50 000 元，应记入“预付账款”账户的贷方，差额 63 000 元以“银行存款”补付，应记入“银行存款”账户的贷方。

【例 4-12】2023 年 12 月 16 日，阳光公司从东风公司购买甲材料 1 000 千克，买价 100 000 元，乙材料 5 000 千克，买价 400 000 元，增值税计 65 000 元，材料运到公司并验收入库，运费共计 6 000 元，企业将全部款项以银行存款结算。

要求：请编制此笔业务的会计分录。

借：原材料——甲材料	101 000	
——乙材料	405 000	
应交税费——应交增值税（进项税额）	65 000	
贷：银行存款		571 000

【解析】这是一笔购买材料，货款已支付，同时材料验收入库的经济业务。此笔经济业务的发生使阳光公司“银行存款”减少 571 000 元，应记入“银行存款”账户的贷方；与此同时，阳光公司的“原材料——甲材料”增加了 101 000 元，应记入“原材料——甲材料”账户的借方，“原材料——乙材料”增加了 405 000 元，应记入“原材料——乙材料”账户的借方，增值税 65 000 元应作为进项税处理，记入“应交税费——应交增值税

（进项税额）”账户的借方。

思考：此笔业务中的运费6 000元是如何处理的？

【知识拓展——材料采购运杂费的分摊】

在同时购买几种材料的情况下，运费、装卸费、保险费等通常要按照一定的标准分摊到每种材料的采购成本里。如重量标准（运费、装卸费）、价格标准（保险费）。步骤如下：

（1）选定分摊的标准，计算出单位运杂费分摊额。

（2）根据相应的标准求出各自应分摊的运杂费。

计算公式：

单位运杂费分摊额=某项运杂费总额÷材料重量（价格）总和

某材料应分摊的运杂费用=该材料重量（价格）×单位运杂费分摊额

【自我测评6】大地公司在一次采购中购入A、B、C三种材料，其中A材料100吨，单价500元，B材料200吨，单价100元，C材料300吨，单价100元，共支付运费5 000元，装卸费500元，保险费500元，采购费用由三种材料共同承担并按重量分配，计算A、B、C的采购成本。

要求：请同学们编制此笔经济业务的会计分录。

（二）设备购置业务的账务处理

根据企业生产的需要，企业会相应购买一定数量的设备，而购买的设备一般会通过“在建工程”“固定资产”账户核算。购建固定资产的计量原则：按企业取得固定资产时的实际成本计量。实际成本是指企业购建固定资产达到预定可使用状态前所发生的一切合理、必要的支出，包括买价、运输费、保险费、包装费、安装费等。企业购入的机器设备中，有的不需要安装即可投入生产使用，有的则需要安装、调试后才能投入生产使用。如果企业购入的是不需要安装的设备，应按购入时的实际成本（即原始价值）入账，实际成本包括买价、运杂费、包装费、缴纳的有关税金等；如果企业购入的是需要安装的设备，则应通过“在建工程”账户核算其安装工程成本，将其购进时支付的买价、运杂费、包装费以及安装时发生的安装费记入“在建工程”账户的借方。当安装工程达到预定可使用状态时，再按安装工程的全部支出（即实际成本），从“在建工程”账户的贷方转入“固定资产”账户的借方。

1. 账户设置

（1）“在建工程”账户

①核算内容：在建工程指企业资产的新建、改建、扩建，或技术改造、设备更新和大修理工程等尚未完工的工程支出。该账户用来核算企业进行建筑工程、安装工程、技术改造工程等发生的实际支出。

②账户性质：资产类账户。

③账户结构：借方登记企业各项在建工程的实际支出；贷方登记完工工程成转出的成本；期末余额在借方，表示企业尚未达到预定可使用状态的在建工程的成本。

④明细账：按在建工程项目设置明细科目，进行明细分类核算。

在建工程

借方	贷方
登记企业各项在建工程的实际支出	登记完工工程成转出的成本
企业尚未达到预定可使用状态的在建工程的成本	

（2）“累计折旧”账户（“固定资产”账户的备抵账户）

①核算内容：累计折旧是指固定资产在使用过程中会发生磨损，其价值会逐渐减少，这种价值的减少就是固定资产折旧。固定资产价值发生减少，就应该把这种价值的减少计算出来（即计提折旧），并在账户中予以记录。该账户用来核算企业固定资产在使用过程中累计损耗的价值。

②账户性质：资产类账户。

③账户结构：借方登记企业由于出售、报废、毁损及盘亏固定资产等原因而相应减少的折旧额；贷方登记企业按月计提的固定资产的折旧额；期末余额在贷方，表示企业期末现有固定资产已提取的折旧累计额。

④明细账：只进行总分类账核算，需要查询时，根据固定资产卡片上的原价、折旧率、实际使用年数等资料进行计算。

累计折旧

借方	贷方
登记企业由于出售、报废、毁损及盘亏固定资产等原因而相应减少的折旧额	登记企业按月计提的固定资产的折旧额
	企业期末现有固定资产已提取的折旧累计额

【知识拓展——累计折旧】

企业固定资产在使用过程中磨损的价值是通过计提折旧的方式逐步转移到产品成本或期间费用中去的。因此，计提折旧就表明生产费用或期间费用的增加。同时，由于固定资产发生了磨损，固定资产的价值也相应减少，但因固定资产使用过程中原有的实物形态基本不变，且固定资产账户要反映固定资产的原价，故其减少的金额通过累计折旧账户来核算。会计用固定资产账户借方余额的原始价值减去累计折旧账户贷方余额的累计折旧，就是固定资产的净值。

2. 会计核算

【例 4-13】2023 年 12 月 16 日，阳光公司向北海公司购入不需要安装的设备一台，买价为 500 000 元，增值税税额为 65 000 元。委托快捷物流公司运输，支付运费 10 000 元，增值税税额 900 元。全部支出已用银行存款支付。

要求：请编制此笔经济业务的会计分录。

借：固定资产　　510 000
　　应交税费——应交增值税（进项税额）　　65 900
　贷：银行存款　　575 900

【解析】这是一笔购置不需要安装的固定资产的经济业务。这笔经济业务的发生使阳光公司增加了一台设备，因设备不需要安装，应记入“固定资产”账户的借方，记入金额为 510 000 元（买价+运输费），增值税为 65 900 元，应记入“应交税费——应交增值税（进项税额）”账户的借方，记入金额为 65 900 元；与此同时，全部支出已用“银行存款”支付，阳光公司“银行存款”减少，应记入“银行存款”账户的贷方，记入金额为 575 900 元。

【例 4-14】2023 年 12 月 17 日，阳光公司购入需要安装的设备 1 台，买价为 600 000 元，增值税税额为 78 000 元。委托某物流公司运输，支付运费 40 000 元，增值税税额 3 600元。全部款项已用银行存款支付。

要求：请编制此笔经济业务的会计分录。

借：在建工程　　640 000
　　应交税费——应交增值税（进项税额）　　81 600
　贷：银行存款　　721 600

【解析】这是一笔购置需要安装的固定资产的经济业务。这笔项经济业务的发生使阳光公司增加了一台设备，因设备需要安装，应记入“在建工程”账户的借方，记入金额为 640 000 元（买价+运输费），增值税为 81 600 元，应记入“应交税费——应交增值税（进项税额）”账户的借方，记入金额为 81 600 元；与此同时，全部支出已用银行存款支付，阳光公司“银行存款”减少，应记入“银行存款”账户的贷方，记入金额为 721 600 元。

【例 4-15】2023 年 12 月 18 日，设备安装让天天安装公司进行安装，增值税专用发票上标明支付安装费价款 20 000 元，税额 1 800 元。2021 年 12 月 20 日，安装完毕，经验收达到可使用状态交付使用。

要求：请编制此笔经济业务的会计分录。

①2023 年 12 月 18 日，支付安装费

借：在建工程　　20 000

　　应交税费——应交增值税（进项税额）　　1 800

　贷：银行存款　　21 800

②2023 年 12 月 20 日，设备达到预定可使用状态交付使用

借：固定资产　　660 000

　贷：在建工程　　660 000

【解析】这是一笔购置需要安装的固定资产支付安装费并达到预定可使用状态结转固定资产的经济业务。2023 年 12 月 18 日，阳光公司支付设备安装费 20 000 元应记入设备成本中，由于设备还未达到预定可使用状态，应记入“在建工程”账户的借方，增值税为 1 800 元，应记入“应交税费——应交增值税（进项税额）”账户的借方，记入金额为 1 800元；与此同时，全部支出已用“银行存款”支付，阳光公司“银行存款”减少，应记入“银行存款”账户的贷方，金额为 21 800 元。2021 年 12 月 20 日，设备达到预定可使用状态，应把在建工程转为“固定资产”，此时阳光公司“固定资产”增加 660 000 元，应记入借方，贷方为“在建工程”。

【自我测评 7】

（1）2023 年 12 月 16 日，大地公司购入一台不需要安装的设备，该设备价款共计 113 000元，已取得增值税专用发票，款项通过银行付讫，设备当即投入使用。

要求：请同学们编制此笔经济业务的会计分录。

（2）2023 年 12 月 18 日，大地公司从大兴公司购入需要安装的机器设备一台，价款为 400 000 元，增值税专用发票上注明的增值税额为 52 000 元，设备已运至企业，支付运输费 5 000 元，款项已通过银行支付；设备安装时，发生安装工人的工资 10 000 元，其他

杂费 1 200 元以现金支付。假设不考虑运费及安装时发生的其他相关税费。

要求：请同学们编制此笔经济业务的会计分录。

【课堂练习】

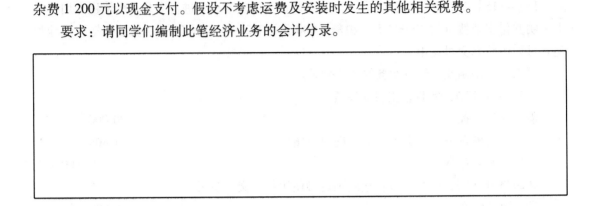

天空公司 2023 年 12 月份有关经济业务如下，请编制以下业务的会计分录。

（1）2023 年 12 月 4 日，天空公司向 B 公司购入 A、B 两种材料，增值税专用发票上注明 A 材料 3 000 千克，每千克 30 元，增值税额为 11 700 元，B 材料 2 000 千克，每千克 10 元，增值税额为 2 600 元，款项以银行存款支付，材料尚在运输途中。

（2）2023 年 12 月 5 日，天空公司以银行存款支付上述 A、B 材料的运杂费 1 500 元，按重量比例分配。(不考虑税费)

（3）2023 年 12 月 6 日，上述购入的 A、B 材料均已到达，并验收入库，结转实际采购成本。

（4）2023 年 12 月 8 日，天空公司购入 1 台不需要安装的生产设备，所取得的增值税专用发票上注明的买价 100 000 元，增值税税额为 13 000 元，全部款项由银行存款支付。

（5）2023 年 12 月 10 日，天空公司购入 1 台需要安装的生产设备，增值税专用发票上注明的买价为 700 000 元，增值税税额为 91 000 元，以银行存款支付 200 000 元，其余款项待可使用后一并支付。安装时领用原材料 5 000 元，以银行存款支付安装费 20 000 元。该设备安装完毕经验收合格达到预定可使用状态并交付使用，公司支付余款。

第三节　企业生产过程的账务处理

一、生产过程基本认知

工业企业的基本任务是生产社会所需要的产品，因此产品的生产过程是企业生产经营过程的中心环节。生产过程是指企业从原材料投入产品生产开始，经过一系列的生产加工，直至产品完工并验收入库为止的全部过程。在企业产品的生产过程中，一方面劳动者借助劳动加工制造出产品；另一方面，企业为了生产制造出产品，必然要产生各种耗费，如为生产产品所消耗的材料费、生产工人的工资及福利费、厂房和机器设备等固定资产的折旧费以及管理和组织生产、为生产服务而发生的各种费用。因此，企业生产过程的业务核算主要包括：①生产费用的归集和分配；②产品成本的计算和结转。

生产过程的生产成本由直接材料、直接人工和制造费用等构成。工业企业的生产业务是将采购的原材料加工成产成品，在加工过程中，企业要消耗材料物资、耗费生产工人和管理人员的劳动、磨损机器设备等，从而形成了企业的生产费用。因此，企业在一定时期内发生的、用货币表现的生产耗费，称为生产费用。这些生产费用最终都要归集、分配到一定种类的产品上，形成各种产品的成本。有些费用在发生时，就能直接确认是为生产某种产品而发生的，称为直接费用，可以直接计入某种产品的成本，如直接材料、直接工资；有些费用在发生时，不能直接确认是为生产哪种产品而发生的，称为间接费用，间接费用需要采用一定的分配方法，分配计入到某种产品的成本中，如车间制造费用。因此，在产品生产过程中费用的发生、归集和分配以及产品成本的形成，就构成了产品生产过程核算的主要内容。此外，在生产经营期间发生的为了维持一定生产经营能力的费用，如管理费用、财务费用等，应当作为期间费用直接计入当期损益，不能计入产品成本。企业为正确、合理地归集和分配各项生产费用，及时计算各种产品成本，正确核算管理费用和财务费用，在生产业务核算中应设置如下账户：生产成本、制造费用、管理费用、应付职工薪酬、累计折旧、库存商品。

思考：你能理解生产费用与生产成本吗？

【知识拓展——生产费用与生产成本】

1. 相关概念

（1）生产费用：是指企业为生产一定种类和数量的产品所发生的各种经济资源的耗费。企业发生的全部生产费用是生产费用要素反映的内容，如外购材料，包括用于生产产品的直接材料或间接材料与用于固定资产修理或专项工程等。又比如工资费用，既包括了用于产品生产的工资费用又包括不是用于产品生产的工资费用。生产费用按计入产品成本的方式不同，可以分为直接费用和间接费用。

（2）生产成本：是指按照一定的规则和方法进行归集和分配到某一成本计算对象上的生产费用。即企业为生产产品而发生的成本，包括生产单位为生产产品或提供劳务而发生的各项生产费用，各项直接支出和制造费用都包含在内。

（3）直接费用：是指企业生产产品的过程中，那些在发生时就能够明确用于哪种产品（成本计算对象），从而可以将其直接计入该种产品的生产费用，包括直接材料费用和直接人工费用。①直接材料费用：是指企业在生产产品和提供劳务的过程中所消耗的、直接用于产品生产、构成产品实体的各种原料及主要材料、外购半成品以及有助于产品形成的辅料。②直接人工费用：是指企业在生产产品和提供劳务的过程中，直接从事产品生产的工人的工资、津贴、补贴和福利等。

（4）间接费用：是指企业为产品生产而发生的由多种产品共同负担的生产费用，通常称为制造费用，包括间接的人工费、福利费、折旧费、修理费、办公费、水电费、机物料消耗等。“制造费用”核算的是组织和管理生产而发生的各项间接费用，而“生产成本”核算的是与生产产品有关的直接支出，包括直接材料、直接人工等。企业生产过程中发生的制造费用一开始先在“制造费用”账户归集，期末再按一定的分配标准分配结转到“生产成本”的各产品明细账中，并与先期归集好计入生产成本的直接材料和直接人工一起汇总计算完工产品和在产品的成本。

2. 生产费用与生产成本间的关系

生产费用的发生是产品生产成本产生的基础和前提，生产成本是生产费用计入一定产品之后的结果。即生产成本是对象化了的生产费用。生产费用要素反映的是某一时期（月、季、年）内企业实际发生的生产费用。生产成本由直接材料、直接人工和制造费用三部分组成，生产费用与生产成本的关系如图 4-3 所示。

图 4-3　生产费用与生产成本的关系

二、企业生产过程的核算

（一）归集成本费用的账务处理

制造企业在生产经营过程中发生的各项费用，应按谁受益谁负担的原则进行归集，记入相关的成本费用账户。属于生产产品直接发生的材料费、人工费等，记入“生产成本”账户；属于车间间接发生的管理人员工资、一般耗用材料等，记入“制造费用”账户；属于企业管理部门发生的费用，记入“管理费用”账户。

1，账户设置

（1）“生产成本”账户

①核算内容：生产成本是指企业为生产产品或提供劳务而发生的各项生产费用。包括直接材料费、直接人工、其他直接费用以及分配转入的间接费用。该账户用来核算和监督

企业进行工业性生产，包括生产各种产品（产成品、自制半成品、提供劳务等）、自制材料、自制工具、自制设备等所发生的各项生产费用。

②账户性质：成本类账户。

③账户结构：借方登记企业在产品生产过程中所发生的各项生产费用；贷方登记转出的完工产品实际成本；期末如有借方余额，表示尚未完工的在产品的实际成本。

④明细账：按产品的种类设置明细科目，进行明细分类核算。

生产成本

借方	贷方
登记企业在产品生产过程中所发生的各项生产费用	登记转出的完工产品实际成本
尚未完工的在产品的实际成本	

（2）“制造费用”账户

①核算内容：制造费用是指企业为生产产品和提供劳务而发生的各项间接费用，包括企业生产部门（如生产车间）发生的水电费、固定资产折旧、无形资产摊销、管理人员的职工薪酬、劳动保护费、国家规定的有关环保费用、季节性和修理期间的停工损失等。该账户用来核算企业生产车间（分厂）为生产产品和提供劳务而发生的各项间接费用，包括车间管理人员薪酬、车间固定资产的折旧费、车间办公费、水电费、机物料消耗、劳动保护费、季节性和修理期间的停工损失等。

②账户性质：成本类账户。

③账户结构：借方登记本期在车间范围内实际所发生的各种制造费用；贷方登记期末经分配后转入“生产成本”账户借方的费用转出额；期末结转后一般没有余额。

④明细账：按不同的生产车间（分厂）及制造费用项目设置明细科目，进行明细分类核算。

制造费用

借方	贷方
登记本期在车间范围内实际所发生的各种制造费用	登记期末经分配后转入“生产成本”账户借方的费用转出额

注意：“制造费用”账户期末结转后无余额。

（3）“管理费用”账户

①核算内容：管理费用是指企业为组织和管理生产经营活动所发生的各项费用，主要包括：企业董事会和行政管理部门在企业经营管理中发生的，或者应当由企业统一负担的

公司经费、工会经费、失业保险费、劳动保险费、董事会费、聘请中介机构费、咨询费、诉讼费、业务招待费、办公费、差旅费、邮电费、绿化费、管理人员工资及福利费等。该账户用来核算企业为组织和管理生产经营所发生的各种费用。

②账户性质：损益类账户。

③账户结构：借方登记发生的各项管理费用；贷方登记期末转入“本年利润”账户的各种管理费用的转出数；期末结转后一般没有余额。

④明细账：按管理费用的项目设置明细分类账户，进行明细分类核算。

管理费用

借方	贷方
登记发生的各项管理费用	登记期末转入“本年利润”账户的各种管理费用的转出数

注意：“管理费用”账户期末结转后无余额。

（4）“销售费用”账户

①核算内容：销售费用指企业在销售过程中发生的除主营业务成本和其他业务成本以外的其他所有费用。包括企业在销售产品、自制半成品和工业性劳务等过程中发生的各项费用、运输费、装卸费、展览费、广告费、租赁费（不包括融资租赁费）、为销售本企业产品而专设的销售机构的费用、职工工资、福利费、差旅费、办公费、折旧费、修理费、物料消耗和其他经费。销售费用属于期间费用，在发生的当期就计入当期的损益。该账户用来核算企业销售商品和材料、提供劳务的过程中发生的各种销售费用。

②账户性质：损益类账户。

③账户结构：借方登记本期发生的各种销售费用；贷方登记期末转入“本年利润”账户的各种销售费用的转出数；期末结转后一般没有余额。

④明细账：按销售费用的费用项目设置明细科目，进行明细分类核算。

销售费用

借方	贷方
登记本期发生的各种销售费用	登记期末转入“本年利润”账户的各种销售费用的转出数

注意：“销售费用”账户期末结转后无余额。

（5）“应付职工薪酬”账户

①核算内容：应付职工薪酬是指企业根据有关规定应付给职工的各种薪酬。其用来核算企业应付给职工的各种薪酬及企业与职工之间结算情况。该账户用来核算企业职工的工

资、奖金、各项福利等。

②账户性质：负债类账户。

③账户结构：借方登记本期实际支付的职工薪酬，包括职工工资、奖金、津贴和补贴、职工福利费、医疗保险费、养老保险费、失业保险费、工伤保险费和生育保险费等社会保险费、住房公积金等；贷方登记本期结算的应付给职工的各种薪酬；期末余额在贷方，表示本期末尚未支付的职工薪酬。

④明细账：按照“工资，奖金，津贴，补贴”“职工福利”“社会保险费”“住房公积金”“工会经费”“职工教育经费”“解除职工劳动关系补偿”“非货币性福利”“其他与获得职工提供的服务相关的支出”等应付职工薪酬项目进行明细核算。

应付职工薪酬

借方	贷方
登记本期实际支付的职工薪酬	登记本期结算的应付给职工的各种薪酬
	本期末尚未支付的职工薪酬

2. 账务处理

（1）耗用原材料的账务处理

【例 4-16】2023 年 12 月 20 日，阳光公司为生产 A 产品领用甲材料 50 000 元，车间耗用甲材料 20 000 元，厂部行政管理部门耗用甲材料 1 000 元。材料发出汇总表如表 4-5 所示。

表 4-5　材料发出汇总表

项目	金额/元
生产车间领用	
A 产品领用	50 000
车间一般耗用	20 000
小计	70 000
行政管理部门领用	1 000
合计	71 000

要求：请编制此笔经济业务的会计分录。

借：生产成本——A 产品　　50 000
　　制造费用　　20 000
　　管理费用　　1 000
　贷：原材料——甲材料　　71 000

【解析】这是一笔生产产品耗用原材料的经济业务。此笔经济业务的发生使阳光公司“原材料——甲材料”减少，应记入“原材料”账户贷方，金额为71 000元；借方按照领用原材料谁受益谁负担的原则进行归集，记入相关的成本费用账户，应分别记入“生产成本”50 000元、“制造费用”20 000元以及“管理费用”1 000元。

【自我测评8】2023年12月12日，大地公司生产A产品领用甲、乙材料，其中领用甲材料1 200件，金额30 000元，乙材料800千克，金额48 000元；生产B产品领用甲、丙材料，其中甲材料1 800件，金额45 000元，丙材料300千克，金额15 000元。车间和厂部行政管理部门维修分别领用甲材料50件、30件，金额分别是1 250元、750元。

要求：请同学们编制此笔经济业务的会计分录。

（2）人工费用的账务处理

【例4-17】2023年12月31日，阳光公司“工资费用分配表”显示：①A产品生产工人工资450 000元；②B产品生产工人工资350 000元；③车间管理人员工资50 000元；④专设销售机构人员工资50 000元；⑤企业管理部门人员工资100 000元。

要求：请编制此笔业务的会计分录。

借：生产成本——A产品　　450 000
　　　　　　——B产品　　350 000
　　制造费用　　50 000
　　销售费用　　50 000
　　管理费用　　100 000
　贷：应付职工薪酬——工资　　1 000 000

【解析】这是一笔生产产品分配工人工资的经济业务。此笔经济业务的发生使阳光公司“应付职工薪酬”增加，应记入“应付职工薪酬”账户贷方，金额为1 000 000元；借方按照工资分摊部门，即谁受益谁负担的原则进行归集，记入相关的成本费用账户，应分别记入“生产成本——A产品”50 000元、“生产成本——B产品”350 000元、“制造费用”50 000元、“销售费用”50 000元以及“管理费用”100 000元。

【例4-18】2023年12月31日，阳光公司通过银行转账支付企业职工薪酬

1 000 000元。

要求：请编制此笔经济业务的会计分录。

借：应付职工薪酬　　1 000 000

　贷：银行存款　　1 000 000

【解析】这是一笔支付员工工资的经济业务。此笔经济业务的发生使阳光公司“银行存款”减少1 000 000元，应记入“银行存款”账户的贷方；与此同时，阳光公司“应付职工薪酬”已支付，应付给职工的工资减少1 000 000元，应记入“应付职工薪酬”的借方。

【自我测评9】请根据大地公司2023年12月的工资结算汇总表，分配工资费用，编制会计分录，大地公司工资结算汇总表如表4-6所示。

表4-6　大地公司工资结算汇总表

日期：2023年12月31日　　单位：元

项目	金额/元
生产工人工资	
制造1号产品生产工人工资	11 200
制造2号产品生产工人工资	2 800
车间行政人员管理工资	1 500
厂部行政人员管理工资	2 500
合计	18 000

要求：请同学们编制此笔经济业务的会计分录。

（3）制造费用归集与分配的账务处理

①认识制造费用的归集与分配

制造费用的归集：是指将生产过程中发生的管理人员的工资及福利费、机物料消耗、车间固定资产折旧费、车间的水电费、修理费等记入“制造费用”账户。

制造费用的分配：是指将制造费用按照一定的方法分别记入各种产品成本中，月末将

“制造费用”账户分别转入“生产成本”各明细账中，“制造费用”账户期末无余额。

企业当期发生的制造费用是生产车间为生产产品而发生的间接费用，应将本月发生的制造费用总额通过“制造费用”账户的借方发生额合计计算出来，在“制造费用”账户归集后，应在各受益对象之间采用适当的标准进行分配。其一般按生产工人薪酬比例、生产工时比例等进行分配。

分配制造费用如图 4-4 所示，要采用一定的分配标准。分配标准应能比较确切地表明各种产品对生产共同耗费的负担比例。分配标准选择是否合理，直接影响分配的结果和各种产品成本计算的正确性。分配制造费用计算公式：

制造费用分配率＝本月制造费用总额÷各种产品生产工时（工资）之和

某产品应负担制造费用＝该产品生产工时（工资）×制造费用分配率

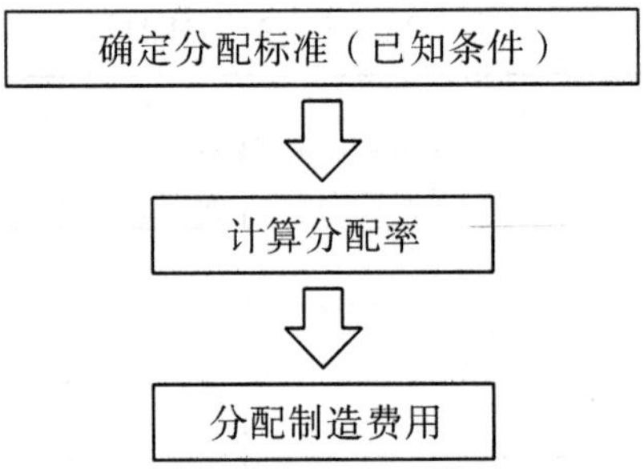

图 4-4　制造费用分配

②账务处理

【例 4-19】2023 年 12 月，阳光公司本月发生制造费用 70 000 元，只生产 A、B 两种产品，A 产品生产工人工时 1 000 小时，B 产品生产工人工时 4 000 小时，按生产工人工时比例分配结转制造费用。

要求：请编制此笔经济业务的会计分录。

分配率＝70 000/（1 000+4 000）＝14

甲产品分配制造费用＝1 000×14＝14 000（元）

乙产品分配制造费用＝70 000－14 000＝56 000（元）

借：生产成本——A 产品　　14 000

　　　　　　——B 产品　　56 000

　贷：制造费用　　70 000

【解析】这是一笔归集分配企业本期制造费用的经济业务。通过阳光公司本月发生的经济业务可知，其本月发生的“制造费用”共计 70 000 元，按要求按照生产工人工时比例进行分配，通过分配率公式的计算，应结转到 A 产品的“制造费用”为 14 000 元，应结转到 B 产品的“制造费用”为 56 000 元，分别记入“生产成本——A 产品”“生产成本——B 产品”账户的借方；贷方则登记结转的“制造费用”。

【自我测评 10】2023 年 12 月，大地公司本月发生的制造费用总额为 528 000 元，假设本企业采用“生产工人工资比例法”对制造费用予以分配。（A 产品生产工人工资为 450 000元，B 产品生产工人工资为 350 000 元）

要求：请同学们编制此笔经济业务的会计分录。

（二）结转完工产品成本的账务处理

产品生产费用通过前述的费用归集和分配后，都已归集到了“生产成本”账户，此时，企业需将对归集到某种产品的生产费用在本月完工产品和月末在产品之间进行分配，以确定完工产品成本。在月末不存在未完工产品的情况下，各种产品成本明细账上所归集的费用总额就构成了各种产品的总成本，总成本除以各种产品当月的生产数量，就计算出各种产品的单位成本。在月末存在未完工产品的情况下，各种产品成本明细账上所归集的费用总额就需要在本月完工产品和月末在产品之间进行分配，然后根据完工产品的总成本计算出单位产品成本（这部分内容将在“成本会计”课程中详细介绍）。

1. 账户设置

“库存商品”账户

①核算内容：库存商品是指企业自己加工制造完工入库或外部购入而准备对外销售的货物。该账户核算和监督企业库存的各种商品的实际成本，包括外购商品、自制商品等。

②账户性质：资产类账户。

③账户结构：借方登记外购和自制入库的各种商品的实际成本；贷方登记出库的各种商品的实际成本；期末余额在借方，表示库存的各种商品的实际成本。

④明细账：按产品名称设明细科目，进行明细分类核算。

库存商品

借方	贷方
登记外购和自制入库的各种商品的实际成本	登记出库的各种商品的实际成本
库存的各种商品的实际成本	

2. 账务处理

【例 4-20】2023 年 12 月 31 日，本月生产产品全部完工，计算并结转阳光公司完工产品成本，其中：A 产品完工生产成本为 514 000 元、B 产品完工生产成本为 406 000 元。

要求：请编制此笔经济业务的会计分录。

借：库存商品——A 产品　　514 000

　　　　　　——B 产品　　406 000

　贷：生产成本——A 产品　　514 000

　　　　　　　——B 产品　　406 000

【解析】这是一笔结转完工产品成本的经济业务。通过结转阳光公司本月完工产品成本，其本月记入“生产成本——A 产品”的金额为 514 000 元，记入“生产成本——B 产品”的金额为 406 000 元，应分别结转到“库存商品——A 产品”和“库存商品——B 产品”的借方，表示阳光公司“库存商品”的增加，此时，借方应登记“生产成本——A 产品”“生产成本——B 产品”。

【自我测评 11】2023 年 12 月末，大地公司结转本月完工产品成本。其中，甲产品的完工产品成本 22 000 元，乙产品的完工产品成本 11 000 元。（甲、乙产品月初均无在产品）

要求：请同学们编制此笔经济业务的会计分录。

【知识拓展 1——计提固定资产折旧核算的账务处理】

2023 年 12 月 31 日，天天公司编制固定资产折旧计提表，上列生产车间折旧费 304 000元，专设销售机构折旧费 20 000 元，企业管理部门折旧费 30 000 元，经营性出租房屋折旧费 10 000 元。

要求：请编制此笔业务的会计分录。

借：制造费用——折旧费　　304 000

　　销售费用——折旧费　　20 000

　　管理费用——折旧费　　30 000

　贷：累计折旧　　354 000

【知识拓展 1——其他费用核算的账务处理】

2023 年 12 月 13 日，天天公司收到大发建筑公司开来的增值税专用发票，上列车间房屋修理费 60 000 元、税额为 3 600 元、公司办公大楼修理费 100 000 元、税额为 6 000 元，开出转账支票支付。

要求：请编制此笔业务的会计分录。

借：制造费用——修理费　　60 000

　　管理费用——修理费　　100 000

　　应交税费——应交增值税（进项税额）　　9 600

　贷：银行存款　　169 600

【任务训练】

天空公司 2023 年 12 月份发生的经济业务如下，请编制以下经济业务的会计分录。

（1）2023 年 12 月 5 日，天空公司为生产 A 产品领用甲材料 20 000 元，车间耗用甲材料 10 000 元，厂部行政管理部门耗用甲材料 1 000 元。

（2）2023 年 12 月 10 日，天空公司以银行存款支付本月的水电费 6 000 元，其中生产车间负担 5 000 元，厂部负担 1 000 元。

（3）月末，计提本月的固定资产折旧 25 600 元，其中生产车间的折旧 16 600 元，厂部为 9 000 元。

（4）月末，分配本月应付职工的工资：其中生产 A 产品的工人工资 16 000 元，B 产品工人工资 18 000 元，车间管理人员的工资 4 000 元，厂部管理人员工资 8 000 元。

（5）将本月的制造费用按生产工人的工资比例结转。

（6）本月生产的 A、B 产品全部完工验收入库。

第四节　企业销售过程的账务处理

一、销售过程基本认知

销售商品是企业通过货币结算出售所经营的商品，转移商品所有权并取得销售收入的交易行为。也就是说，产品销售过程是通过对企业生产产品的销售，收回货款来实现企业产品价值的过程。在产品销售过程中，企业要确认产品销售收入的实现，与购买单位办理结算，收回货款；结转产品销售成本；支付产品销售费用；计算和缴纳产品销售税金；确定产品销售利润。上述业务便构成了企业产品销售过程业务核算的主要内容。另外，企业还会发生一些其他销售业务，如材料销售、无形资产使用权的转让等。

为了正确核算销售收入，办理货款结算，计算结转销售成本，支付各种销售费用，计算销售税金及附加，企业应设置如下账户：主营业务收入、主营业务成本、税金及附加、其他业务收入、其他业务成本、销售费用、应收账款、应收票据、预收账款。

【知识拓展——销售收入、销售成本、销售费用】

(1) 销售收入：是企业通过产品销售或提供劳务所获得的货币收入，以及形成的应收销货款。可用公式表示为：销售收入=销售量×售价。

(2) 销售成本：是指已销售产品的生产成本、已提供劳务的劳务成本以及其他销售的业务成本。其主要包括主营业务成本和其他业务成本两部分，其中，主营业务成本是企业销售商品产品、半成品以及提供工业性劳务等业务所形成的成本；其他业务成本是企业销售材料、出租包装物、出租固定资产等业务所形成的成本。销售成本可用公式表示为：销售成本=销售量×单位生产成本。

(3) 销售费用：是指企业销售商品和材料、提供劳务的过程中发生的各种费用，包括企业在销售商品过程中发生的保险费、包装费、展览费和广告费、商品维修费、预计产品质量保证损失、运输费、装卸费等以及为销售本企业商品而专设的销售机构（含销售网点、售后服务网点等）的职工薪酬、业务费、折旧费等经营费用。

二、企业销售过程的核算

（一）主营业务销售的账务处理

1. 账户设置

(1)“主营业务收入”账户

①核算内容：主营业务收入是指企业从事本行业生产经营活动所取得的营业收入。主营业务收入根据各行业企业所从事的不同活动而有所区别，如工业企业的主营业务收入指产品销售收入，而建筑业企业的主营业务收入指工程结算收入。该账户用来核算企业在销售商品、提供劳务等日常活动中所产生的收入。

②账户性质：损益类账户。

③账户结构：借方登记销售退回冲销的销售收入及期末转入本年利润账户的数额；贷方登记企业实现的主营业务收入；期末结转后本账户应无余额。

④明细账：按主营业务的种类设置明细分类账户，主要产品销售还可按产品的种类设置明细账，进行明细分类核算。

主营业务收入

借方	贷方
登记销售退回冲销的销售收入及期末转入本年利润账户的数额	登记企业实现的主营业务收入

注意："主营业务收入"账户期末结转后无余额。

（2）"主营业务成本"账户

①核算内容：主营业务成本是指企业销售商品、提供劳务等经营性活动所发生的成本。企业一般在月末或在确认销售商品、提供劳务等主营业务收入时，将已销售商品、已提供劳务的成本转入主营业务成本。该账户用来核算和监督企业在销售商品、提供劳务等日常活动中所发生的实际成本。

②账户性质：损益类账户。

③账户结构：借方登记已销售商品、提供劳务的实际成本数额；贷方登记销售退回应冲减的销售成本和期末转入本年利润账户的数额；期末结转后本账户应无余额。

④明细账：按产品的种类设置明细科目，进行明细分类核算。

主营业务成本

借方	贷方
登记已销售商品、提供劳务的实际成本数额	登记销售退回应冲减的销售成本和期末转入本年利润账户的数额

注意："主营业务成本"账户期末结转后无余额。

（3）"应收账款"账户

①核算内容：应收账款是指企业在正常的经营过程中因销售商品、产品、提供劳务等业务，应向购买单位收取的款项，包括应由购买单位或接受劳务单位负担的税金、代购买方垫付的各种运杂费等。该账户用来核算企业因销售商品、提供劳务等经营活动应收取的款项。

②账户性质：资产类账户。

③账户结构：借方登记本期发生的应收未收的款项；贷方登记本期收回的款项；期末余额在借方，表示尚未收回的应收账款。

④明细账：按不同的购货单位或接受劳务单位设置明细科目，进行明细分类核算。

应收账款

借方	贷方
登记本期发生的应收未收的款项	登记本期收回的款项
尚未收回的应收账款	

（4）“应收票据”账户

①核算内容：应收票据是指应收票据是由付款人或收款人签发、由付款人承兑、到期无条件付款的一种书面凭证。该账户用来核算企业因销售商品、产品，提供劳务等而收到的商业汇票，包括商业承兑汇票和银行承兑汇票。

②账户性质：资产类账户。

③账户结构：借方登记企业收到的商业汇票；贷方登记汇票到期收回货款或转销；期末余额在借方，表示尚未到期的商业汇票。

④明细账：按债权人设置相应的明细科目，进行明细分类核算。

应收票据

借方	贷方
登记企业收到的商业汇票	登记汇票到期收回货款或转销
尚未到期的商业汇票	

（5）“坏账准备”账户

①核算内容：坏账准备是根据企业的应收款项（含应收账款、其他应收款等）计提的企业无法收回或收回的可能性极小的应收款项。该账户用来核算企业提取的坏账准备。

②账户性质：资产类账户。

③账户结构：借方登记应收款项无法收回而转销的坏账准备及冲减的坏账准备；贷方登记已转销的应收款项又收回增加的坏账准备及计提的坏账准备；期末余额在贷方，表示企业已计提但尚未转销的坏账准备。

④明细账：坏账准备一般没有明细科目，企业根据自身需要可按应收款项的类别进行明细核算。

坏账准备

借方	贷方
登记应收款项无法收回而转销的坏账准备及冲减的坏账准备	登记已转销的应收款项又收回增加的坏账准备及计提的坏账准备
	企业已计提但尚未转销的坏账准备

（6）“预收账款”账户

①核算内容：预收账款核算和监督企业按合同规定向购货单位预收的款项。该账户用来核算企业按合同规定向购货单位预收的款项。

②账户性质：负债类账户。

③账户结构：借方登记销售实现时应清偿的预收款项及退回多收的款项；贷方登记企业收到的预收款项及销售实现时购货方应补付的货款；期末余额在贷方，表示应付货款数，期末余额在借方则表示应收货款数。

④明细账：按不同的购货单位或接受劳务单位设置明细分类账户，进行明细分类核算。

预收账款

借方	贷方
登记销售实现时清偿的预收款项及退回多收的款项	登记企业收到的预收款项及销售实现时购货方补付的货款
	应付货款数

2. 账务处理

（1）销售商品收到银行存款时账务处理

【例4-21】2023年12月16日，阳光公司销售A产品100件，每件6 000元，增值税率13%。货已发出，款项已收存银行。

要求：请编制此笔经济业务的会计分录。

借：银行存款　　678 000
　贷：主营业务收入　　600 000
　　　应交税费——应交增值税（销项税额）　　78 000

【解析】这是一笔企业销售商品收到银行存款的经济业务。主营产品销售时，其销售收入记入“主营业务收入”账户的贷方。此笔经济业务的发生，使得阳光公司的“主营业务收入”增加了600 000元，应记入“主营业务收入”账户的贷方，增值税（78 000元）应记入“应交税额——应交增值税（销项税额）”账户的贷方；与此同时，阳光公司“银行存款”增加678 000元，应记入“银行存款”账户的借方。

【自我测评12】2023年12月6日，大地公司向大华公司销售下列产品：A产品100件，单价6 000元，价款600 000元，增值税税额78 000元；B产品200件，单价4 000元，价款800 000元，增值税税额104 000元，货已发出，款项已通过银行转账收讫。

要求：请同学们编制此笔经济业务的会计分录。

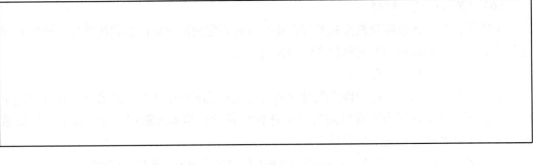

（2）销售商品，款项暂未收取时账务处理

【例 4-22】2023 年 12 月 18 日，阳光公司向东风公司销售 B 产品 100 件，每件 5 000 元，增值税率 13%，货款约定于下月支付。代垫运杂费 200 元，以银行存款支付，已办妥托收手续。

要求：请编制此笔经济业务的会计分录。

借：应收账款——东风公司　　565 200

　贷：主营业务收入　　500 000

　　　应交税费——应交增值税（销项税额）　　65 000

　　　银行存款　　200

【解析】这是一笔企业销售商品，款项暂未收取的经济业务。主营产品销售时，其销售收入记入“主营业务收入”的贷方。此笔经济业务的发生，使得阳光公司的“主营业务收入”增加了 500 000 元，应记入“主营业务收入”账户的贷方，增值税（65 000 元）应记入“应交税费——应交增值税（销项税额）”的贷方，阳光公司代垫运杂费 200 元，以“银行存款”支付，应记入“银行存款”账户的贷方；与此同时，由于暂未收到货款，阳光公司“应收账款”增加，应记入“应收账款——东风公司”账户的借方。

【自我测评 13】2023 年 12 月 20 日，大地公司销售 C 产品 200 件给大华公司，每件售价 50 元，共 10 000 元；销售 D 产品给东风公司 300 件，每件售价 80 元，共 24 000 元。大华公司的货款和税款共计 11 300 元，已收存银行；东风公司的货款和税款共计 27 120 元，款项暂欠。

要求：请同学们编制此笔经济业务的会计分录。

（3）销售商品，收到商业汇票时账务处理

【例 4-23】2023 年 12 月 19 日，阳光公司向大海公司销售 B 产品 200 件，每件 4 500 元，增值税率 13%，收到大海公司签发的银行承兑汇票一张。

要求：请编制此笔经济业务的会计分录。

借：应收票据——大海公司　　1 017 000

　贷：主营业务收入　　900 000

　　　应交税费——应交增值税（销项税额）　　117 000

【解析】这是一笔企业销售商品，收到商业汇票的经济业务。主营产品销售时，其销售收入记入“主营业务收入”账户的贷方。此笔经济业务的发生，使得阳光公司的“主营业务收入”增加了 900 000 元，应记入“主营业务收入”账户的贷方，增值税（117 000 元）应记入“应交税费——应交增值税（销项税额）”账户的贷方；与此同时，收到大海公司签发的银行承兑汇票一张，阳光公司“应收票据”增加，应记入“应收票据——大海公司”账户的借方。

【自我测评 14】2023 年 12 月 15 日，大地公司向天元公司销售下列产品：A 产品 500 件，单价 6 000 元，价款 3 000 000 元，增值税税额 30 000 元；B 产品 250 件，单价 4 000 元，价款 1 000 000 元，增值税 130 000 元。货已发出，大地公司收到天元公司签发的银行承兑汇票一张。

要求：请同学们编制此笔经济业务的会计分录。

（4）销售商品，预收货款的账务处理

【例 4-24】2023 年 12 月 20 日，阳光公司销售给东风公司 B 产品 200 件，每件 4 500 元，增值税率 13%。购货方已预先汇来货款 300 000 元，约定收到产品后以银行存款补付余款。

要求：请编制此笔经济业务的会计分录。

①预收购货方汇来货款 300 000 元时：

借：银行存款　　300 000

贷：预收账款 300 000

②销售实现，收到对方补付余款时：

借：预收账款 300 000

银行存款 717 000

贷：主营业务收入 900 000

应交税费——应交增值税（销项税额） 117 000

【解析】这是一笔企业销售商品，预收货款的经济业务。销售产品预收货款时，应按照预收货款的金额记入"预收账款"账户的贷方，此时借方应为"银行存款"。销售实现，对方补付余款，按照对方补付余款的方式记入"银行存款"账户或者"应收票据"账户的借方；销售实现，若需退还对方多付款项，按照退还方式记入"银行存款"账户或"应付票据"账户的贷方。

【自我测评 15】2023 年 12 月 22 日，大地公司收到方圆公司预付购买 A 产品的货款 800 000 元，已存入银行。2022 年 3 月 24 日，阳光公司按合同向已预付货款的方圆公司发出 A 产品 100 件，每件售价 6 000 元，增值税 78 000 元，同时退回多收款项。

要求：请同学们编制此笔经济业务的会计分录。

（5）结转已销产品的生产成本账务处理

【例 4-25】2023 年 12 月 31 日，阳光公司计算并结转本月已销售商品的销售成本。阳光公司本月共销售 A 产品 100 件，B 产品 200 件，现假定按规定方法计算出 A 产品平均单位成本为 5 140 元，B 产品平均单位成本为 4 060 元。

要求：请编制此笔经济业务的会计分录。

借：主营业务成本——A 产品 514 000

——B 产品 812 000

贷：库存商品——A 产品 514 000

——B 产品 812 000

【解析】这是一笔企业结转已销产品的生产成本的经济业务。结转已售产品的销售成本应按照产品成本借方记入"主营业务成本"，贷方记入"库存商品"。

【自我测评 16】2023 年 12 月 31 日，大地公司计算并结转本月已销售商品的销售成本。大地公司本月共销售 A 产品 100 件，B 产品 500 件，现假定按规定方法计算出 A 产品平均单位成本为 5 000 元，B 产品平均单位成本为 3 000 元。

要求：请同学们编制此笔经济业务的会计分录。

（二）其他业务销售的账务处理

1. 账户设置

（1）“其他业务收入”账户

①核算内容：其他业务收入是指企业主营业务收入以外的所有通过销售商品、提供劳务收入及让渡资产使用权等日常活动中所形成的经济利益的流入，如材料物资及包装物销售、无形资产转让、固定资产出租、包装物出租、运输、废旧物资出售收入等。该账户用来核算企业除主营业务收入以外的其他业务的收入。

②账户性质：损益类账户。

③账户结构：借方登记期末转入本年利润账户的数额；贷方登记企业实现的其他业务收入；期末结转后本账户应无余额。

④明细账：按其他业务的种类设置相应的明细科目，进行明细分类核算。

其他业务收入

借方	贷方
登记期末转入本年利润账户的数额	登记企业实现的其他业务收入

注意：“其他业务收入”账户期末结转后无余额。

（2）“其他业务成本”账户

①核算内容：其他业务成本是指企业确认的除主营业务活动以外的其他日常经营活动所发生的支出。其他业务成本包括销售材料的成本、出租固定资产的折旧额、出租无形资产的摊销额、出租包装物的成本或摊销额等。该账户用来核算企业除主营业务活动以外的其他经营活动所发生的成本。

②账户性质：损益类账户。

③账户结构：借方登记发生的其他业务成本；贷方登记期末转入本年利润账户的数额；期末结转后本账户应无余额。

④明细账：按其他业务的种类设置明细分类账户，进行明细分类核算。

其他业务成本

借方	贷方
登记发生的其他业务成本	登记期末转入本年利润账户的数额

注意："其他业务成本"账户期末结转后无余额。

2. 账务处理

【例 4-26】2023 年 12 月 22 日，阳光公司向本市宏图公司出售库存多余的甲材料 2 000千克，单价 200 元，价款 400 000 元，增值税税额 52 000 元，价税合计 452 000 元，对方承诺款项下月支付。

要求：请编制此笔经济业务的会计分录。

借：应收账款——宏图公司　　452 000

　贷：其他业务收入——甲材料　　400 000

　　　应交税费——应交增值税（销项税额）　　52 000

【解析】这是一笔企业销售材料的经济业务。此笔经济业务的发生使得阳光公司"其他业务收入"增加，"应收账款"也同时增加，因此，应分别记入"其他业务收入"账户的贷方、"应收账款——宏图公司"账户的借方，增值税应记入"应交税费——应交增值税（销项税额）"账户的贷方。

【例 4-27】2023 年 12 月 22 日，阳光公司计算并结转已售甲材料的成本，该材料单位成本为 100 元。

要求：请编制此笔经济业务的会计分录。

借：其他业务成本　　200 000

　贷：原材料——甲材料　　200 000

【解析】这是一笔结转企业销售材料成本的经济业务。结转已售材料的销售成本应按照销售材料成本借方记入"其他业务成本"，贷方记入"原材料"。

【自我测评 17】2023 年 12 月 20 日，大地公司销售一批 A 材料，价款 10 000 元，增值税销项税 1 300 元。款已收到，存入银行。该批材料成本 8 000 元。

要求：请同学们编制此笔经济业务的会计分录。

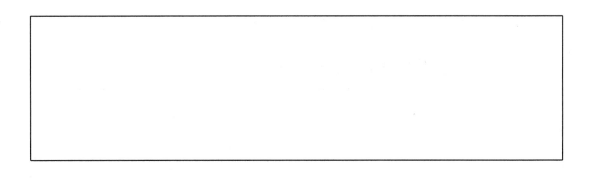

【知识拓展——差旅费的会计核算】

2023 年 12 月 18 日，天天公司员工行政人员小杨预借差旅费 5 000 元，阳光公司以库存现金支付。2023 年 12 月 22 日，小杨出差回来报销差旅费 4 000 元，原预借 5 000 元，余款交回现金。

要求：请编制此笔业务的会计分录。

（1）2023 年 12 月 18 日，小杨预计差旅费时：

借：其他应收款——小杨　　5 000

　贷：银行存款　　5 000

（2）2023 年 12 月 22 日，小杨报销差旅费时：

借：管理费用——差旅费　　4 000

　　库存现金　　1 000

　贷：其他应收款——小杨　　5 000

《中央和国家机关差旅费管理办法》规定：差旅费是指工作人员临时到常驻地以外地区公务出差所发生的城市间交通费、住宿费、伙食补助费和市内交通费。

纳税人购进国内旅客运输服务，其进项税额允许从销项税额中抵扣。纳税人未取得增值税专用发票的，暂按照以下规定确定进项税额：

①取得增值税电子普通发票的，为发票上注明的税额。

②取得注明旅客身份信息的航空运输电子客票行程单的，按照下列公式计算进项税额：

航空旅客运输进项税额=（票价+燃油附加费）÷（1+9%）×9%

③取得注明旅客身份信息的铁路车票的，按照下列公式计算的进项税额：

铁路旅客运输进项税额=票面金额÷（1+9%）×9%

④取得注明旅客身份信息的公路、水路等其他客票的，按照下列公式计算进项税额：

公路、水路等其他旅客运输进项税额=票面金额÷（1+3%）×3%

【自我测评 18】2023 年 12 月 19 日，大地公司供销经理大白出差预借现金 5 500 元，通过公司银行账户支付。2023 年 12 月 23 日，供销经理大白出差归来报销差旅费 5 000 元，并以现金退回剩余款项。

要求：请同学们编制此笔经济业务的会计分录。

【课堂练习】

天天公司 2023 年 12 月份发生的经济业务如下，请编制以下经济业务的会计分录。

（1）2023 年 12 月 5 日，天天公司销售 D 产品 200 件给广州公司，每件售价 80 元，共 16 000 元。销售给上海公司 300 件，每件售价 85 元，共 17 000 元。广州公司的货款和税款共计 18 080 元，已收存银行。上海公司的货款和税款 19 210 元，款项暂欠。

（2）2023 年 12 月 8 日，天天公司收到北京公司预付购买 F 产品的货款 45 200 元，已存入银行。

（3）2023 年 12 月 16 日，天天公司按合同向已预付货款的北京公司发出 F 产品1 000 件，每件售价 35 元，增值税 4 550 元。同时退回多收款项。

（4）2023 年 12 月 31 日，计算并结转本月已销售商品的销售成本。如前例所示，本月共销售 D 产品 500 件，F 产品 1 100 件，现假定按规定方法计算出 D 商品平均单位成本为 42 元，F 商品平均单位成本为 11 元。

【案例分享——S 公司的 80 亿坏账】

2021 年 5 月 30 日晚间，S 公司连发两则公告，公司持股 40% 的控股子公司 S 公司通讯技术有限公司（以下简称“通讯公司”）应收账款普遍逾期，为减少损失，通讯公司已正式提起诉讼，本次涉案的应收账款本金合计为 41.27 亿元。S 公司表示，极端情况下，最终可能造成归母净利润 83 亿元的损失。当日晚间，上海证券交易所向 S 公司火速下发监管函，要求公司妥善处置风险事项、合规履行信息披露义务。

S 公司披露公告显示，控股子公司通讯公司应收账款普遍逾期，存在大额应收账款无法收回的风险。资料显示，通讯公司成立于 2015 年，主要生产、销售专网通信产品，其采取的销售模式是由客户预先支付 10% 的预付款，其余款项在订单完成和交付后按约定分期支付。随着通讯公司业务的发展，S 公司对其加大了资金支持。但自 2021 年 4 月末起，

S公司陆续发现通讯公司应收账款普遍逾期，经催讨，其客户均发生不同程度的欠款行为，回款停滞。截至公告日，通讯公司应收账款余额为86.72亿元，账面存货余额为22.3亿元，通讯公司在商业银行的借款余额为12.52亿元，S公司向通讯公司提供的股东借款金额合计为77.66亿元，均存在重大损失风险。

5月30日晚间，S公司还对外披露了关于子公司重大诉讼的公告，为减少损失，通讯公司已向S市第二中级人民法院、S市某区人民法院正式提起诉讼，法院已经依法受理，通讯公司为原告，本次涉案的应收账款本金合计为41.27亿元（不含违约金）。

针对发生的坏账事件，通讯公司也面临着重大风险。通讯公司应收账款无法收回的风险导致该公司计提大额资产减值。S公司表示，截至公告日，通讯公司的应收账款为86.72亿元。鉴于通讯公司应收账款金额较大，虽已采取多项措施催收，应收账款收回的金额仍存在不确定性。公司将对通讯公司应收账款评估减值风险，计提相应减值金额，可能导致通讯公司计提大额资产减值损失。如应收账款最终无法收回，将可能导致应收账款坏账损失的风险。同时，通讯公司存货处置变现不足的风险导致计提大额资产减值。截至公告日，通讯公司账面存货余额为22.3亿元。鉴于通讯公司相关业务原因，存货可能无法足额变现，可能导致通讯公司计提大额资产减值损失。此外还有通讯公司无法按约清偿外部借款的风险。截至公告日，通讯公司在商业银行的借款余额为12.52亿元，到期日分别自2021年6月29日至2022年2月15日不等。上述借款存在无法按约清偿的风险。据S公司介绍，公司未对上述通讯公司外部借款提供担保，公司就上述商业银行借款中的9.02亿元部分向商业银行出具了安慰函或流动性支持函。

S公司向通讯公司提供的股东借款也存在重大损失风险。S公司表示，截至公告日，公司向通讯公司提供的股东借款金额合计为77.66亿元，前述借款到期日分别自2021年11月14日至2022年5月28日不等。目前公司向通讯公司提供的股东借款金额较大，虽已采取了权益质押和资产抵押等措施，如通讯公司不能按期偿还上述股东借款，公司对通讯公司的股东借款存在计提资产减值损失的风险，如最终通讯公司丧失偿债能力，股东借款可能存在重大坏账损失的风险。截至2020年12月31日，S公司对通讯公司的股东权益账面值为5.26亿元，若通讯公司出现应收账款无法收回、存货无法变现等重大损失，将导致母公司权益投资全额损失，从而减少公司归母净利润5.26亿元；另加上因通讯公司可能无法偿还公司向其提供的股东借款77.66亿元，上述极端情况下，最终可能对S公司的归母净利润造成83亿元的损失（即对通讯公司的股东权益损失和股东借款损失）。

财务数据显示，S公司2020年以及2021年一季度实现归属净利润分别约为37.58亿元、6.62亿元。

第五节 企业利润形成与分配过程的账务处理

一、利润基本认知

企业经营成果亦称企业财务成果，是企业在一定会计期间通过对营业活动、投资活动和筹资活动等进行组织和管理形成的最终成果。企业在一定时期内生产经营活动的财务成果，表现为实现的利润或发生的亏损。利润是指企业在一定期间的财务成果，包括收入减去费用后的净额、直接计入当期利润的利得和损失等。在利润表中，利润主要有以下三种表现形式：营业利润、利润总额以及净利润。公式如表 4-7 所示：

表 4-7 营业利润、利润总额、净利润的计算公式

营业利润	营业收入-营业成本-税金及附加-销售费用-管理费用-财务费用-资产减值损失±公允价值变动收益+投资收益+其他收益
利润总额	营业利润+营业外收入-营业外支出
净利润	利润总额-所得税费用

其中，营业利润是指企业从事生产经营活动取得的利润，是企业利润的主要来源。营业利润等于主营业务利润加上其他业务利润，再减去营业费用、管理费用和财务费用后的金额。

利润总额是指税前利润，也就是企业在上缴所得税前一定时期内经营活动的总成果。

营业外收入是指与企业日常营业活动没有直接关系的各项利得，是企业财务成果的组成部分。例如，没收包装物、押金收入、收回调入职工欠款、罚款净收入等。

营业外支出是指企业发生的与其生产经营无直接关系的各项支出，如固定资产盘亏、处置固定资产净损失、出售无形资产损失、债务重组损失、计提的固定资产减值准备、计提的无形资产减值准备、计提的在建工程减值准备、罚款支出、捐赠支出、非常损失等。

净利润是指企业当期利润总额减去所得税后的金额，即企业的税后利润。所得税是指企业将实现的利润总额按照所得税法规定的标准向国家计算缴纳的税金。净利润是在利润总额中按规定缴纳了所得税后公司的利润留存，一般也称为税后利润或净收入。净利润的多寡取决于两个因素，其一是利润总额，其二就是所得税费用。净利润的计算公式：

净利润=利润总额-所得税费用

净利润是一个企业经营的最终成果，净利润多，企业的经营效益就好；净利润少，企业的经营效益就差。它是衡量一个企业经营效益的主要指标。

企业实现的利润总额应向国家缴纳所得税，所得税后的净利润属于企业的净收益，应

按规定顺序进行分配。如果企业有以前年度发生的亏损尚未弥补，应先弥补亏损，然后再按净利润的一定比例提取盈余公积，最后再向投资者分配利润。经过上述分配后结余的未分配利润，形成企业留存收益的一部分。

【案例分享】

1. 2022 年 4 月 16 日，国资委召开视频会议，通报中央企业一季度经济运行情况。数据显示，一季度中央企业经济效益快速增长，实现营业收入 9 万亿元、利润总额 6 179 亿元、净利润 4 723 亿元，同比分别增长 15.4%、14.6%、13.7%，上缴税费 7 348 亿元，同比增长 20.9%。经济运行质量进一步提高，研发经费投入、年化全员劳动生产率不断提高，整体资产负债率保持稳定，固定资产投资平稳增长。

2. 海康威视发布的 2021 年财报显示，2021 年公司实现营业收入 814.20 亿元，同比增长 28.21%；归母净利润 168.00 亿元，同比增长 25.51%；扣非净利润 164.45 亿元，同比增长 28.42%；经营活动产生的现金流量净额为 127.09 亿元，同比下降 21.01%。海康威视发布的 2021 年度分配预案为：拟向全体股东每 10 股派 9 元（含税）。

二、利润形成与分配业务的核算

（一）利润形成业务的核算

1. 账户设置

利润形成业务的核算，需要将有关损益类账户的余额结转到“本年利润”账户，除销售业务中涉及的部分损益类账户外，还应设置“投资收益”“营业外收入”“营业外支出”“所得税费用”“本年利润”账户。

（1）“投资收益”账户

①核算内容：投资收益是指企业进行投资所获得的经济利益，是企业在一定的会计期间对外投资所取得的回报，投资收益包括对外投资所分得的股利和收到的债券利息，以及投资到期收回或到期前转让债权得到的款项高于账面价值的差额等。该账户用来核算企业对外投资所取得的收益或发生的损失。

②账户性质：损益类账户。

③账户结构：借方登记对外投资发生的损失；贷方登记企业对外投资取得的收入；期末结转前，如余额在贷方为投资净收益，如余额在借方为投资净损失；期末结转后本账户没有余额。

④明细账：按投资收益种类设置明细科目，进行明细分类核算。

投资收益

借方	贷方
登记对外投资发生的损失	记企业对外投资取得的收入

（2）“营业外收入”账户

①核算内容：营业外收入是指与企业日常营业活动没有直接关系的各项利得，是企业财务成果的组成部分。例如，没收包装物押金收入、收回调入职工欠款、罚款净收入等等。该账户用来核算企业发生的与日常生产经营活动无直接关系的各项收入。

②账户性质：损益类账户。

③账户结构：借方登记转入本年利润账户的营业外收入；贷方登记企业取得的各项营业外收入；期末结转后本账户无余额。

④明细账：按收入项目设置相应的明细科目，进行明细分类核算。

营业外收入

借方	贷方
登记转入本年利润账户的营业外收入	登记企业取得的各项营业外收入

注意：“营业外收入”账户期末结转后无余额。

（3）“营业外支出”账户

①核算内容：营业外支出是指企业发生的与其生产经营无直接关系的各项支出，如固定资产盘亏、处置固定资产净损失、出售无形资产损失、债务重组损失、计提的固定资产减值准备、计提的无形资产减值准备、计提的在建工程减值准备、罚款支出、捐赠支出、非常损失等。该账户用来核算企业发生的与日常生产经营活动无直接关系的各项支出。

②账户性质：损益类账户。

③账户结构：借方登记企业发生的各项营业外支出；贷方登记期末转入本年利润账户的营业外支出；期末结转后本账户无余额。

④明细账：按支出项目设置明细分类账户，进行明细分类核算。

营业外支出

借方	贷方
登记企业发生的各项营业外支出	登记期末转入本年利润账户的营业外支出

注意：“营业外支出”账户期末结转后无余额。

（4）“税金及附加”账户

①核算内容：税金及附加是指企业经营活动过程中发生的税金及附加，如消费税、资源税、城市维护建设税及教育费附加等。该账户用来核算企业发生的税金及附加，包括消

费税、城市维护建设税、教育费附加、资源税、房产税、城镇土地使用税、车船税、印花税等。

②账户性质：损益类账户。

③账户结构：借方登记按规定计算的应负担的税金及附加；贷方登记期末转入本年利润的数额；期末结转后本账户应无余额。

④明细账：按税金及附加种类设置明细科目，进行明细分类核算。

税金及附加

借方	贷方
登记按规定计算的应负担的税金及附加	登记期末转入本年利润的数额

注意："税金及附加"账户期末结转后无余额。

(5)"所得税费用"账户

①核算内容：所得税费用是指企业经营利润应缴纳的所得税。该账户用来核算企业按税法规定计算确定应计入当期损益的所得税费用。

②账户性质：损益类账户

③账户结构：借方登记企业发生的所得税费用；贷方登记期末转入本年利润账户的所得税费用；期末结转后本账户无余额。

④明细账：本账户不设明细账户。

所得税费用

借方	贷方
登记企业发生的所得税费用	登记期末转入本年利润账户的所得税费用

注意："所得税费用"账户期末结转后没有余额。

【知识拓展——企业所得税】

企业所得税是对我国境内的企业和其他取得收入的组织的生产经营所得和其他所得征收的一种所得税。在中华人民共和国境内，企业和其他取得收入的组织（以下统称企业）为企业所得税的纳税人。企业所得税的纳税人包括各类企业、事业单位、社会团体、民办非企业单位和从事经营活动的其他组织。个人独资企业、合伙企业不属于企业所得税纳税义务人。企业所得税的税率为25%的比例税率，非居民企业为20%。计算公式：

企业应纳所得税额=当期应纳税所得额×适用税率

应纳税所得额=收入总额-准予扣除项目金额

企业所得税的税率是计算企业所得税应纳税额的法定比率。根据《中华人民共和国企业所得税暂行条例》的规定，2008 年新的《中华人民共和国企业所得税法》的规定，一般企业所得税的税率为 25%。

（6）“本年利润”账户

①核算内容：本年利润指企业某个会计年度净利润。该账户用来核算企业实现的净利润或发生的净亏损。

②账户性质：所有者权益类账户。

③账户结构：借方登记由“主营业务成本”、“其他业务成本”、“税金及附加”、“销售费用”、“管理费用”、“财务费用”、“营业外支出”、“所得税费用”等账户转入的余额；贷方登记由“主营业务收入”、“其他业务收入”、“营业外收入”等账户转入的余额。

④明细账：本账户一般不设明细账户。

本年利润

借方	贷方
登记由“主营业务成本”、“其他业务成本”、“税金及附加”、“销售费用”、“管理费用”、“财务费用”、“营业外支出”、“所得税费用”等账户转入的余额	登记由“主营业务收入”、“其他业务收入”、“营业外收入”等账户转入的余额

2. 账务处理

（1）营业外收支的账务处理

【例 4-28】2023 年 12 月 15 日，因海陵公司逾期未执行双方约定的购销合同，阳光公司收取海陵公司罚金 15 000 元，款项已存入银行。

要求：请编制此笔经济业务的会计分录。

借：银行存款　　15 000

　贷：营业外收入——罚金　　15 000

【解析】这是一笔企业收取罚金的经济业务。阳光公司收取海陵公司罚金 15 000 元属“营业外收入”的内容。此笔经纪业务的发生使得阳光公司的“营业外收入”增加 15 000 元，应记入“营业外收入”账户的贷方；同时，阳光公司“银行存款”增加 15 000 元，应记入“银行存款”账户的借方。

【例 4-29】2023 年 12 月 18 日，阳光公司因未在规定期限内缴纳税金，被税务部门处以税收滞纳金 2 000 元，以银行存款支付。

要求：请编制此笔经济业务的会计分录。

借：营业外支出——税收滞纳金　　2 000

　贷：银行存款　　2 000

【解析】这是一笔企业支付税收滞纳金的经济业务。阳光公司因未在规定期限内缴纳税金，被税务部门处以税收滞纳金属于阳光公司的“营业外支出”。此笔经纪业务的发生使得阳光公司的“营业外支出”增加 2 000 元，应记入“营业外支出”账户的借方；与此同时，阳光公司“银行存款”减少 2 000 元，应记入“银行存款”账户的贷方。

【自我测评 19】2023 年 12 月 5 日，大地公司收到一笔罚款收入 10 000 元，存入银行；2023 年 12 月 19 日，阳光公司以银行存款 20 000 元捐赠某福利院。

要求：请同学们编制此笔经济业务的会计分录。

（2）税金及附加计算的账务处理

【例 4-30】2023 年 12 月 31 日，阳光公司按税法规定计提本月应交城市维护建设税 9 296元，教育费附加费 3 984 元。（城市维护建设税按 7%计提，教育费附加按 3%计提）

要求：请编制此笔经济业务的会计分录。

借：税金及附加　　13 280

　贷：应交税费——应交城市维护建设税　　9 296

　　　　　　——应交教育费附加　　3 984

【解析】这是一笔企业支付税金及附加的经济业务。城市维护建设税以及教育费附加应记入“税金及附加”。此笔经纪业务的发生使得阳光公司“应交税费——应交城市维护建设税”和“应交税费——应交教育费附加”增加，应记入各自账户的贷方；与此同时，借方应记入“税金及附加”。

（3）期末“收入”与“费用”结转的账务处理

处理原则：将损益类账户中的“收入类”账户和“费用类”账户分别结转到“本年利润”账户。

会计分录为：

①将损益收入类账户结转“本年利润”。

借：主营业务收入

　　其他业务收入

　　投资收益

　　公允价值变动损益

营业外收入

贷：本年利润

②将损益费用类账户结转“本年利润”。

借：本年利润

贷：主营业务成本

税金及附加

其他业务成本

销售费用

管理费用

财务费用

资产减值损失

营业外支出

【例 4-31】2023 年 12 月 31 日，依据阳光公司 12 月经济业务，阳光公司各损益类账户期末余额如表 4-8 所示，将各损益类账户期末余额结转“本年利润”账户。

表 4-8　阳光公司各损益类账户期末余额

账户名称	借方余额	贷方余额	账户名称	借方余额	贷方余额
主营业务收入		2 900 000	管理费用	101 000	
主营业务成本	1 326 000		财务费用		
税金及附加	13 280		投资收益		
其他业务收入		400 000	营业外收入		15 000
其他业务成本	200 000		营业外支出	2 000	
销售费用	50 000		合计	1 692 280	3 315 000

要求：请编制此笔业务的会计分录。

（1）结转收入类账户

借：主营业务收入　　2 900 000

其他业务收入　　400 000

营业外收入　　15 000

贷：本年利润　　3 315 000

（2）结转费用类账户

借：本年利润　　1 692 280

贷：主营业务成本　　1 326 000

税金及附加　　13 280

其他业务成本　　200 000

销售费用　　50 000
管理费用　　101 000
营业外支出　　2 000

【例 4-32】2023 年 12 月 31 日，接上例，阳光公司依据本期利润总额 1 622 720（3 315 000-1 692 280）元，计算并结转本期所得税费用。（企业所得税税率为 25%）

要求：请编制此笔经济业务的会计分录。

①计提所得税费用：

借：所得税费用　　405 680

　贷：应交税费——应交所得税　　405 680

②将“所得税费用”账户余额结转“本年利润”账户：

借：本年利润　　405 680

　贷：所得税费用　　405 680

（二）利润分配业务的核算

企业实现净利润之后，应按照国家财务制度规定的分配形式和分配顺序进行利润分配。那么利润分配一般包括什么内容？分配顺序是什么？

利润分配是企业在一定时期（通常为年度）内对所实现的利润总额以及从联营单位分得的利润，按规定在国家与企业、企业与企业之间进行的分配。利润分配的内容主要包括以下四个方面：①弥补以前年度亏损；②提取法定公积金；③提取任意公积金；④向股东分配股利或者向投资者分配利润。

【注意】

弥补以前年度亏损：企业经营获取利润后先弥补以前年度的亏损。企业以前年度亏损未弥补完，不得提取法定盈余公积金和法定公积金。

提取法定公积金：亦称法定盈余公积金。法定盈余公积金的提取比例为当年税后利润，即弥补亏损后的 10%。当年法定盈余公积金的累积额已达注册资本的 50%时，企业可以不再提取。企业用盈余公积金转增资本后，法定盈余公积金的余额不得低于转增前公司注册资本的 25%。

提取任意公积金：根据《中华人民共和国公司法》的规定，公司从税后利润中提取法定公积金后，经股东会或股东大会决议，还可以从税后利润中提取任意公积金。提取任意公积金没有规定比例的要求。

也就是说，对于当期实现的净利润，企业要按照法定程序进行分配。企业首先应按一定比例提取法定盈余公积金，然后向投资者分配利润，余额为未分配利润。未分配利润可留待以后年度进行分配。企业如发生亏损，可以按规定由以后年度实现的利润进行弥补。利润分配的核算应设置“利润分配”“盈余公积”“应付股利”账户。

1. 账户设置

（1）“利润分配”账户

①核算内容：利润分配是企业在一定时期（通常为年度）内对所实现的利润总额以及从联营单位分得的利润，按规定在国家与企业、企业与企业之间进行的分配。该账户用来核算企业利润的分配或亏损的弥补和历年分配或弥补亏损后的积存余额。

②账户性质：所有者权益类账户。

④账户结构：借方登记利润分配的去向和本年利润转入的亏损数；贷方登记从本年利润转入的全年实现的净利润和亏损的弥补情况；年末借方余额为未弥补的亏损，贷方余额为企业历年积存的未分配利润。

④明细账：本账户按利润分配的去向设置明细科目，进行明细分类核算。

利润分配

借方	贷方
登记利润分配的去向和本年利润转入的亏损数	登记从本年利润转入的全年实现的净利润和亏损的弥补情况
未弥补的亏损	企业历年积存的未分配利润

（2）“盈余公积”账户

①核算内容：盈余公积是指企业按照规定从净利润中提取的各种积累资金，包括法定盈余公积、任意盈余公积、法定公益金。该账户用来核算企业从净利润中提取的盈余公积金，是具有特定用途的留存收益。

②账户性质：所有者权益类账户。

③账户结构：借方登记盈余公积的弥补亏损或转增资本数；贷方登记盈余公积金的提取数；期末余额在贷方，表示盈余公积的实际结存数。

④明细账：本账户按盈余公积的种类设置明细账，进行明细分类核算。

盈余公积

借方	贷方
登记盈余公积弥补亏损或转增资本数	登记盈余公积金的提取数
	盈余公积的实际结存数

（3）“应付股利”账户

①核算内容：应付股利是指企业应付给投资者的利润，包括应付国家、其他单位以及个人的投资利润。该账户用来核算企业经董事会或股东大会，或类似机构决议分配的现金股利或利润（不包括股票股利）。

②账户性质：负债类账户。

③账户结构：借方登记实际支付的现金股利或利润；贷方登记应支付的现金股利或利润；期末余额在贷方，表示企业尚未支付的现金股利或利润。

④明细账：本账户按投资者设置明细科目，进行明细分类核算。

应付股利

借方	贷方
登记实际支付的现金股利或利润	登记应支付的现金股利或利润
	企业尚未支付的现金股利或利润

2. 账务处理

会计分录：

（1）将“本年利润”账户余额结转至“利润分配——未分配利润”账户

①盈利

借：本年利润

　贷：利润分配——未分配利润

②亏损

借：利润分配——未分配利润

　贷：本年利润

（2）按税后净利润的一定比例提取法定/任意盈余公积

借：利润分配——提取法定盈余公积

　　　　　　——提取任意盈余公积

　贷：盈余公积——法定盈余公积

　　　　　　——任意盈余公积

（3）决定向投资者分配股利或利润

借：利润分配——应付股利/应付利润

　贷：应付股利/应付利润

【例4-33】2023年12月31日，阳光公司年末进行本年净利润的结转（本年利润期初无余额）。年末，应将净利润从“本年利润”账户转入“利润分配——未分配利润”账户，结转后“本年利润”账户应无余额。

要求：请编制此笔业务的会计分录。

借：本年利润　　　　1 217 040

　贷：利润分配——未分配利润　　　　1 217 040

【例4-34】2023年12月31日，阳光公司全年实现净利润1 217 040元。假定按当年净利润的 10%提取法定盈余公积，按当年净利润的 50%向股东分配现金股利。

要求：请编制此笔业务的会计分录。

借：利润分配——提取法定盈余公积　　121 704
　　　　　　——应付普通股股利　　608 520
　贷：盈余公积——法定盈余公积　　121 704
　　　应付股利　　608 520

【例 4-35】接上例，海天公司年末进行利润分配各明细账户的结转。年末，应将“利润分配”账户下反映利润分配去向的各明细账户余额转入“利润分配——未分配利润”账户。

要求：请编制此笔业务的会计分录。

借：利润分配——未分配利润　　730 224
　贷：利润分配——提取法定盈余公积　　121 704
　　　　　　　——应付普通股股利　　608 520

【自我测评 20】某公司年末主营业务收入 450 000 元，其他业务收入 3 400 元，营业外收入 5 000 元，主营业务成本 350 000 元，其他业务成本 5 000 元，税金及附加 1 000 元，销售费用 3 000 元，管理费用 33 000 元，财务费用 1 200 元，营业外支出 2 000 元，所得税税率 25%，无纳税调整因素，如果你是会计人员，你如何进行账务处理？

要求：请同学们编制此笔经济业务的会计分录。

【项目检测】

一、单选题

1. 下列采购费用中应计入采购成本的是（　　）。

A. 市内采购材料的增值税　　B. 运输途中的合理损耗
C. 采购人员的差旅费　　D. 专设采购机构的经费

2. 企业实际收到投资者投入的资金属于企业所有者权益中的（　　）。

A. 固定资产　　B. 银行存款

C. 实收资本　　D. 资本公积

3. 甲企业购进材料 100 吨，货款计 1 000 000 元，途中发生定额内损耗 1 000 元，并以银行存款支付该材料的运杂费 1 000 元，保险费 5 000 元，增值税进项税额为 170 000 元。则该材料的采购成本为（　　）元。

A. 1 000 000　　B. 1 005 000

C. 1 006 000　　D. 1 175 000

4. 下列各项目中，应计入“制造费用”账户的是（　　）。

A. 生产产品耗用的材料　　B. 机器设备的折旧费

C. 生产工人的工资　　D. 行政管理人员的工资

5. 某企业本月支付厂部管理人员工资 15 000 元，预支付厂部半年（含本月）修理费 1 200 元，生产车间保险费 3 000 元。该企业本月管理费用发生额为（　　）。

A. 15 000 元　　B. 16 200 元

C. 15 200 元　　D. 19 200 元

二、多选题

1. 下列应计入材料采购成本的有（　　）。

A. 采购人员的差旅费　　B. 材料买价

C. 运输途中的合理损耗　　D. 市内采购材料的运杂费

E. 材料入库前的挑选整理费

2. 下列各账户中，反映所有者权益的账户有（　　）。

A. “实收资本”　　B. “资本公积”

C. “应收账款”　　D. “盈余公积”

E. “本年利润”

3. 期间费用一般包括（　　）。

A. 财务费用　　B. 管理费用

C. 销售费用　　D. 制造费用

E. 待摊费用

三、判断题

1. “在途物资”账户期末如有借方余额，表示在途材料的实际成本。（　　）

2. 企业本期预收的销货款，属企业本期的收入。（　　）

3. 材料采购费用一般直接体现在当期损益中，因此采购费用属于期间费用。（　　）

4. “生产成本”账户期末如有借方余额，为尚未加工完成的各项在产品成本。 （　　）

5. “利润分配——未分配利润”明细账户的借方余额为未弥补亏损。 （　　）

四、综合题

（一）练习资金筹集业务的核算

资料：大海公司 2023 年 12 月发生下列经济业务：

1. 收到国家增拨的投资 200 000 元存入银行。

2. 从银行取得借款 50 000 元，期限 6 个月，年利率 5.8%，利息于季末结算。所得款项存入银行。

3. 收到美联公司投入的生产线，其原始价值 600 000 元，已提折旧 50 000 元，双方协商作价为 560 000 元。

要求：根据上述经济业务编制会计分录。

（二）练习固定资产购入业务的核算

资料：大海公司 2023 年 12 月发生下列部分经济业务：

1. 购入不需要安装设备一台，买价 30 000 元，增值税额 3 900 元，发生包装费 500 元，运杂费 400 元，全部款项以存款支付。

2. 购入需安装的生产线一条，买价 200 000 元，增值税额 26 000 元，发生包装费 1 000 元，运输途中的保险费及运费 1 200 元，全部款项以存款支付。在安装过程中，耗用材料 1 500 元，人工费用 800 元。安装完毕，经验收合格交付使用。

要求：根据上述经济业务编制会计分录。

（三）练习计算外购材料的成本。

资料：大海公司 2023 年 12 月购进 A、B 两种材料。具体情况如表 4-9 所示：

表 4-9　大海公司 2023 年 12 月购进 A、B 两种材料情况

材料种类	重量/吨	单价/元	买价/元	外地运费/元	装卸费/元
A	25	80	2 000	220	300
B	30	110	3 300	270	

要求：分别计算 A、B 两种材料的总成本和单位成本。（保留小数点后两位）

（四）练习材料采购业务核算

资料：大海公司 2023 年 12 月发生下列部分经济业务：

1. 从长宏工厂购入 A 材料 300 千克，单价 200 元，增值税进项税额为 7 800 元，运费

200 元。全部款项尚未支付，材料已验收入库。

2. 以存款 30 000 元向中原工厂预付购买 B 材料的货款。

3. 从兴丰工厂购入 C 材料 30 千克，单价 100 元，增值税 390 元；D 材料 50 千克，单价 200 元，增值税 1 300 元，购入材料共发生运费 1 600 元（按材料重量比例分配）。上述款项全部用存款支付，材料验收入库。

4. 以存款 68 000 元，偿还前欠长宏工厂的货款。

5. 从帝恒工厂购入 B 材料 50 千克，单价 120 元，运费 200 元，增值税额为 780 元，企业使用承兑三个月到期的商业汇票支付，材料尚未运达企业。

6. 收到中原工厂发来的已预付货款的 B 材料 200 千克，单价 115 元，对方代垫运费 800 元，增值税额 2 990 元，材料已验收入库。

7. 收到中原工厂退回的货款。

8. 收到并验收入库南江工厂发来的 A 材料 100 千克，每千克 205 元，代垫运费 600 元，增值税额 2 665 元。货款以上月预付款 20 000 元抵付，其余部分用存款支付。

9. 月末计算 A、B、C、D 四种材料已入库的采购成本，并结转入库材料实际成本。

要求：根据上述经济业务编制会计分录。

（五）练习产品生产业务核算

资料：中海公司 2023 年 12 月份生产甲、乙两种产品，有关经济业务如下：

1. 本月仓库发出下列材料：产品耗用材料 100 000 元，其中甲产品 51 000 元；乙产品 49 000 元；车间一般消耗 900 元。

2. 分配本月工资费用 64 000 元，其中：生产工人工资 54 000 元（按生产工时比例分配：甲产品生产工时 600 小时，乙产品生产工时 400 小时）；车间行政管理人员工资 10 000元。

3. 按上述工资总额的 14%计提职工福利费。

4. 开出现金支票 64 000 元，提取现金以备发放工资。

5. 以现金 64 000 元支付本月工资。

6. 以存款购入车间用办公用品及劳保用品 1 200 元。

7. 租入厂房一间，租期 3 个月，以存款预付租金 4 500 元。本月负担 1 500 元。

8. 月末，计提本月生产车间的折旧费 1 300 元。

9. 月末，预提本月车间负担的固定资产大修理费 1 000 元。

10. 月末，将本月发生制造费用在甲、乙产品之间按生产工时比例进行分配。

11. 计算甲、乙产品生产成本（其中：甲产品全部完工，乙产品全部未完），并结转完工甲产品实际生产成本。

要求：(1) 开设“生产成本”总账、明细账和“制造费用”总账（格式：“丁”字式）；

(2) 根据上述经济业务编制会计分录，并登记上述账户。

(3) 月末结出上述账户本期发生额和期末余额。

(六) 练习利润形成业务核算

资料：中海公司2023年12月有关损益类账户结账前的资料如表4-10所示。

表4-10 中海公司2023年12月有关损益类账户结账前的情况

账户名称	本期发生额		账户名称	本期发生额	
	借方	贷方		借方	贷方
主营业务收入	20 000	540 000	主营业务成本	250 000	10 000
其他业务收入		130 000	销售费用	60 000	
营业外收入		20 000	税金及附加	42 000	
			其他业务成本	50 000	
			营业外支出	12 000	
			管理费用	90 000	4 000
			财务费用	25 000	5 000

五、思考题

1. 材料的采购成本包括哪些内容？
2. 货币资金包括哪些内容？

第五章　掌握会计基本工作流程

通过前边内容的学习，我们知道了会计核算方法是对会计对象进行连续、系统、全面、综合地记录、计算、反映和监督所采用的方法，包括设置会计科目和账户、复式记账、填制和审核凭证、登记账簿、成本计算、财产清查和编制会计报表。请同学们思考，如果需要完成某个企业一个期间的会计核算工作，应经历怎样的工作过程呢?

【学习目标】

知识目标：理解会计基本工作流程内容，掌握会计凭证、会计账簿与会计报表的概念与联系。

能力目标：能够正确审核和填制会计凭证、登记会计账簿、编制资产负债表与利润表。

素质目标：培养学生热爱会计工作，忠于职守，尽心尽力，尽职尽责的敬业精神；培养学生严肃认真，严谨细致的工作作风。

【情景引入】

空空公司成立后，在后续的生产经营过程中，购买了3台机器设备，发票上载明买价共计300万元，增值税共计39万元；购买了一批A材料，发票上载明买价共计100万元，增值税共计13万元。

思考：小鹏该如何对以上经济业务所涉及的原始凭证进行审核？如何根据审核无误的原始凭证编制记账凭证？如何正确登记会计账簿？如何编制会计报表？

第一节　认识会计核算的工作程序

一、会计核算程序的概念

企业会计核算也称会计反映，以货币为主要计量尺度，反映会计主体的资金运动情况。传统意义上的会计核算主要是指对会计主体已经发生或已经完成的经济活动进行的事后核算，也就是会计工作中记账、算账、报账的总称。其基本内容是，以货币为主要量度，对企业、机关、事业单位或其他经济组织的生产经营活动或预算执行的过程与结果进行连续、系统地记录，定期编制会计报表，形成一系列财务、成本、成本指标，据以考核经营目标或计划的完成情况，为企业经营决策的制定和国民经济计划的综合平衡提供可靠的信息和资料。其基本方法主要有设置账户和账簿、填制和审核凭证、登记账簿、成本计算、财产清查和编制会计报表等。

会计循环是指企业在一个会计期间，从填制和审核会计凭证开始，到登记会计账簿，直至编制财务报告为止，连续、系统、全面地进行会计处理，即完成一个会计期间会计核算工作的过程。会计循环是会计核算专门方法的顺序使用，会计核算方法必须按其内在联系并且按照一定的顺序加以运用，即：采用设置账户和复式记账的方法，对经济业务通过填制和审核凭证处理后登记账簿，包括对生产经营过程中的成本计算，并定期或不定期地进行财产清查，在账实相符的基础上编制报表。正是这种核算方法的配合使用，才体现出了会计核算所具有的连续性、系统性、全面性和综合性这一基本特点。

会计核算程序也称会计核算组织形式或账务处理程序，是指在会计循环中对会计数据的记录、归类、汇总、报告的步骤和方法，即从原始凭证的整理、汇总，到记账凭证的填制汇总，再到日记账、明细分类账、总账等会计账簿的登记，最终到会计报表编制的步骤和方法。会计核算方法的有机联系构成了会计核算工作的程序。会计核算工作的程序就是指这些方法在使用过程中形成的核算工作步骤，各个步骤依据核算方法的实质联系而表现出环环相套的严谨性，并且在各个会计期间进行按部就班的往复。其中依据最基本的核算方法构成的会计工作主线包括“填制凭证—登记账簿—编制报表”三大步骤。

二、会计核算程序的种类

在实际工作中，由于每家企业经营规模大小不同、组织结构与管理的要求不同、经济业务的内容不同，所以其会计核算的程序和形式会有所区别。目前我国各企业通常采用的账务处理程序主要有四种，即记账凭证账务处理程序、科目汇总表账务处理程序、汇总记账凭证账务处理程序以及多栏式日记账账务处理程序。这里我们主要掌握记账凭证账务处理程序和科目汇总表账务处理程序两种。

（一）记账凭证账务处理程序

记账凭证账务处理程序是指对发生的经济业务事项，会计人员都要根据原始凭证或汇总原始凭证编制记账凭证，然后直接根据记账凭证逐笔登记总分类账的一种账务处理程序，这是一种基本的账务处理程序。其步骤如下：

（1）根据原始凭证编制汇总原始凭证。

（2）根据审核无误的原始凭证或汇总原始凭证编制记账凭证。

（3）根据记账凭证逐笔登记库存现金日记账和银行存款日记账。

（4）根据审核无误的原始凭证、汇总原始凭证及记账凭证登记各类明细分类账。

（5）根据记账凭证逐笔登记总分类账。

（6）期末，把库存现金日记账、银行存款日记账和明细分类账的余额同相关的总分类账的余额进行账账核对，核对相符。

（7）期末，根据总分类账和明细分类账的记录编制会计报表。

（二）科目汇总表账务处理程序

科目汇总表账务处理程序是指根据记账凭证定期编制科目汇总表，再根据科目汇总表登记总分类账的一种账务处理程序。其步骤如下：

（1）根据原始凭证编制汇总原始凭证。

（2）根据审核无误的原始凭证或汇总原始凭证编制记账凭证。

（3）根据记账凭证逐笔登记库存现金日记账和银行存款日记账。

（4）根据原始凭证、汇总原始凭证及记账凭证登记各类明细分类账。

（5）根据各种记账凭证编制科目汇总表。

（6）根据科目汇总表登记总分类账。

（6）期末，把库存现金日记账、银行存款日记账和明细分类账的余额同相关的总分类账的余额进行账账核对，核对相符。

（7）期末，根据总分类账和明细分类账的记录编制会计报表。

科目汇总表如表 5-1 所示。

表 5-1　科目汇总表

年　月　日至月　日　　　凭证号：　第　号至　号共　张　　　　　汇字第　号

会计科目	借方金额	贷方金额	会计科目	借方金额	贷方金额

表5-1(续)

会计科目	借方金额	贷方金额	会计科目	借方金额	贷方金额
合计			合计		
			借贷方平衡总计		

财会主管：　　　记账：　　　复核：　　　制表：

第二节　掌握填制与审核原始凭证的方法

每个单位在处理每项经济业务时都必须由执行和完成该项经济业务的有关人员从单位外部取得或自行填制有关凭证，以书面形式记录和证明所发生经济业务的性质、内容、数量、金额等并在凭证上签名或盖章以示对经济业务的正确性、真实性负责。会计凭证只有经过严格的审核，被确认为正确真实后，才能作为登记账簿的依据；也只有填制了正确真实的会计凭证，才能明确经济责任，才能监督经济活动，才能实现会计工作的目标，发挥会计在经济管理中的作用。作为企业的会计人员，日常填制和审核原始凭证工作的主要任务是：随着经济业务的发生，填制有关原始凭证，并对填制好的原始凭证进行审核，以保证会计信息的真实性和正确性。

【案例导入】

案例一：根据证监会2021年9月6日发布的行政处罚书，S公司财务人员在金蝶财务管理系统中使用超级管理员账户直接制作虚假销售出库单，并依据虚假销售出库单确认销售收入。此外，公司通过提供虚假网银流水、虚假对账单，隐瞒了银行账户3亿元借款和大额资金往来。值得注意的是，在这个案例中，处罚对象是R会计师事务所和签字注册会计师，证监会认为R会计师事务所在识别和评估重大错报风险、执行与销售货物有关的内部控制测试程序、执行对货币资金的实质性审计程序、执行函证程序等方面，严重违反了《中国注册会计师审计准则》的相关规定。S公司的财务造假实质上属于事务所配合的财务造假。

案例二：根据证监会2022年1月4日发布的行政处罚书，J公司2015—2018年通过虚构合同、空转资金，开展无实物流转的虚构贸易，累计虚增营业收入、营业成本和利润总额230.07亿元、210.84亿元和19.90亿元。此外，其通过领用虚假暂估入库的原材料和实际已盘亏的存货、虚构电费和人工费等方式，虚构产成品25.44亿元。

案例三：根据证监会2022年4月2日发布的市场禁入处罚书，P公司2012—2019年通过伪造入账单，采取资金进出不入账等方式，虚增银行存款，其中，公司仅在 2019 年就虚增银行存款 10.98 亿元，占公司总资产的 34.93%。

一、原始凭证的概念及内容

（一）概念

原始凭证（source documents）又称单据，是指在经济业务发生或完成时取得或填制的，载明交易或事项的内容和完成情况，明确业务经办人员的责任并具有法律效力和作为会计核算原始依据的书面证明。例如企业材料入库单、进账单、收款收据、发票等。一切经济业务发生时都必须如实填制原始凭证，以证实经济业务的发生或完成情况。原始凭证不仅记载着经济业务的内容，明确了相关人员的经济责任，具有法律效力，而且是一种非常重要的会计档案。原始凭证是进行会计核算的第一手资料，也是编制记账凭证的重要依据，对于每一项经济业务，会计人员都应当取得或者填制原始凭证。

（二）内容

由于经济业务内容和经济管理的要求不同，所以各种原始凭证的名称、格式及内容不完全一样，但主要包括了以下内容：

（1）原始凭证的名称。

（2）填制凭证的日期。

（3）填制凭证单位名称或者填制人姓名。

（4）经办人员的签名或盖章。

（5）接受凭证单位名称。

（6）经济业务内容。

（7）数量、单价和金额。

思考：同学们熟悉的原始凭证有哪些呢？

二、原始凭证的种类

原始凭证可按不同的标准进行分类。其主要分为以下几类：

（一）原始凭证按其来源的不同，分为外来原始凭证和自制原始凭证

1. 外来原始凭证

外来原始凭证是指在经济业务发生或完成时，从外单位或个人处取得的单据。例如：企业购货取得的增值税专用发票、普通发票，银行转来的收款通知、付款通知，乘坐交通工具时取得的火车票、飞机票，支付款项给其他单位或个人时取得的收款方收款收据等。

2. 自制原始凭证

自制原始凭证是指在经济业务发生或完成时，由本单位业务经办部门的有关人员填制的单据。例如：销售产品时业务部门开出的提货单、仓库保管员填制的发货单、会计人员开具的发票、收款收据、付款单，车间从仓库领用材料时由领料人填制的领料单，支付职工工资时填制的工资单等。

【知识拓展——增值税专用发票】

《中华人民共和国发票管理办法实施细则（2019）》第三条：发票的基本联次包括存根联、发票联、记账联。存根联由收款方或开票方留存备查；发票联由付款方或受票方作为付款原始凭证；记账联由收款方或开票方作为记账原始凭证。增值税专用发票不仅是购销双方收付款的凭证，而且可以用作购买方扣除增值税的凭证。而普通发票除运费、收购农副产品、废旧物资的按法定税率作抵扣外，其他的一律不予作抵扣用。

【试一试——多选题】下列凭证属于外来原始凭证的有（　　）。

A. 职工出差取得的飞机票　　B. 对外单位支付款项时取得的收据

C. 折旧计算表　　D. 职工出差取得的火车票

（二）原始凭证按其按填制方法不同，分为一次性原始凭证、累计原始凭证、汇总原始凭证

1. 一次性原始凭证

一次性原始凭证是指由经办业务人员根据一项或若干项同类性质的经济业务内容一次完成填制手续并且不能重复使用的原始凭证。所有的外来原始凭证和大部分的自制原始凭证都属于一次性原始凭证。例如收料单、领料单、火车票、飞机票、发票等。领料单如表5-2所示，支票如图5-1所示。

表5-2　领料单

领料单位：二车间　　2023年12月05日　　编号：11111

材料类别	材料编号	材料名称及规格	计量单位	数量		单价	金额
				请领	实发		
原材料	001	2#角钢	千克	500	500	2.00	1 000.00
							¥1 000.00
备注：						合计	

仓库保管员：刘英　　领料部门负责人：张灿　　领料人：周文

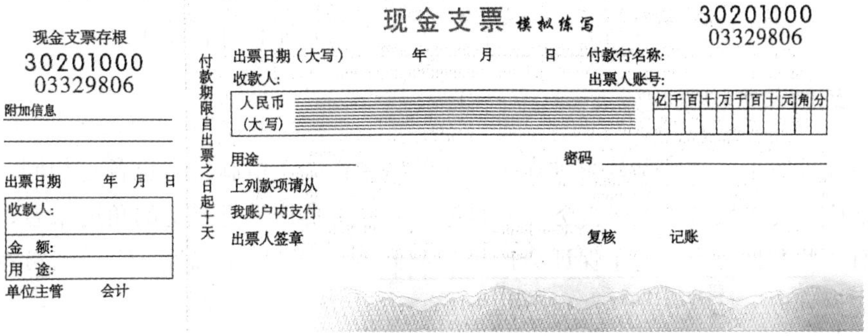
现金支票存根
30201000
03329806
附加信息
出票日期　年　月　日
收款人：
金　额：
用　途：
单位主管　会计
付款期限自出票之日起十天
现金支票 模拟练写
30201000
03329806
出票日期（大写）　年　月　日　付款行名称：
收款人：　出票人账号：
人民币（大写）
亿 千 百 十 万 千 百 十 元 角 分
用途　密码
上列款项请从
我账户内支付
出票人签章　复核　记账

图 5-1　支票

2. 累计原始凭证

累计原始凭证是指在一定时期内随着经济业务发生而分次完成填制手续，以连续记载不断重复发生的同类经济业务的原始凭证。其特点是可以随时计算发生额累计数，便于同定额、计划和预算进行比较，达到控制费用支出的目的。例如：限额领料单、费用登记表就是典型的自制累计原始凭证。限额领料单如表 5-3 所示。

表 5-3　限额领料单

领料单位：二车间　　　2023 年 12 月 11 日　　　第 1 号

用途：乙产品　　　发料仓库：1 号库

材料编号	材料名称	计量单位	计划投产量	单位消耗定额	领用限额	实发		
						数量	单价	金额
001	圆钢	千克	200	100	20 000	15 000	20.00	300 000

日期	领用			退料			限额结余数量
	数量	领料人	发料人	数量	退料人	收料人	
2	5 000	周文	陈俊				15 000
4	1 000	周文	陈俊				14 000
6	4 000	周文	陈俊				10 000
8	5 000	周文	陈俊				5 000
合计	15 000						5 000

生产计划部门：王军　　　供销部门：　　　仓库：刘英

3. 汇总原始凭证

汇总原始凭证亦称原始凭证汇总表，是指为减少记账凭证编制的工作量而将一定时期记录同类经济业务的若干份原始凭证汇总编制的，用以集中反映某类经济业务发生情况的原始凭证。例如：根据一定期间有关账户记录汇总整理而成的工资分配汇总表等。

此外，原始凭证按其填制的手段不同，分为手工凭证和机制凭证。

三、填制和审核原始凭证

原始凭证有很多种类型，每种类型对应的填制方式、填制要求也各不相同。但是，从原始凭证应该能够反映出经济业务，并且能够对经济责任进行界定的角度来看，填制原始凭证也有一些共性要求。为了保证会计核算资料的真实性、正确性，会计人员在填制原始凭证时应做到以下几点：

（一）原始凭证的填制要求

《会计基础工作规范》第五十二条规定，填制会计凭证，字迹必须清晰、工整（详见《会计基础工作规范》第五十二条）。

1. 记录要真实

原始凭证上填列的内容、数字，必须真实可靠，符合有关经济业务的实际情况，不得弄虚作假，更不得伪造凭证。

2. 内容要完整

原始凭证所要求填列的项目必须逐项填列齐全，不得遗漏和省略。

3. 手续要完备

无论是自制凭证还是外来凭证，都必须有经办单位和经办人员的签名盖章。例如，自制原始凭证必须有经办部门和经办人员签名盖章；对外开出的原始凭证必须有本单位公章和经办人员签章；从外部取得的原始凭证，必须有填制单位的公章和填制人员签章；从个人取得的原始凭证，必须有填制人员的签名盖章。

4. 书写要清楚、规范

阿拉伯数字应当一个一个地写，不得连笔写。阿拉伯金额数字前面应当书写货币币种符号或者货币名称简写和币种符号。币种符号与阿拉伯金额数字之间不得留有空白。凡阿拉伯数字前写有币种符号的，数字后面不再写货币单位。所有以元为单位的阿拉伯数字，除表示单价等情况外，一律填写到角分；无角分的，角位和分位可写“00”，或者符号“——”；有角无分的，分位应当写“0”，不得用符号“——”代替。汉字大写数字金额如零、壹、贰、叁、肆、伍、陆、柒、捌、玖、拾、佰、仟、万、亿等，一律用正楷或者行书体书写，不得用○、一、二、三、四、五、六、七、八、九、十等简化字代替，不得任意自造简化字。大写金额数字到元或者角为止的，在“元”或者“角”字之后应当写“整”字或者“正”字；大写金额数字有分的，分字后面不写“整”或者“正”字。大写金额数字前未印有货币名称的，应当加填货币名称，货币名称与金额数字之间不得留有空白。

汉字大写数字如表 5-4 所示：

表 5-4　汉字大写数字

一	二	三	四	五	六	七	八	九	十	○
壹	贰	叁	肆	伍	陆	柒	捌	玖	拾	零

5. 编号要连续

如果原始凭证已预先印定编号，在写坏作废时，应加盖“作废”戳记，妥善保管，不得撕毁。

6. 不得涂改、刮擦、挖补

原始凭证有错误的，应当由出具单位重开或更正，更正处应当加盖出具单位印章。其中如果是原始凭证金额有错误，必须由出具单位重开，不得在原始凭证上更正。

7. 填制要及时

各种原始凭证一定要及时填写，并按规定的程序及时送交会计机构或会计人员进行审核。原始凭证的正确填制时机应该在经济业务发生或经济业务完成时，需要在及时填制完成后，按照流程第一时间反馈给业务或者财务部门，这样才能确保后续业务办理、审核记账活动顺利进行。

【知识拓展——会计凭证数字书写技巧】

（1）数字大小要占行高的 1/2~2/3，留出一次更正机会。

（2）7、9 略出底线，比其他数字低些，9 不能开口和留尾巴；6 要比其他数字高一些，但一般不超出表格，下半部分占据下一行的上半格；写 0 时不能有缺口；写 8 时上方不能开口；4 的两竖要平行。

数字略倾斜（向右倾斜 30 度~45 度），写法参考图 5-2：

图 5-2　会计凭证数字书写技巧

（二）原始凭证的审核

在会计核算工作中，原始凭证只有经过审核无误后，才能作为填制记账凭证和记账的依据。审核的主要内容包括以下六个方面。

1. 原始凭证的真实性

真实性的审核包括对凭证日期是否真实、业务内容是否真实、数据是否真实等内容的审查。

原始凭证审核的真实性，要求会计人员在进行会计核算的过程中要从客观视角出发，根据实际发生的经济业务，将企业财务状况、经营成果真实客观地反映出来，坚持实事求是，杜绝弄虚作假，如此才能确保所取得的原始凭证的各项内容均符合实际情况。会计人员要以经审核无误的原始凭证为依据，通过采取一定方法开展记账、算账、报账等工作，以此来增强会计信息的完整性、可靠性。与此同时，会计人员在实际工作中要严格遵守行业规范、职业道德，在此基础上，通过对原始票据的分析，采取适当的账务处理措施。关于对原始凭证的可靠审核，会计人员应着眼于以下几点：第一，审核发票及其他票据。将审核重点放在票据合法性上，逐一检查单位公章或者财务专用章、经办人签字、验收人签字、部门领导签字这四项内容是否齐全。然后面向服务部门，对其所采购的物资、提供服务展开严格检查，确认经过部门领导的签批。第二，审核证明材料。在这一环节，需要将审核侧重点放在销售清单、送货单两份材料上，若票据内对物资、服务做出了详细记录，那么便不需要额外提供销售清单。倘若票据内容记载笼统、不够详细，那么便要着重检查销售清单中的具体购买的项目，以及单价、数量、总额。第三，要求签署合同或协定的，应附相关文件。由于各个企事业单位的内控制度有所不同，所以对于所需签署合同或协议的规定也是各不相同，这些都要求会计人员在充分了解单位规定的基础上做出合理判断。在必要的情况下，企业可安排专门会计人员，采取定期与不定期相结合的形式，对企业现有实物资产进行逐一核查，尤其是重大固定资产，应采取现场核实的方式。会计人员要通过“一审二问”并留心观察现场。其中，“审”主要是对材料进行审核，确认其申请报告、部门领导批示是否齐全；“问”则是面向业务经办人，询问所采购物品是否为必要。在必要的情况下，到部门现场查看情况。

2. 原始凭证的合法性

审核原始凭证所记录经济业务是否有违反国家法律法规的情况，是否符合规定的审核权限，是否履行了规定的凭证传递和审核程序，是否有贪污腐化等行为。会计人员在进行原始凭证审核的过程中，应牢记合法性原则。在实际操作中，会计人员严格遵守会计相关的法律条例、制度规定，在此基础上做出自己的专业判断，这样就能切实保障审核的正确性，大大提升审核合理性。一旦原始凭证审核偏离了合法性原则，轻则导致审核工作效率下降，无法在既定时间内高质量完成工作任务，重则滋生腐败。若会计人员的主观判断占据主导，则易诱发其产生不规范行为。

3. 原始凭证的合理性

审核原始凭证所记录经济业务是否符合企业生产经营活动的需要、是否符合有关的计划和预算等。

4. 原始凭证的完整性

审核原始凭证各项基本要素是否齐全，是否有漏项情况，日期是否完整，数字是否清晰，文字是否工整，有关人员签章是否齐全，凭证联次是否正确等。

5. 原始凭证的正确性

审核原始凭证各项金额的计算及填写是否正确。

6. 原始凭证的及时性

审核原始凭证的填制日期是否及时。

【案例分享】

2021 年，中国证监会共办理上市公司财务造假案 75 起，其中大部分公司都涉及伪造合同、虚开发票等原始凭证造假问题。此外，部分上市公司还存在提前确认收入、少计资产减值、虚构工程完工进度等粉饰行为。上市公司的财务造假手段越来越颠覆人们的三观，如：某公司通过供应链金融手段，虚增收入 562 亿元，虚构利润 47 亿元；还有上市公司通过虚构大宗商品贸易，虚增收入 129 亿元。在上市公司的财务造假案中，几乎所有造假案都涉及原始凭证的虚构或篡改问题。因此，我们在学好专业知识的同时，要牢固树立诚信意识、规则意识和法治意识，成为一个不做假账的会计人。

（三）错误原始凭证的处理

经审核无误的原始凭证，才能作为编制记账凭证和登记明细分类账的依据。

1. 处理原则

（1）对不真实、不合法、不合理的原始凭证，有权不予受理，且应拒绝付款、拒绝报销或拒绝执行，并向单位负责人报告，请求查明原因，追究有关当事人的责任。

（2）对于填写不齐全、手续不完备、书写不清楚、计算不正确的原始凭证予以退回，应责成经办人员补填齐全，补办手续，更正错误或更换原始凭证。

2. 更正原则

（1）原始凭证记载的各项内容均不得涂改，随意涂改过的原始凭证即为无效凭证，不能以此作为填制记账凭证或登记账簿的依据。

（2）原始凭证记载的内容有错误的，应当由开具单位重开或更正，更正工作必须由原始凭证出具单位进行，并在更正处加盖出具单位印章；重新开具原始凭证当然也应由原始凭证开具单位进行。

（3）原始凭证金额出现错误的不得更正，只能由原始凭证开具单位重新开具。

（4）原始凭证开具单位应当依法开具准确无误的原始凭证，对于填制有误的原始凭证，负有更正和重新开具的法律义务，不得拒绝。

【总结】

当填制原始凭证出现错误时，按《中华人民共和国会计法》规定，会计人员应遵循以下原则处理：

原始凭证记载的各项内容均不得涂改；原始凭证有错误的，应当由出具单位重开或者更正，更正处应当加盖出具单位印章。原始凭证金额有错误的，应当由出具单位重开，不得在原始凭证上更正。

【知识链接】

原始凭证是记录经济业务发生和完成情况的书面证明，是会计凭证的重要组成部分，构成经济管理的事实基础，也是明确经济责任的书面证明。我们在审计中发现，很多被审计单位的原始凭证不同程度地存在诸多问题。为严肃财经纪律，高质量地反映会计信息，避免违规违纪、违法犯罪和腐败问题的发生，这些问题，亟待规范。

不合规原始凭证的主要表现如下：

（一）原始凭证内容存在虚假。有的被审计单位为了套取现金或掩盖违规支出，向出票单位索取空白发票，虚构事实，自行或授意对方填写，虚列支出或将一些不合理开支变换成修车费用、燃油费用、电脑耗材费用、会议费、招待费等发票报销，甚至发票类别出现明显错误，如使用销售发票支付修理费、广告费等，有的报销发票是别单位或私人的消费，有的是拼凑发票（如某单位一次接待餐费所附定额发票中有多张盖有不同餐饮单位的公章）。

（二）原始凭证填写上存在缺项、摘要不详等问题。有的单位取得的发票不填写抬头，或填写名称与本单位名称不相符；日期填写不全；品名只粗略地填写办公用品、酒、慰问品、会议纪念品或材料等，而不填写具体品名且无供货明细单；未填写数量、单价；只有小写金额或大小写金额不符；开票单位未盖章；税务代开发票无收款单位（收款人）签章等。如此不规范地填写，为单位管理留下了隐患，很容易让人钻空子，给国家资产造成损失。

（三）支付给个人的款项签领手续不规范。有的单位在支付给个人的款项时领款人未签字，代领人未签自己的姓名，一人领取多人款项，以"说明"支付现金，以文件代替签字花名册支付表彰奖励等。

（四）原始凭证票面不整洁、有污损。有的单位取得的发票票面字迹有涂改、模糊等问题，有的复写不清或没有复写，加盖的"财务（发票）专用章"模糊不清、印迹残缺。

（五）以白条、收据代替正规票据。有的单位购买商品或支付劳务费时，未取得对方开具的税务发票，而是用白条、销货单、收据等代替；支付给单位（或单位收取）的款项以白条、付款签字花名册代替往来票据。

（六）发票附件不齐。有的单位购买批量商品（如劳保用品、材料等）无验收证明、发放名册、领用登记表等；支付工程款未附协议、合同、预决算资料等；支付会议费无会议通知和会议报到册；支付外出学习培训费，无上级或相关部门通知依据和人员名单等。发票附件不齐致使其经济业务的真实性难以认定。

（七）报销审批手续不全。有的单位存在部分入账票据经办人未签字、未经负责人审批的情况，绝大部分单位未注明经财会人员审核字样。

以上情况是不合规原始凭证的常见表现，但在这些问题的背后，并非单纯的凭证不合规问题，其中可能隐藏着大量的严重违规违纪、违法犯罪的问题。

【案例解析】

请同学们思考，在前述三个财务造假案中，涉及哪些原始凭证造假问题？其原始凭证填制是否达到要求？财务主管应该从哪些方面审核公司的原始凭证？

解析：(1) 在财务造假过程中，自制原始凭证和专用原始凭证通常比外来原始凭证和通用原始凭证更容易造假，因为这两种凭证可以在企业内部完成。而外来原始凭证需要第三方配合，通用原始凭证造假则存在被识破的风险，其造假行为常常有真实业务活动支撑。在前述三个案例中，案例一虚构销售出库单，属于典型的自制原始凭证造假；案例三伪造银行入账单，属于专用原始凭证造假；案例二在虚构合同、开展无实物流转的虚构贸易时，既虚构了自制原始凭证和外来原始凭证，也存在通用原始凭证和专用原始凭证造假。因此，会计人员在编制原始凭证和处理会计账目时，要做到实事求是，真实记录企业的经济业务。

(2) 根据原始凭证的填制要求，原始凭证应该满足记录真实、内容完整、手续完备等要求，但前述三个案例未按规定执行，如原始凭证要求所填写的经济业务内容和数字必须真实可靠，不得弄虚作假、涂改、挖补。上述三个案例显然不满足该要求，甚至许多原始凭证纯属胡编乱造。因此，会计人员必须具备良好的职业操守，严格遵守会计职业道德要求，否则，等待我们的就是法律的严惩。

(3) 在前述三个案例中，原始凭证的真实性、合法性和合理性都存在严重问题，案例一的虚假销售单无任何业务背景，提供的虚假银行对账单、虚假银行流水不具备真实性和合法性；案例二虚构合同、空转资金、开展无实物流转的虚构贸易不符合合理性要求；案例三伪造入账单、资金进出不入账、虚增银行存款不符合真实性和合法性要求。作为会计审核人员，我们必须严格把握会计审核权，从源头上杜绝会计造假，如实反映企业财务状况，向利益相关方提供真实可靠的会计信息。

第三节　掌握填制与审核记账凭证的方法

会计凭证是指用以记载会计交易或事项的发生和完成情况，明确经济责任并据以登记账簿的书面证明。会计凭证按照编制的程序与用途不同，可分为原始凭证和记账凭证两大类。会计凭证的审核包括原始凭证的审核和记账凭证的审核，会计核算的基础是会计凭证，会计原始凭证是单位对经济活动的发生及完成情况进行记录的一种依据，是明确单位经济责任的有效书面材料。记账凭证是单位记账、登记账本的依据。对会计原始凭证、记账凭证的审核是财务会计基础工作和核心工作，加强对会计凭证的审核，对于保证会计信息核算资料的完整性、真实性、合法性，加强经济管理，提高会计核算工作效率，实行会计监督，以及串联会计和财务管理的各个环节，具有重要的意义。

一、记账凭证的概念及内容

（一）概念

记账凭证是会计人员根据审核无误的原始凭证或原始凭证汇总表的经济内容，应用会计科目和复式记账法加以归纳整理编制而成的、直接作为记账依据的会计凭证。记账凭证的基本内容是会计分录，在实际工作中，会计分录是通过填制记账凭证来完成的。会计人员必须根据审核无误的原始凭证或原始凭证汇总表填制记账凭证，记账凭证是登记账簿的依据。账簿需要按照一定的会计科目和记账规则进行登记，而原始凭证中并未写明会计科目和记账方向。为了做好记账工作，会计人员必须将各种原始凭证按其所反映的经济内容进行归类和整理，然后据此编制记账凭证。记账凭证列明了会计科目，指明了记账方向，确定了会计分录，这样就可以依据记账凭证登记账簿了。

（二）内容

记账凭证有多种类别，但所有的记账凭证都应该具备一些基本内容，这些基本内容主要包括：

（1）记账凭证的名称。

（2）填制凭证的日期。

（3）记账凭证的编号。

（4）有关经济业务内容摘要。

（5）有关账户的名称（包括总账、明细分类账）、方向和金额。

（6）记账标记。

（7）有关原始凭证张数和其他有关资料份数。

（8）有关人员的签名或盖章。

二、原始凭证和记账凭证的区别

由于原始凭证来自不同的单位，种类繁多，数量庞大，格式不一，不能清楚地表明应记入的会计科目的名称和方向。因此，为了便于登记账簿，会计人员需要根据原始凭证反映的不同经济业务，加以归类和整理，填制具有统一格式的记账凭证，确定会计分录，并将相关的原始凭证附在后面。这样不仅可以简化记账工作、减少差错，而且有利于原始凭证的保管，便于对账和查账，提高会计工作质量。原始凭证与记账凭证的区别主要有：①填制的依据不同。原始凭证是根据已经发生或者完成的经济业务填制的，记账凭证则是根据审核无误的原始凭证填制的。②填制人不同。原始凭证大都是业务经办人员填制的，记账凭证则是由会计人员填制的。③作用不同。原始凭证是填制记账凭证的依据，记账凭证则是登记账簿的直接依据。即：记账凭证依据会计科目对已经发生或完成的经济业务进行归类、整理；原始凭证仅用以记录、证明经济业务已经发生或完成。

三、记账凭证的种类

（一）记账凭证按其用途进行分类，分为专用记账凭证和通用记账凭证

1. 专用记账凭证

专用记账凭证是指其格式专用，适用特定业务种类的记账凭证。专用凭证按其所记录的经济业务与货币资金的收付关系，又分为收款凭证、付款凭证和转账凭证三种。

（1）收款凭证：收款凭证是用以反映货币资金收入业务的记账凭证，根据货币资金收入业务的原始凭证填制而成。实际工作中，出纳人员应将会计管理人员或指定人员审核批准的收款凭证，作为记录货币资金的收入依据。出纳人员根据收款凭证收款（尤其是收入现金）时，要在凭证上加盖“收讫”戳记，以避免差错。收款凭证一般按现金和银行存款分别编制，收款凭证格式如表 5-5 所示。

表 5-5 收 款 凭 证

借方科目：　　　　　　　　　　　年　月　日　　　　　　　　　收字第　号

摘要	贷方科目		金额											记账√
	总账科目	明细科目	亿	千	百	十	万	千	百	十	元	角	分	
附件　张	合计													

会计主管：　　　记账：　　　出纳：　　　审核：　　　制证：

（2）付款凭证：付款凭证是用以反映货币资金支出业务的记账凭证，根据货币资金支出业务的原始凭证填制而成。实际工作中，出纳人员应将会计主管人员或指定人员审核批准的付款凭证，作为记录货币资金支出并付出货币资金的依据。出纳人员根据付款凭证付款时，要在凭证上加盖“付讫”戳记，以免重付。付款凭证一般也按现金和银行存款分别编制。

【小提示】收款凭证、付款凭证和转账凭证分别用以记录货币资金收入事项、货币资金支出事项和转账业务。在会计实务中，某些经济业务既是货币资金收入业务，又是货币资金支出业务，如现金和银行存款之间的划转业务。为了避免记账重复，这类业务一般只编制付款凭证，如从银行提取现金时，只编制银行存款付款凭证，付款凭证格式如表 5-6 所示。

表 5-6 付 款 凭 证

贷方科目：　　　　　　　　　　　年　月　日　　　　　　　　　收字第　号

摘要	借方科目		金额											记账√
	总账科目	明细科目	亿	千	百	十	万	千	百	十	元	角	分	
附件　张	合计													

会计主管：　　　记账：　　　出纳：　　　审核：　　　制证：

（3）转账凭证：转账凭证是用以反映与货币资金收付无关的转账业务的凭证，根据有关转账业务的原始凭证或记账凭证填制而成。其格式与通用记账凭证的格式相同如表5-7所示。

表5-7　转　账　凭　证

年　月　日　　　　　　　　　　转字第　号

摘要	会计科目		借方金额											贷方金额											记账√
	总账科目	明细科目	亿	千	百	十	万	千	百	十	元	角	分	亿	千	百	十	万	千	百	十	元	角	分	
附件　张	合计																								

会计主管：　　　　记账：　　　　出纳：　　　　审核：　　　　制证：

2. 通用记账凭证

通用记账凭证是指凭证格式具有通用性，可以记录各种经济业务的记账凭证。通用记账凭证不再区分收款、付款和转账业务，而是将所有经济业务统一编号，在统一格式的凭证中进行记录通用凭证。通用记账凭证适用于所有经济业务，其格式如表5-8所示。

表5-8　记　账　凭　证

年　月　日　　　　　　　　　　字第　号

摘要	会计科目		借方金额											贷方金额											记账√
	总账科目	明细科目	亿	千	百	十	万	千	百	十	元	角	分	亿	千	百	十	万	千	百	十	元	角	分	
附件　张	合计																								

会计主管：　　　　记账：　　　　出纳：　　　　审核：　　　　制证：

（二）记账凭证按是否经过汇总进行分类，分为单一记账凭证、汇总记账凭证

1. 单一记账凭证

单一记账凭证是指在一张记账凭证上只记录一项交易或事项内容的记账凭证。其适用于业务量较少、编制的记账凭证也不多的小型企业。

2. 汇总记账凭证

汇总记账凭证是指定期将单一记账凭证按照相同会计账户分借、贷方金额进行加总后编制的记账凭证。其适用于业务量较多的大中型企业。

四、记账凭证的填制方法

（一）专用记账凭证的填制方法

1. 收款凭证的填制方法

①凭证左上角“借方科目”处，按照业务内容选填“银行存款”或“库存现金”科目；②凭证上方的“年、月、日”处，填写财会部门受理经济业务事项制证的日期；③凭证右上角的“字第号”处，填写“银收”或“收”字和已填制凭证的顺序编号；④“摘要”栏填写能反映经济业务性质和特征的简要说明；⑤“贷方一级科目”和“二级科目”栏填写与银行存款或现金收入相对应的一级科目及其二级科目；⑥“金额”栏填写与同一行科目对应的发生额；⑦“合计栏”填写各发生额的合计数；⑧凭证左下角“附件张”处需填写所附原始凭证的张数；⑨凭证下边分别由相关人员签字或盖章；⑩“记账”栏则应在已经登记账簿后画“√”符号，表示已经入账，以免发生漏记或重记错误。

【例】2023 年 12 月 1 日，阳光公司收到大兴公司投资 100 000 元，款项已存入阳光公司银行账户。

借：银行存款　　100 000

　贷：实收资本——大兴公司　　100 000

该业务收款凭证填写如表 5-9 所示。

表 5-9　收 款 凭 证

借方科目：银行存款　　2023 年 12 月 01 日　　收字第 001 号

摘要	贷方科目		金额											记账√
	总账科目	明细科目	亿	千	百	十	万	千	百	十	元	角	分	
收到投资款	实收资本	大兴公司				1	0	0	0	0	0	0	0	
附件 2 张	合计				¥	1	0	0	0	0	0	0	0	

会计主管：　　记账：　　出纳：王鹏　　审核：张三　　制证：李乐

2. 付款凭证的填制方法

①凭证左上角“贷方科目”处，按照业务内容选填“银行存款”或“库存现金”科

目；②凭证上方的“年、月、日”处，填写财会部门受理经济业务事项制证的日期；③凭证右上角的“字第号”处，填写“银付”或“付”字和已填制凭证的顺序编号；④“摘要”栏填写能反映经济业务性质和特征的简要说明；⑤“借方一级科目”和“二级科目”栏填写与银行存款或现金收入相对应的一级科目及其二级科目；⑥“金额”栏填写与同一行科目对应的发生额；⑦“合计栏”填写各发生额的合计数；⑧凭证左下角“附件张”处需填写所附原始凭证的张数；⑨凭证下边分别由相关人员签字或盖章；⑩“记账”栏则应在已经登记账簿后画“√”符号，表示已经入账，以免发生漏记或重记错误。

【例】2023 年 12 月 18 日，阳光公司因未在规定期限内缴纳税金，被税务部门处以税收滞纳金 2 000 元，以银行存款支付。

借：营业外支出——税收滞纳金　　2 000

　贷：银行存款　　2 000

该业务付款凭证填写如表 5-10 所示。

表 5-10 付 款 凭 证

贷方科目：银行存款　　2023 年 12 月 18 日　　付字第 001 号

摘要	借方科目		金额											记账√
	总账科目	明细科目	亿	千	百	十	万	千	百	十	元	角	分	
支付税收滞纳金	营业外支出	税收滞纳金						2	0	0	0	0	0	
附件 1 张	合计						¥	2	0	0	0	0	0	

会计主管：　　记账：　　出纳：王鹏　　审核：张三　　制证：李乐

3. 转账凭证的填制方法

转账凭证是用来记录不涉及库存现金、银行存款收付款业务的记账凭证，是根据库存现金和银行存款收付以外的其他原始凭证填制。其是依据一项经济业务所涉及的全部会计科目，按照先写借方科目、再写贷方科目的顺序填列在“总账科目”和相应的“明细科目”栏中，将各会计科目应借应贷的金额分别填列在“借方金额”或“贷方金额”栏内。其他内容的填制与收、付款凭证相同。

【例】2023 年 12 月 9 日，阳光公司从大风公司购入丙材料并收到大风公司开具的增值税专用发票。发票上列明：丙材料 5 000 件，单价 100 元，价款 500 000 元，增值税税额 65 000 元，价税总计 565 000 元，材料已经验收入库，货款尚未支付。

借：原材料——丙材料　　500 000

应交税费——应交增值税（进项税额） 65 000

贷：应付账款——大风公司 565 000

该业务转账凭证填写如表 5-11 所示。

表 5-11 转 账 凭 证

2023 年 12 月 09 日 转字第 001 号

摘要	会计科目		借方金额											贷方金额											记账√
	总账科目	明细科目	亿	千	百	十	万	千	百	十	元	角	分	亿	千	百	十	万	千	百	十	元	角	分	
购入丙材料	原材料	丙材料				5	0	0	0	0	0	0	0												
	应交税费	应交增值税（进项税额）					6	5	0	0	0	0	0												
	应付账款	大风公司															5	6	5	0	0	0	0	0	
附件 3 张	合计				¥	5	6	5	0	0	0	0	0			¥	5	6	5	0	0	0	0	0	

会计主管： 记账： 出纳： 审核：张三 制证：李乐

（二）通用记账凭证的填制方法

采用通用记账凭证，会计人员应将经济业务所涉及的全部会计科目，按照先写借方科目、再写贷方科目的顺序填列在“总账科目”和相应的“明细科目”栏中，将各会计科目应借应贷的金额分别填列在“借方金额”或“贷方金额”栏内。其他内容的填制转账凭证相同。

【例】2023 年 12 月 2 日，阳光公司收到天天公司投资投入的全新设备 3 台并交付使用，协商作价 600 000 元。按照公司章程和投资协议规定，应确认实收资本 500 000 元，其余的作为资本公积处理。

借：固定资产 600 000

贷：实收资本 500 000

资本公积 100 000

该业务记账凭证填写如表 5-12 所示。

表 5-12 记 账 凭 证

2023 年 12 月 02 日　　　　记字第 001 号

摘要	会计科目		借方金额											贷方金额											记账√
	总账科目	明细科目	亿	千	百	十	万	千	百	十	元	角	分	亿	千	百	十	万	千	百	十	元	角	分	
收到投资	固定资产						6	0	0	0	0	0	0												
	实收资本	天天公司																5	0	0	0	0	0	0	
	资本公积																	1	0	0	0	0	0	0	
附件 2 张	合计				¥	6	0	0	0	0	0	0	0			¥	6	0	0	0	0	0	0	0	

会计主管：　　记账：　　出纳：　　审核：张三　　制证：李乐

五、记账凭证的填制要求

记账凭证各项内容必须完整，填制记账凭证的依据必须是审核无误的原始凭证或者汇总原始凭证。

（一）日期的填写

记账凭证日期，应以财会部门受理经济业务事项的日期为准（年、月、日应填写齐全）。记账凭证的填写日期可分三种情况：

（1）库存现金或银行存款付款业务的记账凭证，一般以财会部门付出库存现金或开出银行付款结算凭证的日期填写。

（2）库存现金收款业务的记账凭证，应当填写收款当日的日期。银行存款收款业务的记账凭证，实际收款日期可能和收到该凭证的日期不一致，则应按填制收款凭证的日期填写。

（3）月末计提、分配费用、成本计算、转账等业务，大多是在下月初进行，但所填日期应当填写当月最后一日的日期，填写时，应用阿拉伯数字，而不能用大写汉字。实际工作中，个别会计人员把记账凭证日期的填制等同于支票日期的填制是不妥当的，因为记账凭证附件中已经规范了经济业务或事项的发生日期。同时，记账凭证日期的提前或拖后也不是相关人员作弊的重点，不会影响会计信息的加工。

（二）摘要栏的填写

摘要是对经济业务的简要说明，填写时要求真实准确、简明扼要、说明问题，并书写工整。

摘要应与原始凭证内容一致，能正确反映经济业务的主要内容，表述简短精练。记账凭证摘要的填写分为两大类：

1. 一般经济业务摘要的填写

一般经济业务摘要是会计人员对所记经济业务或事项的高度概括。记账凭证的摘要尽量简短精练，把经济业务事项说清楚即可。一般情况下，会计人员最好使用动宾词组作为记账凭证的摘要，如购料、提取现金、分配动力费用等。也可以说得更详细一些。如购 A 材料 500 千克、销售甲产品 500 件等。

2. 附件特殊的记账凭证摘要的填写

（1）当一张或几张原始凭证涉及几张记账凭证时，会计人员可将原始凭证附在一张主要的记账凭证后面，并在摘要栏内注明“本凭证附件包括××号记账凭证业务”字样，在其他记账凭证上注明“原始凭证附在××号记账凭证后面”字样。没有原始凭证，而只有复印件的，不能作为填制记账凭证的依据。

（2）用红字更正法更正错账时，不论会计分录的一方还是双方填写错误，都应先用红字金额填制一张内容与错误的记账凭证完全相同的记账凭证，在“摘要”栏内注明“冲销×月×日第×号记账凭证错误”；然后，用蓝字填制一张正确的记账凭证，在“摘要”栏内注明“补记×月×日第×号记账凭证业务”；最后，会计人员根据记账凭证分别用红字和蓝字登记账簿。

（三）会计科目的填写

填制会计科目时应填写会计科目的全称或会计科目的名称和编号，不得简写或只填会计科目的编号而不填名称；应先填写借方科目，后填写贷方科目。有总账科目和明细科目分栏填制的记账凭证，应严格按照国家会计制度有关规定进行总账科目填制，明细科目如有设置则在明细科目栏次填写，如“总账科目”栏填写“应交税费”字样，“明细科目”栏填写“应交增值税（进项税额）”字样等；只有总账科目而没有明细科目的，只填写总账科目，如“库存现金”“累计折旧”等。有些记账凭证没有区分总账科目和明细科目的栏次，只有“会计科目”栏次的，则采用会计分录写法填制。如：“应交税费——应交增值税（进项税额）”“其他应收款——备用金（王华）”等。

（四）金额的填写

记账凭证的金额必须与原始凭证的金额相符。在记账凭证的“合计”行填列合计金额，在合计金额之前应填写货币符号，不是合计金额前不应填写货币符号。一笔经济业务因涉及会计科目较多，需填写多张记账凭证的，只在最末一张记账凭证的“合计”行填写合计金额。

记账凭证中的金额用阿拉伯数字填写，填写阿拉伯数字应书写规范，并填至分位；相应的数字应平行对准相应的借、贷栏次和会计科目的栏次，防止错栏串行；合计行填写金额时，应在金额最高位数前填写人民币“￥”字符号，以示金额封顶，防止篡改。记账凭证所填写会计科目及金额应按行次逐笔填写，不得跳行或留有空行。

（五）附件张数的填写

记账凭证必须附有原始凭证，并注明所附原始凭证张数，以便核查。除结账和更正错误的记账凭证可以不附原始凭证之外，其他记账凭证必须附有原始凭证，必须注明所附原始凭证的张数。附件张数的计算方法有两种：①按附原始凭证的自然张数计算。②有原始凭证汇总表的附件，可将原始凭证汇总表张数作为记账凭证的附件张数，再把原始凭证作为原始凭证汇总表的张数处理。附件张数应用阿拉伯数字填写，汽车票、火车票等外形较小的原始凭证可粘贴在“凭证粘贴单”上，作为一张原始凭证附件。但在粘贴单上应注明所粘贴原始凭证的张数和金额。当一张或几张原始凭证涉及几张记账凭证时，可将原始凭证附在一张主要的记账凭证后面，并在摘要栏内注明“本凭证附件包括××号记账凭证业务”字样，在其他记账凭证上注明“原始凭证附在××号记账凭证后面”字样。如果原始凭证需要另行保管的，则应在附件栏目内加以注明。一张原始凭证所列的支出需要由两个及以上的单位共同负担时，应当由保存该原始凭证的单位开给其他应负担单位原始凭证分割单。记账凭证可以根据每一张原始凭证填制，或者根据若干张同类原始凭证汇总填制，也可以根据原始凭证汇总表填制，但不得将不同内容和类别的原始凭证汇总填制在一张记账凭证上。

注意：没有原始凭证，只有复印件的，不能作为填制记账凭证的依据。记账凭证附件数量应用阿拉伯数字填制，不必采用大写汉字填制。如附件五张，应填写“5”；附件三张，填写“3”即可。

（六）签名或盖章

记账凭证上规定有关人员的签名或盖章，应全部签章齐全，以明确经济责任。记账凭证填制完成后，一般应由填制人员、审核人员、会计主管人员、记账人员分别签名盖章，以示其经济责任，并使会计人员互相制约，互相监督，防止错误和舞弊行为的发生。对于收款凭证及付款凭证，其还应由出纳人员签名盖章，以证明款项已收讫或付讫。

（七）对空行的要求

记账凭证不准跳行或留有余行。填制完毕的记账凭证如有空行的，应在金额栏划一斜线或“S”形线注销。划线应从金额栏最后一笔金额数字下面的空行划到合计数行的上面一行（即：金额最后一笔金额数字下的右上角处至最底一行的左下角处），注意斜线或“S”形线两端都不能划到有金额数字的行次上。

（八）记账标记的填写

记账凭证账页的填制时间是在会计人员记账后，为防止重记或对账，应在记账凭证“账页”栏记上所记账户的页码，也可以打“√”。由于所记账页有些是订本账，有些是活页账，活页账账页有可能随时抽换，且平时不编制页码，所以在实际工作中，会计人员记账后一般在记账凭证的“账页栏”打“√”，不填写账页页次。打“√”时，应在会计科目后的平行“账页”栏次做记号。

（九）记账凭证编号的填写

将记账凭证进行编号是为了分清会计事项处理的先后顺序，便于记账凭证的稽核和对账以及保证会计凭证的安全和完整。所以，会计人员在填制记账凭证时，应当对记账凭证进行连续编号。记账凭证编号的方法有多种，会计人员可以采用通用记账凭证编制，即将一个月的全部经济业务，按经济顺序统一编号，该编号方法简便易行，通俗易懂；也可以按货币资金收款、货币资金付款和转账业务三类别编号，即“收字第×号”“付字第×号”“转字第×号”；也可以按现金收入、现金支出、银行存款收入、银行存款支出和转账五类进行编号，即“现收字第×号”“银收字第×号”“现付字第×号”“银付字第×号”“转字第×号”。各单位应当根据本单位业务繁简程度、人员多寡和分工情况来选择便于记账、查账、内部稽核、简单严密的编号方法。无论采用哪一种编号方法，都应该按月顺序编号，即每月都从1号编起，顺序编至月末。会计人员无论采用上述哪一种方法编号，都应按自然顺序连续编号，不得跳号、重号，及时对记账凭证予以编号。

思考：一项业务填写了两张以上凭证时，记账凭证应如何编号？

一笔经济业务如果涉及科目较多，就有可能需要填制两张或两张以上的记账凭证。此时，会计人员可以采用“分数编号法”编号。“分数编号法”即记账凭证的编号应是一个号，然后在此号码下，则采用分数的方法来表示。例如，某笔经济业务属某月转账业务的第35号，需填制三张转账凭证共同完成，那么这三张转账凭证的编号应是“35-1/3”“35-2/3”“35-3/3”，分母3表示这笔业务需3张记账凭证，分子1、2、3分别表示第1、2、3张。

六、记账凭证的审核

按照已审核无误的原始凭证填制正确规范的记账凭证是会计核算工作的重要基础环节。由于原始凭证来自不同单位，种类繁多，数量庞大，格式不一致，所以对原始凭证的正确归类和整理是正确填制记账凭证的前提条件，是完整、及时填制记账凭证的重要步骤，是单位提供真实会计信息的重要保证。填制记账凭证应注意以下几个方面：①借方金额与贷方金额正确一致，业务内容记录真实、完整。②对经济业务的摘要言简意赅，要能满足记账、查账的要求。③借方贷方账户清晰、关系明确，不能漏记对应会计科目。④一般每张凭证后面都有一定附件，张数要注明清楚，以备查考。记账凭证审核无误后，才能据以登记账本。记账凭证的审核主要内容有：①内容是否真实，即审核记账凭证反映的经济业务内容是否以后附的原始凭证为依据。②项目要素是否准确齐全，如日期、摘要、会计科目、金额等，有关人员的签字是否完备。③科目是否正确，即审核记账凭证的借贷科目是否正确，二级或明细科目是否齐全，账号对应关系是否有明确，是否符合会计准则。④借贷金额是否一致正确，即审核记账凭证上记录的金额是否与后附原始凭证的金额相符一致，明细计算是否正确无误。⑤手续是否完备，即审核出纳人员是否在相应的地方盖章，并对已办理好的记账凭证后附的原始凭证（单据）加盖收讫或付讫的戳记。会计人员在审核中若发现记账凭证填制有错误，应查明原因，予以重新填制或者按照规定方法及时更正。只有经审核无误的记账凭证，才能据以记账。会计人员对会计凭证的审核是保证会计信息质量，发挥会计监督的重要手段。为了做好会计审核发挥会计监督的作用，会计人员应当做到既熟悉和掌握国家政策、法令，又了解本单位的规章制度，以及有关预算、计划执行情况。

记账凭证审核的主要内容包括以下四个方面。

（一）记账凭证的真实性审核

记账凭证是否附有原始凭证，记账凭证与所附原始凭证在经济内容和金额上是否一致。

（二）记账凭证的正确性审核

记账凭证应借、应贷的账户名称和金额是否正确；日期、凭证编号、摘要、附件张数、有关人员签章是否正确；账户对应关系是否清楚，核算内容是否符合会计制度规定。

（三）记账凭证的完整性审核

记账凭证中的有关项目是否填列齐全，有关人员是否都已签名或盖章。

（四）记账凭证的规范性审核

记账凭证的数字是否清晰，文字书写是否公正规范，摘要是否简明扼要。审核中如果发现错误，如果尚未登记账簿，需要重新填制记账凭证；如果已经登记入账，则按照规定的方法进行更正。

【课堂练习】

请同学们根据下列经济业务填制记账凭证见表 5-13、表 5-14、表 5-15。

（1）2024 年 1 月 5 日。阳光公司收到国有资产管理委员会投入企业的资本金 100 万元，款项已经转入本企业银行账户。

表 5-13 记 账 凭 证

年 月 日　　　　字第 号

摘要	会计科目		借方金额											贷方金额											记账√
	总账科目	明细科目	亿	千	百	十	万	千	百	十	元	角	分	亿	千	百	十	万	千	百	十	元	角	分	
附件 张	合计																								

会计主管：　　记账：　　出纳：　　审核：　　制证：

（2）2024 年 1 月 7 日，阳光公司管理部门购买办公用品支付办公费 500 元。

表 5-14 记 账 凭 证

年 月 日　　　　字第 号

摘要	会计科目		借方金额											贷方金额											记账√
	总账科目	明细科目	亿	千	百	十	万	千	百	十	元	角	分	亿	千	百	十	万	千	百	十	元	角	分	
附件 张	合计																								

会计主管：　　记账：　　出纳：　　审核：　　制证：

（3）2024 年 1 月 10 日，阳光公司销售部门员工王二借差旅费 2 000 元，公司以银行存款支付。

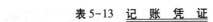

表 5-15　记　账　凭　证

年　月　日　　　　　　　　字第　号

摘要	会计科目		借方金额											贷方金额											记账√
	总账科目	明细科目	亿	千	百	十	万	千	百	十	元	角	分	亿	千	百	十	万	千	百	十	元	角	分	
附件　张	合计																								

会计主管：　　　　记账：　　　　出纳：　　　　审核：　　　　制证：

【知识拓展 1——会计凭证的传递与保管】

记账凭证的舞弊主要有以下形式：(1) 假账真做，是指虽无原始凭证却以行为人的意志凭空填制记账凭证或在填制记账凭证时，故意使其金额与原始凭证上的金额不符。如某企业为了骗取上市资格，将堆压在仓库中的 120 万元库存商品虚列为销售并授意财务部门凭空填制了收款凭证，将 120 万元的“主营业务收入”登记入账以虚增利润。又如某单位会计人员李某借工作之便将许多发票（如出租车收据、吃饭发票等）积累起来集中填制一张记账凭证从单位贪污了 55 500 元。(2) 真账假做，是指舞弊者故意错用会计科目、错写发生金额或记账方向等来混淆记账凭证对应关系的舞弊方法。具体包括：①对记账凭证中的“摘要”进行舞弊。其特征是要么填写内容过于简单，不能说明经济活动发生的详细情况；要么故意用词不准确，不能反映该项经济业务；要么文字说明过于累赘，失去了摘要的特点；要么干脆不写摘要。如某单位原始凭证中的“摘要”明明写着“直径为 33 毫米的钢材”却在记账凭证中的“摘要”栏写着“废钢材”，将销售钢材的收入记入“其他业务收入”以达到少交税金的目的。②对记账凭证中的“记账方向”进行舞弊。如某单位取得销货款，明明应该“借”记“银行存款”却“贷”记“银行存款”。③对记账凭证中的“记账科目”进行舞弊。如某单位取得销货款，明明应该“贷”记“主营业务收入”却“贷”记“其他业务收入”。④对记账凭证中的“记账金额”进行舞弊。即记错凭证中“数量、单价、金额”，与所附原始凭证“数量、单价、金额”不符。如某单位的一张出差费报销清单中，金额为 700 元，记账的时候却在“管理费用”中列支 7 000 元。

⑤对记账凭证中的“附件数”进行舞弊。即记账凭证中所附原始凭证的张数模糊不清，以达到浑水摸鱼的目的。

因此，为了如实反映经济业务的发生和完成情况，使单位的会计核算符合现行会计制度、财务管理制度和凭证填制的规定及要求，保证编制的记账凭证真实正确，审计人员应严格审计记账凭证的以下关键点：①对记账凭证的基本要素的完整性进行审计。主要是审计记账凭证填制的日期、编号、业务内容摘要、附原始凭证张数、会计科目及其借贷方向、填制、出纳、复核及会计主管人员的签章等有无缺少或空白是否全部填写。②对记账凭证中科目的运用的合规性进行审计。主要是审计记账凭证中的科目是否符合经济业务的性质和内容是否与有关会计准则和会计制度的规定一致。③对记账凭证手续的完善性进行审计。主要是审计记账凭证中的各级负责人和有关经办人的签章是否齐备，其会计责任是否明确，有无手续不清、责任不明的现象。④对记账凭证中金额的正确性进行审计。主要是审计记账凭证中的单价、数量和金额是否正确有无多计、少计不符的现象。⑤对记账凭证中的应借应贷关系的正确性进行审计。主要是审计记账凭证中的科目是否存在应借应贷的关系及其金额是否平衡。

第三节　掌握登记会计账簿的方法

我们将审核无误的原始凭证填制记账凭证，用记账凭证将企业的经济活动记录下来后，会发现每一张记账凭证所记录的仅仅是某一笔经济业务发生的情况，并不能全面地、系统地反映企业的经济活动情况。如果需要将分散在每一张记账凭证上的会计信息进行汇总，我们可以利用会计账簿对企业的经济业务进行集中和分类汇总。

会计账簿是根据审核无误的记账凭证进行登记的，在完成期初建账工作后，我们应如何根据审核无误的记账凭证登记会计账簿呢？会计账簿的登记有哪些具体要求呢？本小节，我们将主要学习会计账簿的基本知识和登记方法。

一、会计账簿的概念

会计账簿是以会计凭证为依据，由具有一定格式并相互联系的账页所组成的，用来全面、分类、系统、序时地记录和反映会计主体各项经济业务的会计簿籍。各个事业单位对日常发生的经济业务，都必须取得和填制会计凭证。由于会计凭证数量很多，又很分散，而且只能零散地反映个别经济业务的内容，不能连续、系统、全面、完整地反映和监督一个单位在一定时期内某类或全部经济业务的变化情况，因此为了给经济管理提供系统的核算资料，会计人员就需要将分散在会计凭证上的大量核算资料进行归类整理，运用登记账簿的方法，登记到账簿中去。会计人员只有通过账簿，才可以反映会计主体在一定时期内所发生的各项资金运动，为会计主体提供系统、完整的会计核算资料；只有通过账簿，才可以分门别类地对经济业务进行登记，积累一定时期的会计信息，从而为编制会计报表提供所需的资料；只有通过账簿，才能记录一定时期资金的取得与营运情况，提供费用、成本、销售收入和财务成果等资料，为考核企业经营成果、加强经济核算，提供重要的依据。

为了便于了解单位在某一时期内的全部经济活动情况，会计人员必须设置和登记会计账簿，借以取得经营管理上所需的各种会计信息。会计核算中，对会计主体所发生的每一项经济业务都必须取得和填制会计凭证，用来反映和监督各项经济业务的发生和完成情况。但是，这些记录在会计凭证上的信息还是分散的，不能全面提供经济管理所需的诸多会计信息。为了把分散在会计凭证中的大量信息加以集中和归类，全面、连续、系统地反映和监督会计主体在一定时期的经济活动和财务收支情况，并为编制财务会计报告提供依据，会计人员就需要在填制和审核会计凭证的基础上，设置和登记会计账簿。

二、会计账簿的结构

设置和登记账簿是会计核算工作的重要环节，在经济管理中具有重要作用。启用会计账簿时，会计人员应当在账簿封面上写明单位名称和账簿名称，并在账簿扉页上附启用表。启用订本式账簿应当从第一页到最后一页顺序编定页数，不得跳页、缺号。使用活页式账页时，会计人员应当按账户顺序编号，并须定期装订成册；装订后再按实际使用的账页顺序编定页码，另加目录，记明每个账户的名称和页次。会计账簿的基本结构包括封面、扉页、账页。

（1）封面：用于填写账簿名称、使用时间等内容。如总分类账、各种明细分类账、库存现金日记账，银行存款日记账等。

（2）扉页：一般设在封面之后，并印有“账簿启用交接记录表”的字样。其主要用来列明会计账簿的使用信息，如科目索引、账簿启用和经管人员一览表等。

（3）账页：账页是会计账簿的主要组成部分。其是账簿用来记录经济业务的主要载体，包括账户的名称、日期栏、凭证种类和编号栏、摘要栏、金额栏，以及总页次和分户页次等基本内容。

会计人员设置账簿时，要考虑到公司的运营状况和人力、物力的分配情况，在不浪费资源的情况下，所设置的账簿要能保证全面、系统地反映和监督公司的经济活动情况，为运营管理提供相关的信息，对于格式，要力求简单明了，按公司运营的实际情况进行设计。

三、会计账簿的意义

设置和登记会计账簿，是会计核算的一种专门方法，对充分发挥会计在经济管理中的作用具有重要意义。其主要有以下几方面的作用：

（1）会计账簿为经营管理提供全面系统的会计信息。会计人员通过设置和登记会计账簿，可以把大量分散记载于会计凭证上的核算资料，按照账户加以归类、汇总、整理，及时反映经济业务的全貌，分类提供诸如资产、负债、所有者权益等会计核算信息。

（2）会计账簿为考核财务状况和经营成果提供依据。企业通过会计账簿提供的既总括又明细的核算资料，便于分析财务状况和经营成果，了解有关方针、政策、制度的执行情况，可以考核各项计划的完成情况。另外，企业可据此对资金使用是否合理，费用开支是否符合标准，经济效益有无提高，利润的形成与分配是否符合规定等作出分析、评价，促使其改善经营管理。

（3）会计账簿为编制财务会计报告提供主要依据。会计账簿对连接会计凭证与财务会计报告起着十分重要、不可缺少的作用。投资者、债权人、银行、税务机关以及有关利害关系的各方，都需要从财务会计报告中得到他们所关心的各类会计信息，以便作出正确的财务决策。因此，财务会计报告中所反映的会计信息是否可靠，编制和报送是否及时，都同会计账簿登记得是否合理、正确与否，有着极为密切的联系，直接关系着上述利害关系的各方。

（4）会计账簿是重要的会计档案。会计人员通过设置和登记会计账簿，可以具体反映各项财产物资的增减变动情况，并将账面记录与有关的财产物资进行核对，以查明账实是否相符，有利于保证财产物资的安全与完整，也有利于保存会计资料，也便于日后查阅使用。

四、会计账簿的类型

（一）按会计账簿的外表形式分类，其可分为订本式账簿、活页式账簿、卡片式账簿

1. 订本式账簿

订本式账簿，又称订本账，是在启用前将编有顺序页码的一定数量账页装订成册的账簿，适用于总分类账、库存现金日记账和银行存款日记账。订本式账簿由于每张账页上都有按顺序排列的账页号码，使用时可以避免账页散失，并可防止抽换账页。但是，由于账页的序号和总数固定，无法根据实际需要进行增减，因而开设账户时必须为每一账户预留账页，若预留账页不足，将影响账簿记录的连续性，若预留过多，又会造成浪费。此外，订本式账簿在同一时间内，只能由一人记账，不利于分工记账。这种账簿一般适用于库存现金日记账、银行存款日记账和总分类账。

2. 活页式账簿

活页式账簿，又称活页账，是将一定数量的账页置于活页夹内，可根据记账内容的变化而随时增加或减少部分账页的账簿，适用于明细分类账。活页式账簿的账页可以根据实际需要进行增减或重新排列，使用比较灵活，便于组织记账人员同时分工记账。但是，账

页容易散失或被抽换，因此，平时应按账页顺序编号，并于会计期末装订成册，并妥善保管。这种账簿适用于大部分的明细分类账。

3. 卡片式账簿

卡片式账簿，又称卡片账，是将一定数量的卡片式账页存放于专设的卡片箱中，账页可以根据需要随时增添的账簿，适用于低值易耗品、固定资产等的明细核算。采用卡片式账簿，可以跨年度长期使用而无需更换，且可按不同要求进行归类。但是，其账页也容易散失或被抽换，所以使用时要顺序编号，置于卡片箱内以保证其安全，并由专人保管，使用完毕应封扎归档保管，并重新编写页码列出目录，以备日后查阅。这种账簿一般适用于小部分的明细账，如固定资产明细账。

（二）按会计账簿的用途分类，其可分为序时账簿、分类账簿、备查账簿

1. 序时账簿

序时账簿又称日记账，是按照经济业务发生的时间先后顺序，逐日逐笔登记经济业务的账簿。序时账簿按其记录的内容不同，可以分为普通日记账和特种日记账。序时账按照所记载的内容不同，又可以分为两种：第一种是普通日记账，是用来登记全部经济业务事项的日记账，即把每天所发生的所有经济业务，按照其发生的时间先后顺序，编成会计分录，全部登记入账簿。这种日记账登记的工作量大，查阅也不太方便。第二种是特种日记账，是用来登记某一类经济业务事项的日记账，即把某一类比较重要的经济业务，按照其发生和完成的先后顺序记入账簿中，如库存现金日记账、银行存款日记账等，用来登记与现金、银行存款收付有关的经济业务。在我国会计实务中，普通日记账目前已很少设置，大多数企业一般只设库存现金日记账和银行存款日记账。在会计实践中，企业通常只对库存现金、银行存款设置日记账进行序时核算，库存现金日记账与银行存款日记账如图 5-3、图 5-4 所示。

库　存　现　金　日　记　账

年		凭证号数		摘要	对方科目	借方金额											√	贷方金额											√	余额											√
月	日	种类	号数			亿	千	百	十	万	千	百	十	元	角	分		亿	千	百	十	万	千	百	十	元	角	分		亿	千	百	十	万	千	百	十	元	角	分	

图 5-3　库存现金日记账

银 行 存 款 日 记 账

年		凭证号数		摘要	对方科目	借方金额											√	贷方金额											√	余额											√
月	日	种类	号数			亿	千	百	十	万	千	百	十	元	角	分		亿	千	百	十	万	千	百	十	元	角	分		亿	千	百	十	万	千	百	十	元	角	分	

图 5-4 银行存款日记账

2. 分类账簿

分类账簿是对全部经济业务进行分类登记的账簿。按其提供核算指标的详细程度不同分类，分类账簿又分为总分类账和明细分类账。总账是按照总分类账户开设，用于分类登记全部经济业务事项，提供各种资产、负债、所有者权益、收入、费用和利润的总括会计核算资料的账簿。明细账是总账的补充，是按照总分类账户所属的明细账户开设，用于分类地登记某一类经济业务事项，提供某一项资产、负债、所有者权益、收入、费用和利润的明细会计核算资料的账簿。从分类账的各个账户中，相关人员可以得到各个会计要素及其构成内容增减变动的资料。在会计实务中，序时账簿和分类账簿可以结合在一本账簿进行登记，这种同时具备序时核算和分类核算作用的账簿称为联合账簿。例如，日记总账就是典型的联合账簿。

3. 备查账簿

备查账簿又称辅助账簿，是对某些在日记账簿和分类账簿中未能记载或记载不全的经济业务进行补充登记的账簿。例如，以经营租赁方式租入固定资产的登记簿、受托加工材料登记簿、应收应付票据登记簿等。备查账簿属于辅助性账簿，与其他账簿之间不存在严密的关系，但它可以为某些经济业务的内容提供必要的参考资料。备查账簿并非每个企业都要设置，而是由企业根据实际需要进行设置。

（三）按会计账簿的账页格式分类，其中分为三栏式账簿、数量金额式账簿、多栏式账簿

1. 三栏式账簿

三栏式账簿，是由具有“借方”“贷方”和“余额”三个基本栏目的账页所组成的账簿，主要用于总账、日记账和不需要进行数量核算的明细账，总账与三栏式明细账分别如表 5-16、图 5-5 所示。

表 5-16　总账

账户编号及名称：__________

年		凭证号数	摘要	借方											贷方											借或贷	余额											√
月	日			亿	千	百	十	万	千	百	十	元	角	分	亿	千	百	十	万	千	百	十	元	角	分		亿	千	百	十	万	千	百	十	元	角	分	

三栏式明细账

级科目编号及名称：

年		凭证号数	摘要	借方												贷方												借或贷	余额											
月	日			亿	千	百	十	万	千	百	十	元	角	分	√	亿	千	百	十	万	千	百	十	元	角	分	√		亿	千	百	十	万	千	百	十	元	角	分	√

图 5-5　三栏式明细账

2. 数量金额式账簿

数量金额式账簿，是在“借方”“贷方”和“余额”三个栏次内分别设有“数量”“单价”和“金额”三个小栏次的账簿，主要用于既要进行金额核算，又要进行数量核算的各种实物资产明细账如图 5-6 所示。

数量金额式明细账

存放地点：　最高存量：　最低存量：　计量单位：　名称及规格：　货号：

年		凭证号数	摘要	收入													发出													借或贷	结存												
				数量	单价	金额											数量	单价	金额												数量	单价	金额										
月	日					亿	千	百	十	万	千	百	十	元	角	分			亿	千	百	十	万	千	百	十	元	角	分				亿	千	百	十	万	千	百	十	元	角	分

图 5-6　数量金额式明细账

3. 多栏式账簿

多栏式账簿，是由在借方、贷方或借贷双方均设若干专栏的账页所组成的账簿，主要用于有关成本、费用和收入等账户的明细核算，如图 5-7 所示。

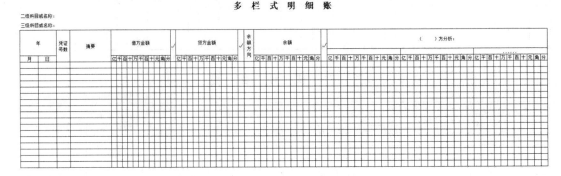

多 栏 式 明 细 账

二级科目或名称：

三级科目或名称：

<table>
<tr><th colspan="2" rowspan="2">年</th><th rowspan="3">凭证号数</th><th rowspan="3">摘要</th><th colspan="11" rowspan="2">借方金额</th><th rowspan="3">√</th><th colspan="11" rowspan="2">贷方金额</th><th rowspan="3">√</th><th rowspan="3">余额方向</th><th colspan="11" rowspan="2">余额</th><th rowspan="3">√</th><th colspan="33">（　）方分析：</th></tr>
<tr><th colspan="11"></th><th colspan="11"></th><th colspan="11">……</th></tr>
<tr><th>月</th><th>日</th><th>亿</th><th>千</th><th>百</th><th>十</th><th>万</th><th>千</th><th>百</th><th>十</th><th>元</th><th>角</th><th>分</th><th>亿</th><th>千</th><th>百</th><th>十</th><th>万</th><th>千</th><th>百</th><th>十</th><th>元</th><th>角</th><th>分</th><th>亿</th><th>千</th><th>百</th><th>十</th><th>万</th><th>千</th><th>百</th><th>十</th><th>元</th><th>角</th><th>分</th><th>亿</th><th>千</th><th>百</th><th>十</th><th>万</th><th>千</th><th>百</th><th>十</th><th>元</th><th>角</th><th>分</th><th>亿</th><th>千</th><th>百</th><th>十</th><th>万</th><th>千</th><th>百</th><th>十</th><th>元</th><th>角</th><th>分</th><th>亿</th><th>千</th><th>百</th><th>十</th><th>万</th><th>千</th><th>百</th><th>十</th><th>元</th><th>角</th><th>分</th></tr>
<tr><td></td><td></td><td></td><td></td><td colspan="11"></td><td></td><td colspan="11"></td><td></td><td></td><td colspan="11"></td><td></td><td colspan="11"></td><td colspan="11"></td><td colspan="11"></td></tr>
</table>

图 5-7　多栏式明细账

五、会计账簿的设置方法

《中华人民共和国会计法》第三条规定：各单位必须依法设置会计账簿，并保证其真实、完整。第十六条规定：各单位发生的各项经济业务事项应当在依法设置的会计账簿上统一登记、核算，不得违反本法和国家统一的会计制度的规定私设会计账簿登记、核算。企业应根据国家统一会计制度的规定，并结合本单位、本部门经济业务的特点及经营管理的要求，科学、合理地设置一定种类和数量的账簿，这是会计账簿设置的总原则。会计账簿的设置，包括确定账簿的种类、账页的格式、内容以及规定账簿登记的方法等。企业设置会计账簿时，应遵循下列基本原则：

（1）满足需要。会计账簿的设置应以国家统一会计制度为依据，保证全面、系统、真实地反映和监督企业经济活动。会计账簿中所提供的信息应符合国家宏观经济管理的要求，满足有关各方了解财务状况和经营成果的需要，满足企业内部经营管理的需要。

（2）符合实际。会计账簿的设置应从本企业实际出发，利于会计人员分工和加强岗位责任制，并应综合考虑本单位经济活动的特点和经营规模、业务量的大小、会计机构设置以及会计人员配备的情况等。

（3）组织严密。会计账簿的设置应当严密，避免重复或遗漏。各账簿之间既要分工明确，又要相互联系，互相补充、制约，能清晰反映账户间的对应关系；既有总括反映，又有详细说明，以便能提供完整、系统的会计核算资料；既要防止账簿重叠复杂，又要防止过于简化，以至于不能提供日常管理所需的资料和编制财务会计报告所需的数据。

（4）简便实用。会计账簿的设置应在完整、严密以及满足信息使用者需要的前提下，力求简便易行，便于操作，以节省人力、物力、财力，提高会计工作效率。账页格式要简单实用，不宜过繁，账本册数不宜过多，这样不仅便于日常使用，也便于保存。

设置和登记账簿是会计核算的一种专门方法，是会计核算工作的重要环节，它能提供系统、完整的会计核算资料，为编制会计报表提供主要依据。账簿的设置方法可按以下规则：

（1）总分类账必须采用三栏式账页的订本账。其账簿由封面、扉页和账页等组成，账簿名称一般已印制在封面上，无需手工填写。

（2）为加强货币资金的管理，企业应设置库存现金和银行存款日记账各一本，一般均采用订本式账簿、三栏式格式账页，其账簿均由封面、扉页和账页等组成。账簿名称一般已印制在封面上，无需手工填写。

（3）明细分类账一般采用活页式账簿，其账页格式有三栏式、数量金额式和多栏式三种。

六、会计账簿的启用与登记

（一）启用账簿

启用新的会计账簿时，会计人员首先填写扉页，扉页上有“账簿启用及交接表”，如表 5-17 所示。主要填写两方面内容：一是要详细填写单位名称、账簿名称、账簿号码、账簿页数和启用日期等，二是要填写单位主管、财务主管和记账人员等人的姓名并加盖姓名章和单位公章。

记账人员调动工作时，应由会计机构负责人监交，由交接双方填写交接日期并签名盖章，以明确双方经济责任，加强有关人员的责任感，维护会计账簿记录的严肃性。

在启用总分类账时，企业还应缴纳并粘贴印花税票。企业将购置的印花税票粘贴在“印花粘贴处”，并画几条平行横线注销。若企业使用缴款书缴纳印花税，只需在“印花粘贴处”注明印花税已交以及缴款金额即可。

表 5-17 账簿启用及交接记录表

<table>
<tr><td>单位名称</td><td></td><td></td><td></td><td rowspan="5">粘贴印花</td></tr>
<tr><td>账簿名称</td><td></td><td></td><td></td></tr>
<tr><td>册次及起讫页数</td><td colspan="3">自 页起至 页止共 页</td></tr>
<tr><td>启用日期</td><td colspan="3"></td></tr>
<tr><td>停用日期</td><td colspan="3"></td></tr>
<tr><td>经管人姓名</td><td>接管日期</td><td>交出日期</td><td>经管人盖章</td><td>会计主管盖章</td></tr>
<tr><td></td><td>年 月 日</td><td>年 月 日</td><td></td><td></td></tr>
<tr><td></td><td>年 月 日</td><td>年 月 日</td><td></td><td></td></tr>
<tr><td></td><td>年 月 日</td><td>年 月 日</td><td></td><td></td></tr>
<tr><td>备注</td><td></td><td></td><td></td><td>单位公章</td></tr>
</table>

（二）开设总分类账户

本单位会计核算涉及的总账账户，不论期初是否有余额，都需在总账中设置出相应账户，并根据实际需要预留账页。即在总账账簿中相应账页的“科目名称及编号”处填上会计科目的名称及编号，如“（1001）库存现金”等。

（三）登记期初余额

对于上年末有余额的总账账户，应将上年末余额作为本年度期初余额登记在第一行。具体方法是：日期栏填入期初日期，摘要栏填入“上年结转”（非年初建账的填入“期初余额”），借或贷方向栏填入“借”或“贷”，余额栏填入余额。对于没有余额的账户，无需登记。

（四）填写账户目录

所有总分类账户设置完毕后，应在账簿启用页后的“账户目录”中填入各账户的编号、名称和页数，以便查找。

账簿书写规范：

（1）使用蓝黑墨水或者碳素墨水书写，不得使用圆珠笔（银行的复写账簿除外）或者铅笔书写。

（2）账簿中书写的文字和数字上面要留有适当空格，不要写满格，一般应占格距的1/2。

（3）账簿的阿拉伯数字要紧贴底线书写，并有60度左右的倾斜度。书写“6”时上端要比其他数字高出1/4，书写“7”和“9”时下端要比其他数字伸出1/4。

（五）登记会计账簿

1. 登记会计账簿的基本要求

财政部颁布的《会计基础工作规范》第六十条对登记会计账簿应遵循的基本要求作了具体的规定。登记会计账簿的基本要求如图5-8所示。

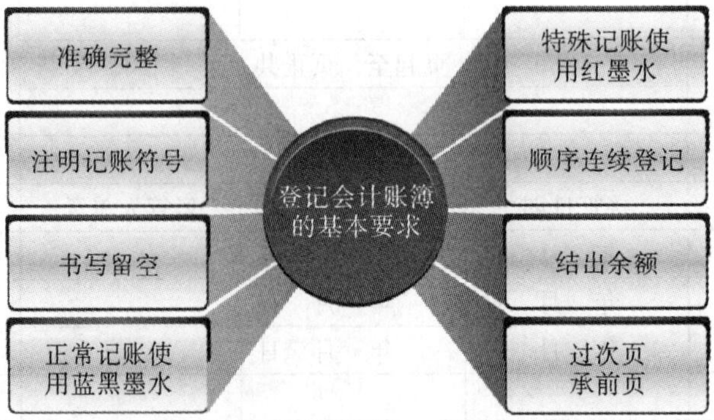

图5-8 登记会计账簿的基本要求

（1）准确完整

《会计基础工作规范》第六十条规定："登记会计账簿时，应当将会计凭证日期、编号、业务内容摘要、金额和其他有关资料逐项记入账内，做到数字准确、摘要清楚、登记及时、字迹工整。"

每一项会计事项，一方面要记入有关的总账，另一方面要记入该总账所属的明细账。账簿记录中的日期，应该填写记账凭证上的日期；以自制的原始凭证（如收料单、领料单等）作为记账依据的，账簿记录中的日期应按有关自制凭证上的日期填列。

登记账簿要及时，但对各种账簿的登记间隔应该多长，《会计基础工作规范》未作统一规定。一般来说，由单位所采用的具体会计核算形式确定。

（2）注明记账符号

《会计基础工作规范》第六十条规定："账簿登记完毕后，要在记账凭证上签名或者盖章，并注明已经登账的符号，表示已经记账。"

在记账凭证上设有专门的栏目供注明记账的符号，一般在专门的栏目中画"√"或注明记账页码表示已经记账，以免发生重记或漏记。

（3）书写留空

《会计基础工作规范》第六十条规定："账簿中书写的文字和数字上面要留有适当空格，不要写满格，一般应占格距的二分之一。"

这样，一旦发生登记错误时，能比较容易地进行更正，同时也方便查账工作。

（4）正常记账使用蓝黑墨水

《会计基础工作规范》第六十条规定："登记账簿要用蓝黑墨水或者碳素墨水书写，不得使用圆珠笔（银行的复写账簿除外）或者铅笔书写。"

在会计上，数字的颜色是重要的语素之一，它同数字和文字一起传达出会计信息。如同数字和文字错误可能导致信息错误，书写墨水的颜色用错了，也可能导致信息错误，而且其导致的概念混乱不亚于数字和文字错误。

（5）特殊记账使用红墨水

《会计基础工作规范》第六十条规定下列情况可以用红色墨水记账：

①按照红字冲账的记账凭证，冲销错误记录。

②在不设借贷等栏的多栏式账页中，登记减少数。

③在三栏式账户的余额栏前，如未印明余额方向的，在余额栏内登记负数余额。

④根据国家统一会计制度的规定可以用红字登记的其他会计记录。

在这几种情况下使用红色墨水记账是会计工作中的惯例。

（6）顺序连续登记

《会计基础工作规范》第六十条规定："各种账簿按页次顺序连续登记，不得跳行、隔页。如果发生跳行、隔页，应当将空行、空页划线注销，或者注明'此行空白''此页空白’字样，并由记账人员签名或者盖章。”这对防止在账簿登记中可能出现的漏洞是十分必要的。

（7）结出余额

《会计基础工作规范》第六十条规定：“凡需要结出余额的账户，结出余额后，应当在‘借或贷’等栏内写明‘借’或者‘贷’等字样。没有余额的账户，应当在‘借或贷’等栏内写‘平’字，并在余额栏内用‘Q’表示。现金日记账和银行存款日记账必须逐日结出余额。”一般来说，对于没有余额的账户，在余额栏内标注的“Q”应当放在“元”位。

（8）过次页及承前页

《会计基础工作规范》第六十条规定：“每一账页登记完毕结转下页时，应当结出本页合计数及余额，写在本页最后一行和下页第一行有关栏内，并在摘要栏内注明‘过次页’和‘承前页’字样；也可以将本页合计数及金额只写在下页第一行有关栏内，并在摘要栏内注明‘承前页’字样。”也就是说，“过次页”和“承前页”的方法有两种：一是在本页最后一行内结出发生额合计数及余额，然后过次页并在次页第一行承前页；二是只在次页第一行承前页写出发生额合计数及余额，不在上页最后一行结出发生额合计数及余额后过次页。

《会计基础工作规范》第六十条还对“过次页”的本页合计数的结计方法，根据不同需要作了规定。

①“对需要结计本月发生额的账户，结计‘过次页’的本页合计数应当为自本月初起至本页末止的发生额合计数。”这样做，便于根据“过次页”的合计数，随时了解本月初到本页末止的发生额；也便于月末结账时，加计“本月合计”数。

②“对需要结计本年累计发生额的账户，结计‘过次页’的本页合计数应当为自年初起至本页末止的累计数。”这样做，便于根据“过次页”的合计数，随时了解本年初到本页末止的累计发生额；也便于年终结账时，加计“本年累计”数。

③“对既不需要结计本月发生额也不需要结计本年累计发生额的账户，可以只将每页末的余额结转次页。”如某些材料明细账户就没有必要将每页的发生额结转次页。

2. 登记会计账簿的方法

（1）库存现金日记账、银行存款日记账的登记方法

库存现金日记账、银行存款日记账的登记，出纳根据审核无误的会计凭证登记登账时，应将会计凭证的日期、种类和编号、业务的内容摘要、金额等逐项记入账内，同时要在会计凭证上注明账簿的页数，或画“√”符号，表示已经登记入账，防止漏记、重记和错记情况发生。出纳人员对认为有问题的会计凭证，应提交会计主管人员进一步审核，在审核结果未出前，出纳人员可以拒绝入账。对于库存现金日记账，每日结束，出纳应分别计算现金收入和支出的合计数，结出余额，同时将余额与实有库存现金核对，即做到“日

清”。如果账款不符，其应查明原因，并记录备案。每月终了，出纳同样需计算现金收付和结存合计数并与实有库存现金核对相符，即做到“月结”。

（2）总分类账的登记方法

总分类账是按照总分类账户分类登记以提供总括会计信息的账簿。总分类账最常用的格式为三栏式，其形式一般要求采用订本式账簿。

（3）明细分类账的登记方法

明细分类账是根据二级账户或明细账户开设账簿，分类、连续地登记经济业务以提供明细核算资料的账簿，其格式有三栏式、多栏式、数量金额式等多种。

七、总分类账户与明细分类账户的平行登记

总分类账户对明细分类账户具有统驭控制作用；明细分类账户对总分类账户具有补充说明作用。总分类账户与其所属明细分类账户在总金额上应当相等。

总分类账户与明细分类账户的平行登记是指对所发生的每项经济业务事项，都要以会计凭证为依据，一方面记入有关总分类账户，另一方面记入有关总分类账户所属明细分类账户的方法。总分类账户与明细分类账户平行登记要求做到：所依据会计凭证相同、借贷方向相同、所属会计期间相同、计入总分类账户的金额与计入其所属明细分类账户的合计金额相等。总分类账户与明细分类账户平行登记要求做到以下几点：

（一）同依据

会计人员将发生的交易或事项记入总分类账户及其所属明细分类账户时，所依据的会计凭证（特别是指原始凭证）相同。虽然登记总分类账户及其所属明细分类账户的直接依据不一定相同，但原始依据是相同的。

（二）同方向

会计人员将发生的交易或事项记入总分类账户及其所属的明细分类账户时，记账的借贷方向应当一致。如果是记入总分类账户的借方（或贷方），则记入其所属的明细分类账户时，也应记入借方（或贷方）。

（三）同期间

会计人员对发生的每一交易或事项，既要记入有关的总分类账户，又要在同一会计期间内记入其所属的明细分类账户。尽管登记总账与明细账的具体日期不一定相同，但都要在同一会计期间内进行登记。

（四）同金额

会计人员对发生的每一交易或事项，计入总分类账户的金额与计入其所属的明细分类账户的金额之和相等。

八、对账

（一）对账的概念

期末对账工作的主要任务是：进行账证、账账、账实核对，编制总账发生额及余额试算平衡表、总账与明细账发生额及余额对照表、银行存款余额调节表等，以保证会计账簿记录的正确性。

（二）期末对账工作的内容

会计期末对账工作如图 5-9 所示。

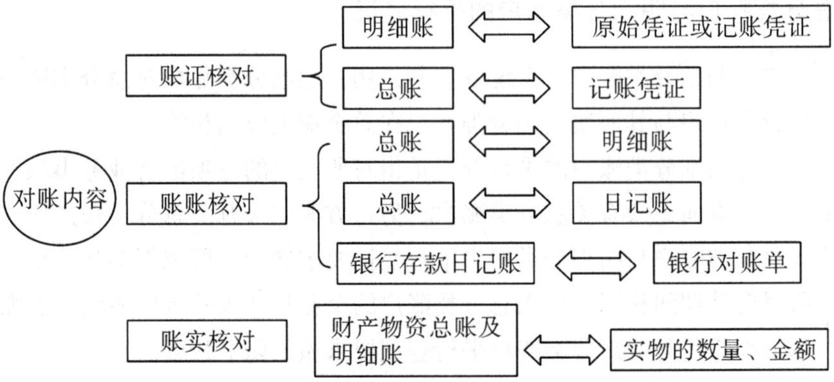

图 5-9　期末对账工作

1. 账实核对——账实相符

账实核对就是通过对财产物资、库存现金的实地盘点和对银行存款、债权、债务的查对，来确定企业资产实有数与账面结存数是否相符的一种专门方法。有些情况下，会计账簿登记的数额同财产、物资及款项的实际数额会存在差异。其主要原因：一是财产物资及款项增减变动时，填制凭证有误，发生漏记、错记或者计算错误；二是收发财产、物资时，由于计量、检验不准确，发生品种、数量上的差错；三是财产物资保管过程中的自然损耗；四是由于保管不善而发生的财产物资霉烂、变质、丢失或其他损失；五是发生贪污、盗窃、挪用而造成的损失等。为了保证账实相符，各单位应定期进行账实核对，以切实做到账实相符。核对的主要内容包括：①银行存款日记账的余额，应定期与银行对账单核对相符（每月至少核对一次）；②库存现金日记账的余额，应逐日同库存现金实有数核对相符；③财产物资明细账的结存数量，应定期与库存实物核对相符（每年至少核对一次）；④各种应收、应付等往来账项，应定期同有关单位或个人核对相符（每年至少核对一次）。账实核对的方法，一般通过财产物资清查的方法进行，既可进行全面清查，也可进行局部清查；既可进行实地盘点，也可进行技术推算盘点。企业通过清查，确定各项财产、物资及款项的实有数额，进而查明账面数额与实有数额的差异及其原因，并按规定进行处理，做到账实相符，保证会计资料的真实性。

为反映和监督企业在账实核对中查明的各种财产物资的盘盈、盘亏及处理情况，企业应设置“待处理财产损溢”账户。该账户是资产类账户，借方登记发生的盘亏及毁损数和结转已批准处理的盘盈数，贷方登记发生的盘盈数和结转已批准处理的盘亏及毁损数。其借方余额表示尚未处理的财产净损失，贷方余额表示尚未处理的财产净溢余如表 5-18 所示。

表 5-18 待处理财产损溢

借方	贷方
登记发生的盘亏及毁损数和结转已批准处理的盘盈数	登记发生的盘盈数和结转已批准处理的盘亏及毁损数
表示尚未处理的财产净损失	尚未处理的财产净溢余

（1）库存现金的账实核对及账务处理

库存现金的清查是通过实地盘点的方法，确定库存现金的实存数，再与现金日记账的账面余额进行核对，以查明实际情况。库存现金的盘点，应由清查人员会同现金出纳人员共同负责。步骤如下：

①在盘点前，出纳人员应先将现金收、付凭证全部登记入账，并结出余额。

②盘点时，出纳人员必须在场，现钞应逐张清点，如发现盘盈或盘亏，清查人员必须会同出纳人员核实清楚。盘点时，清查人员除查明账实是否相符外，还要查明有无违反现金管理制度规定，如有无以“白条”抵充现金，现金库存是否超过银行核定的限额，有无坐支现金等。

③盘点结束后，清查人员应根据盘点结果及时填制“库存现金盘点报告表”。如账实不符，则要由出纳员说明原因，记入盘点报告表，并由检查人员和出纳人员签名盖章。“库存现金盘点报告表”具有双重性质，它既是盘存单，也是实存账存对比表；既是反映现金实存数，用以调整账簿记录的重要原始凭证，也是分析账实发生差异原因，明确经济责任的依据，其格式如表 5-19 所示。

表 5-19 库存现金盘点报告

单位名称： 年 月 日 单位：元

实存金额	账存金额	实存与账存对比		备注
		盘盈（长款）	盘亏（短款）	

盘点人签章： 出纳员签章：

【账务处理】

库存现金盘盈的账务处理。盘盈的库存现金，在报经有关领导审批之前，根据库存现金盘点报告表，借记“库存现金”账户，贷记“待处理财产损溢”账户。经批准后，根据盘盈的原因及批准处理意见，分别作如下账务处理：属于应支付给有关人员或单位的现金账款，借记“待处理财产损溢”账户，贷记“其他应付款”账户；属于无法查明原因的现金账款，借记“待处理财产损溢”账户，贷记“营业外收入”账户。

库存现金盘亏的账务处理。盘亏的库存现金，在报经有关领导审批之前，根据库存现金盘点报告表，借记“待处理财产损溢”账户，贷记“库存现金”账户。经批准后，根据盘亏的原因及批准处理意见，分别作如下账务处理：属于应由出纳个人或保险公司赔偿的现金短款，借记“其他应收款”账户，贷记“待处理财产损溢”账户；属于无法查明原因的现金短款，借记“管理费用”账户，贷记“待处理财产损溢”账户。

【案例分析】2023 年 12 月 23 日，阳光公司在现金清查中发现库存现金溢余 200 元，无法查明原因。

在报经批准前，编制会计分录如下。

借：库存现金　　200

　贷：待处理财产损溢　　200

在报经批准后，编制会计分录如下。

借：待处理财产损溢　　200

　贷：营业外收入——现金溢余　　200

【案例分析】2023 年 12 月 24 日，阳光公司在现金清查中发现库存现金短缺 550 元，经查属于出纳员小明的责任，应由其赔偿。

在报经批准前，编制会计分录如下。

借：待处理财产损溢　　550

　贷：库存现金　　550

在报经批准后，编制会计分录如下。

借：其他应收款——小明　　550

　贷：待处理财产损溢　　550

【自我测评】天空公司 2024 年 1 月在财产清查中，发现现金账款 280 元，经反复核查，现金账款未查明原因。

要求：请对此笔经济业务进行账务处理。

（2）银行存款的账实核对及账务处理

银行存款的账实核对是将企业的银行存款日记账与银行转来的对账单逐笔核对，以检查账款是否相符。企业银行存款日记账和银行对账单至少每月核对一次，如果两者余额不一致，其原因有两个：一是企业和银行存在一方或双方记账错误；二是出现未达账项。所谓未达账项，是指由于结算凭证在企业与银行之间传递入账时间不一致，出现一方收到凭证并已入账而另一方因尚未收到凭证未能入账的款项。未达账项一般包括以下四种情况。

①企业已经收款入账，银行尚未入账的款项。

②企业已经付款入账，银行尚未入账的款项。

③银行已经收款入账，企业尚未入账的款项。

④银行已经付款入账，企业尚未入账的款项。

企业与银行对账时，应首先检查是否存在未达账项。如有未达账项存在，编制银行存款余额调节表进行调整，清除未达账项的影响，以便检查双方记账有无差错。

银行存款余额调节表的编制方法，是企业与银行双方都补记对方已入账而自己未入账的未达账项，登记后看双方余额是否相等，银行存款余额调节表如表 5-20 所示。

表 5-20 银行存款余额调节表

年 月 日

项目	金额	项目	金额
企业银行存款日记账的账面余额		银行对账单的存款余额	
加：银行已收，企业未收		加：企业已收，银行未收	
减：银行已付，企业未付		减：企业已付，银行未付	
调节后的银行存款余额		调节后的银行存款余额	

银行存款的核对公式为：

企业银行存款日记账余额+银行已收企业未收-银行已付企业未付＝银行对账单余额+企业已收银行未收-企业已付银行未付

【案例分析】阳光公司 2023 年 12 月 26 日银行存款日记账账面余额为 51 300 元，银行对账单余额为 53 000 元。经查对发现有以下未达账项。

（1）12 月 24 日企业存入银行一张转账支票，金额 3 900 元，银行尚未入账。

（2）12 月 24 日银行收取企业借款利息 400 元，企业尚未收到付款通知。

（3）12 月 25 日企业委托银行收款 4 100 元，银行已入账，企业尚未入账收到收款通知。

（4）12 月 25 日企业开出转账支票一张，金额 1 900 元，持票单位尚未到银行办理手续。

思考：根据以上未达账项，填写银行存款余额调节表。

填制好的银行存款余额调节表如表 5-21 所示。

表 5-21　银行存款余额调节表

2023 年 12 月 26 日

项目	金额	项目	金额
企业银行存款日记账的账面余额	51 300	银行对账单的存款余额	53 000
加：银行已收，企业未收	4 100	加：企业已收，银行未收	3 900
减：银行已付，企业未付	400	减：企业已付，银行未付	1 900
调节后的银行存款余额	55 000	调节后的银行存款余额	55 000

如果经银行存款余额调节表调整后，企业银行存款日记账余额和银行对账单余额相等，则说明双方记账无差错；如果经银行存款余额调节表调整后，企业银行存款日记账余额和银行对账单余额仍不相等，则说明双方记账有差错，应进一步查找。

需要说明的是，编制银行存款余额调节表只是为了核对账目，银行存款余额调节表不是据以编制记账凭证的原始凭证，也不能作为记账凭证，即不能根据银行存款余额调节表编制会计分录或调整银行存款账面记录。对于未达账项，须等双方接到有关凭证后，才能据以记账。

【自我测评】天空公司 2023 年 12 月 31 日的银行存款日记账余额为 15 681 元，银行提供的银行对账单的余额为 25 233 元，经逐笔核对发现如下的未达账项。

（1）公司 12 月 31 日送存银行的大华公司开来的偿还购货款的转账支票 8 386 元，银行尚未入账。

（2）公司委托银行代收通达公司货款 6 638 元，银行收妥后已经入账，公司因未收到银行的收账通知而尚未入账。

（3）公司已经于 12 月 30 日签发转账支票（金额为 11 368 元）向大丰公司支付购货款并已经登记入账；因收款单位尚未到银行办理转账手续，银行尚未入账。

（4）银行 12 月份收取的手续费 68 元已经在对账单上扣除，企业尚未扣除。

根据以上未达账项，出纳人员编制银行存款余额调节表如表5-22所示：

表5-22　银行存款余额调节表

年　月　日

项目	金额	项目	金额
企业银行存款日记账的账面余额		银行对账单的存款余额	
加：银行已收，企业未收		加：企业已收，银行未收	
减：银行已付，企业未付		减：企业已付，银行未付	
调节后的银行存款余额		调节后的银行存款余额	

（3）存货的账实核对及账务处理

①财产物资的盘存制度。

财产物资的盘存制度有永续盘存制和实地盘存制两种。在不同的盘存制度下，企业各项财产物资的记录和盘点方法是不同的。

永续盘存制：永续盘存制又称账面盘存制，是指对各种财产物资的收入和发出数，都必须根据会计凭证在有关账簿中进行连续登记，并随时结出各种财产物资的账面结存数的一种方法。在这种方法下，账面结存数的计算公式为：

期末账面结存数=期初账面结存数+本期增加数-本期减少数

实地盘存制：实地盘存制是指对于各种财产物资的增减变化，平时只记收入、不记发出，期末采用实地盘点的方法来确定财产物资的实际数量，从而计算出结存余额，倒挤出本期发出的财产物资的金额并予以入账的一种方法。在这种方法下，本期减少数的计算公式为：

期末存货价值=期末存货盘点数量×存货单价

本期减少数=期初账面结存数+本期增加数-期末实际结存数

②存货的账实核对。

由于存货的种类很多，不同存货的实物形态、体积重量、堆放方式、堆放地点等各不相同，所以不同存货的账实核对方法也不相同。常用的存货账实核对方法有以下两种。

实地盘点法：实地盘点法就是对各种存货逐一盘点或通过计量仪器来确定其实存数量。这种方法易于操作、数字准确，但工作量较大。大多数存货的账实核对都采用这种方法。

技术推算法：技术推算法就是对那些大量的、成堆的存货，采用量方、计尺等技术方法，通过推算来确定其实存数量。这种方法主要适用于一些体积较大、不易搬动和逐一清点的存货，如堆放的煤、粮食等。

需要说明的是，清查人员清点存货时，除了确定实存数量外，还要检查其质量及保管上是否存在问题。存货清点完毕后，如实填写盘存单，并由清查人员和保管人员签章，以明确经济责任。

③清查程序。

盘查人员选择适宜的盘点方法—进行盘点—登记“盘存单”—据账面记录与“盘存单”数据不符者，编制“实存账存对比表”—据实存数进行账项调整。

④存货账实不符的账务处理。

存货盘盈的账务处理。企业盘盈的存货通常是由企业日常收发计量或计算上的差错所造成的，即正常损失。盘盈的存货，在报经有关领导审批之前，先根据账存实存对比表等资料，借记“原材料”“库存商品”等账户，贷记“待处理财产损溢”账户。按规定手续报经批准后，借记“待处理财产损溢”账户，贷记“管理费用”账户。

存货盘亏的账务处理。企业盘亏的存货，在报经有关领导审批之前，先根据账存实存对比表等资料，借记“待处理财产损溢”账户，贷记“原材料”“库存商品”等账户。报经批准后，根据盘亏的原因及批准处理意见，分别作如下账务处理：对于入库的残料价值，借记“原材料”等账户，贷记“待处理财产损溢”账户；对于应由保险公司和过失人支付的赔款，借记“其他应收款”账户，贷记“待处理财产损溢”账户。扣除残料价值和应由保险公司、过失人赔款后的净损失，属于一般经营损失的部分，借记“管理费用”账户，贷记“待处理财产损溢”账户；属于非常损失的部分，借记“营业外支出”账户，贷记“待处理财产损溢”账户。

【案例分析】2023 年 12 月 31 日，阳光公司在存货账实核对中，盘盈原材料 2 000 元。

要求：请对此笔经济业务进行账务处理。

在有关领导批准前根据账存实存对比表确定的库存商品盘盈数，作如下会计分录。

借：原材料　　　　2 000

　贷：待处理财产损溢　　　　2 000

上述盘盈库存商品，经查明原因，批准冲减管理费用。根据批准的处理意见，作如下会计分录。

借：待处理财产损溢　　　　2 000

　贷：管理费用　　　　2 000

【案例分析】2023 年 12 月 31 日，阳光公司在存货账实核对中，盘亏库存商品 3 000元。

要求：请对此笔经济业务进行账务处理。

批准前根据实存账存对比表确定的库存商品盘亏数，作如下会计分录。

借：待处理财产损溢　　　　3 000

　贷：库存商品　　　　3 000

【案例分析】上述库存商品经批准作如下处理：库存商品盘亏中有 1 000 元为定额内

损耗，列为管理费用；另 2 000 元属于自然灾害造成的非常损失，其中保险公司赔偿 1 500 元，其余 500 元列为营业外支出。

要求：请对此笔经济业务进行账务处理。

根据批准的处理意见，作如下会计分录。

借：管理费用	1 000	
其他应收款——保险公司	1 500	
营业外支出	500	
贷：待处理财产损溢		3 000

【自我测评】2022 年 3 月，天空公司期末库存甲材料账面余额为 23 000 元，乙材料账面余额为 46 000 元，经盘点，甲材料实有数为 22 000 元，乙材料实有数为 48 000 元。经查，甲材料盘亏是保管员责任问题，令其赔偿；乙材料盘盈是收发计量失误，冲销管理费用。

要求：请对此笔经济业务进行账务处理。

（4）固定资产的账实核对及账务处理

①固定资产的账实核对。

固定资产的账实核对通常采用实地盘点的方法，即将固定资产卡片上的记录情况与固定资产实物逐一核对。根据核对中发现的盘盈、盘亏情况，清查人员要编制固定资产盘盈、盘亏报告单。

②固定资产账实不符的账务处理。

固定资产盘盈的账务处理。盘盈的固定资产，应作为前期差错处理，在按管理权限报经批准处理前应先通过“以前年度损益调整”账户核算，按同类或类似固定资产的市场价格，减去按该项固定资产的新旧程度估计的价值损耗后的余额，借记“固定资产”账户，贷记“以前年度损益调整”账户。批准处理后，借记“以前年度损益调整”账户；按所得税率计算应交的所得税，贷记“应交税费——应交所得税”账户；按提取的盈余公积，贷记“盈余公积——法定盈余公积”账户；其余贷记“利润分配——未分配利润”账户。

固定资产盘亏的账务处理。盘亏的固定资产，报经批准处理前，按其账面净值，借记

"待处理财产损溢"账户；按已提折旧，借记"累计折旧"账户；按固定资产原值，贷记"固定资产"账户。批准转销时，由过失人和保险公司赔偿的部分，借记"其他应收款"账户，其余部分借记"营业外支出"账户；贷记"待处理财产损溢"账户。

【案例分析】2023年12月，阳光公司在月末对固定资产进行盘查时，发现丢失一台电机。该设备原价200 000元，已计提折旧50 000元。经查，设备丢失的原因在于设备管理员看守不当。经董事会批准，由设备管理员赔偿25 000元。

要求：请对此笔经济业务进行账务处理。

批准处理前，根据固定资产盘盈、盘亏报告单，作如下会计分录。

借：待处理财产损溢	150 000	
累计折旧	50 000	
贷：固定资产		200 000

批准处理后，根据批复意见，作如下会计分录。

借：其他应收款	25 000	
营业外支出	125 000	
贷：待处理财产损溢		150 000

【自我测评】2023年12月，天空公司在财产清查中盘亏固定资产设备一台，其账面原值为60 000元，已提折旧为38 000元。

（5）往来款项的账实核对及账务处理

①往来款项的账实核对。

往来款是会计账目的主要内容，做好往来款的清理工作，能够避免企业的资金长期占压，减少坏账，实现资金的高效利用。往来款项的账实核对一般采用发函询证的方法进行。具体步骤如下：首先将往来款项的全部结算凭证登记入账，并核定账户记录保证无误。然后编制一式两份的往来款项对账单，寄往各有关往来单位，其中一联作为回单。如对方核对相符，则可在回联单注明"核对无误"并加盖公章退回；如对方核对有误，则需注明不符情况，或另附对账单退回清查单位，双方进一步查明原因，直至相符为止。收到上述回单后，编制往来款项清查表。

②往来款项账实不符的账务处理。

往来款项的账实核对中，若发现无法收回的应收账款，报经批准后列作管理费用或冲减已提取的坏账准备；若有无法支付的应付账款，报经批准后转作营业外收入。

【案例分析】2023 年 12 月，阳光公司在往来款项的核对中，发现有无法收回的应收账款 3 000 元，报经批准后冲减坏账准备；有无法支付的应付账款 2 000 元，报经批准后转作营业外收入。

要求：请对此笔经济业务进行账务处理。

借：坏账准备　　3 000

　贷：应收账款　　3 000

借：应付账款　　2 000

　贷：营业外收入　　2 000

2. 账证相符

账证相符是指会计账簿记录与会计凭证的有关内容相符。为了保证账证相符，会计人员在日常编制凭证和记账过程中要加强账证核对，按照国家统一会计制度的规定，对原始凭证进行审核。记账凭证应当根据经过审核的原始凭证及有关资料编制，会计账簿必须以经过审核的记账凭证为依据，这是保证账证相符的基础。期末如果发现账证不符时，会计人员应重新将原始凭证、记账凭证与日记账、分类账进行核对，看账簿记录与记账凭证的时间、凭证字号、内容、金额是否相同，记账方向是否一致，以确保账证相符。至于账证核对的方法，既可以逐笔进行核对，也可以进行抽查核对。

3. 账账相符

账账相符是指会计账簿之间相对应的记录相符。根据《中华人民共和国会计法》规定，会计账簿包括总账、明细账、日记账和其他辅助账。为了保证账账相符，会计人员对平时所发生的每一笔经济业务，都要按照平行登记的要求，进行同时、同向、同额登记。所谓同时登记，是指对同一笔经济业务，既要记入有关的总分类账户，又要记入其所属明细分类账户；所谓同向登记，是指将同一笔经济业务记入总分类账和明细分类账户时，方向必须相同，即总分类账登记在借方（或贷方），明细分类账也要登记在借方（或贷方），即我们平常所说的平行登记；所谓同额登记，是指对同一笔经济业务，记入总分类账户的金额与记入其所属明细分类账户的金额之和必须相等。同时、同向、同额登记，这是保证账簿相符的基础。期末要进行账账核对，看不同会计账簿之间的记录是否相符。核对的具体内容：①总分类账户各明细账户期末借方余额合计数与期末贷方余额合计数是否相符；②总分类账各账户期末余额与现金日记账、银行存款日记账和各明细账户的期末余额是否相符；③会计各种财产物资明细分类账期末数字与财产物资保管登记簿的期末数字是否相符。如果发现账账不符，会计人员应认真查找造成账账不符的原因，并按要求进行更正，以确保账账相符。

九、错账更正方法

在登记会计账簿的过程中，若发现会计账簿登记发生错误，我们应如何处理呢？会计账簿记录发生错误，不准涂改、挖补、刮擦或者用药水消除字迹，不准重新抄写，必须使用下列方法更正。对于会计账簿的更正，我们主要采取以下错账的更正方法，即划线更正法、红字更正法、补充登记法。

（一）划线更正法

顾名思义，划线更正法就是在错误的地方用划线的方式标注出来，在记录账目或者填写凭证时，书写了错误的数字和汉字，这种情况就需要用划线更正法来更正。在错误的数字或文字用红线标注拉红，这样就表示注销，在错误的文字或者数字上方空白处写上正确的字，加盖上自己的公章，表示自己负责。需要注意问题主要有两点：一点是对发生错误的记载账簿文字进行划线更正时，只是针对错误的文字；二是对发生错误的记载账簿数字进行划线更正时，需要对数字的全部进行更正。账目的错误有很多种，文字错误、账目串记、漏记等都可能在月末结账对账时发现出来，但有的情况下并不影响财务的核算与审计。在对账目进行月末核对时，可能是当月没有发现错误，在下一个月核对时发现，所以文字或者数字出现错误都可以在当月进行划线更正法更正，这种错误并不影响总金额的核算。但是如果出现数字错误跨月的情况，并且错误频繁出现，涉及的金额过多，从而导致该笔金额出现累计错误时，要是逐一去更正，由于涉及的数据比较多，所以会比较困难，但是如果不进行更正就可能会导致账目数据核对出现错误，账目记录和结余金额、本月金额都对不起来。而且对于更正科目也由于已按照经济业务发生先后顺序或已月结而没有空行进行补记。

【总结】

在结账前发现账簿记录有文字或数字错误，而记账凭证没有错误的，采用划线更正法进行更正。更正时，可在错误的文字或数字上划一条红线，原有字迹须仍能辨认，在红线的上方用蓝字填写正确的文字或数字，并由更正人员在更正处盖章。对于错误的数字，应全部画红线更正，不得只更正其中的错误数字如图 5-10 所示；对于文字错误，可只划去错误的部分。

适用范围：账簿记录中数字或文字错误但记账凭证无误。

操作方法：用红线划掉错误的文字和数字，并在划线上面作出正确的记录。

总分类账

账户名称：现金

2022		凭证号数	摘要	借方金额	贷方金额	借或贷	余额
月	日						
4	1		期初余额			借	2 900.00
	10		科目汇总表 1	1 500.00	2 000.00	借	2 400.00
	20		科目汇总表 2	900.00	1 800.00	借	1 500.00
	30		科目汇总表 3	2 085.00	916.00	借	2 669.00 ~~2696.00~~ 张三
			本期发生额及月末余额	4 485.00	4 716.00	借	2 669.00

图 5-10　划线更正法

（二）红字更正法

会计人员依照实际记账凭证所记录的内容进行记账的过程中，发现记账凭证记账方向或者会计科目出现错误的情况下，可以采用红字更正法。进行更正的方法主要是：①依照原错误记账凭证中的内容，采用红字填写一张内容完全一致的记账凭证，将“更正×月×日×号凭证”的字样标注在摘要栏中，在登记入账时，采用红字进行登记确认，将原有的错误记账记录进行冲销掉。②与此同时，需要重新填写一张准确的记账凭证，采用黑字或者蓝字进行填写，并且将“更正×月×日×号凭证”字样标注在摘要栏中，在登记入账时，采用黑字或者蓝字进行登记确认。

会计人员依照实际记账凭证所记录的内容进行记账的过程中，发现记账凭证中实记金额与应记金额之间存在差错，实记金额大于应记金额，但是记账凭证中的记账方向与会计科目不存在错误的情况。这种状况下进行更正的方法是：采用红字根据多记金额填写一张新的记账凭证，此记账凭证要保证与原错误的记账凭证所记载的应借应贷的记账方向与会计科目内容完全一致，并将“更正×年×月×日×号凭证”字样在摘要栏中进行标注，以此来实现多记金额的冲销，同时，还需要进行入账登记。

【总结】

记账后在当年内发现记账凭证所记的会计科目、借贷方向错误，或者会计科目、借贷方向无误而所记金额大于应记金额，而引起记账错误的，采用红字更正法进行更正。更正时，两种情况分别采用不同的方法。

适用范围 1：记账凭证应借应贷科目错误，并已入账。

操作方法：用红字填制内容相同的记账凭证，冲销原有错误记录，然后用蓝字填制正确的记账凭证，重新登记入账。

适用范围 2：记账凭证应借应贷科目无误，但发现所记金额大于应计金额时，并已入账。

操作方法：按照正确数字之间的差额用红字金额填制一张记账凭证，据以登记入账加以冲销。

【案例分析 1】2023 年 12 月 20 日，阳光公司收到大海公司交来转账支票一张，归还前欠货款 6 000 元。记账凭证的会计分录如下：

借：银行存款　　6 000

　贷：应付账款——大海公司　　6 000

若此笔业务已登记入账，该如何更正？

【解析】该笔业务属于记账凭证所记的会计科目或借贷方向错误而引起的错账，应按以下步骤更正。

（1）先用红字金额填写一张与原错误记账凭证科目金额完全相同的记账凭证，日期填写编制红字凭证的实际日期，编号按当前凭证顺序编号，摘要注明“冲销×月×日×号错误凭证”，并用红字金额登记入账。

借：银行存款　　6 000

　贷：应付账款——大海公司　　6 000

（2）然后用蓝字填写一张正确的记账凭证，日期填写编制凭证的实际日期，编号按当前凭证顺序编号，摘要注明“更正×月×日×号错误凭证”，并用蓝字登记入账。

借：银行存款　　6 000

　贷：应收账款——大海公司　　6 000

（3）两张凭证全部登记入账后，在原错误记账凭证的摘要栏内注明“已用×月×日×号凭证更正”。

【案例分析 2】2023 年 12 月 22 日，阳光公司开出转账支票一张支付本月电话费 1 380 元。记账凭证会计分录：

借：管理费用——电话费　　1 830

　贷：银行存款　　1 830

若此笔业务已登记入账，该如何更正？

【解析】该笔业务属于记账凭证所记的会计科目、借贷方向均无误，只是所记金额大于应记金额而引起的错账，应按以下步骤更正。

（1）先按多记的金额用红字金额编制一张与原错误记账凭证应借、应贷科目完全相同的记账凭证，日期填写编制红字凭证的实际日期，编号按当前凭证顺序编号，摘要注明“冲销×月×日×号错误凭证多记金额”，并用红字金额登记入账。

借：管理费用——电话费　　450

　贷：银行存款　　450

（2）登记入账后，在原错误记账凭证的摘要栏内注明“已用×月×日×号凭证更正”。

（三）补充登记法

补充登记法指的是通过运用黑色字体或者蓝色字体在账簿中登记金额，以此来对账簿中记录错误的部分进行调整与更正的一种方式。这种方式主要是运用在记账凭证中记账方向与会计科目均没有出现失误，只是实际记金额比应记载的金额要少的情况。这种状况下进行更正的方法是：采用黑字或蓝字根据少记金额填写一张新的记账凭证，此记账凭证要保证与原错误的记账凭证所记载的应借应贷的记账方向与会计科目内容完全一致，并将“补记×月×日×号凭证少记金额”字样在摘要栏中进行标注，以此来实现将少记金额的补记，同时，还需要进行入账登记。

【总结】

适用范围：记账凭证应借应贷科目无误，但所填金额小于应填金额。

操作方法：按照正确数字与错误数字的差额用蓝字金额填制一张记账凭证，以此补充并登记入账。

【案例分析 3】2023 年 12 月 24 日，阳光公司采购员大林预借差旅费 2 000 元。会计凭证会计分录：

借：其他应收款——大林	200	
贷：库存现金		200

若此笔业务已登记入账，该如何更正？

【解析】该笔业务属于记账后发现记账凭证填写的会计科目、借贷方向无误，只是所记金额小于应记金额，采用补充登记法。更正步骤如下。

（1）先按少记的金额用蓝字编制一张与原错误记账凭证应借、应贷科目完全相同的记账凭证，日期填写编制凭证的实际日期，编号按当前凭证顺序编号，摘要注明“补充×月×日×号错误凭证少记金额”，并用蓝字登记入账。

借：其他应收款——大林	1 800	
贷：库存现金		1 800

（2）登记入账后，在原错误记账凭证的摘要栏内注明“已用×月×日×号凭证更正”。

十、结账

（一）结账基本认知

1. 概念

结账是会计人员的常用语，特别是到了年终，会计人员要进行年终结账，以结束旧账，建立新账，但何为结账？结账的含义是什么呢？结账是为了阶段性地总结会计核算工作，以便更好地分析一定期间（如月度、季度或年度）某单位的经济活动情况或预算执行情况及其结果，并在此基础上，据以编制会计报表。正确、及时地结账，是贯彻会计的客观性和及时性原则，保证会计信息质量的重要方法之一。

结账就字面解释，"结"有结算、结清、结束的意思；"账"有账目、账簿记录的意思。具体讲，结账就是在会计核算中，按照会计期的基本前提，定期地结出各账目本期发生额和期末余额的工作。结账按照不同的会计期间，分为月结、季结和年结。概括而言，结账，是在把一定时期内发生的全部经济业务登记入账的基础上，计算并记录本期发生额和期末余额。

2. 程序

结账前，会计人员必须将企业本期内所发生的各项经济业务全部登记入账。结账时，应当结出每个账户的期末余额。需要结出当月发生额的账户，应当在摘要栏内注明"本月合计"字样，并在下面通栏划单红线；需要结出本年累计发生额的账户，应当在摘要栏内注明"本年累计"字样，并在下面通栏画单红线。12 月末的"本年累计"就是全年累计发生额。全年累计发生额下应当通栏画双红线，年度终了结账时，所有总账账户都应当结出全年发生额和年末余额。年度终了，要把各账户的余额结转到下一会计年度，并在摘要栏注明"结转下年"字样；在下一会计年度新建会计账簿的第一余额栏内填写上年结转的余额，并在摘要栏注明"上年结转"字样。结账工作主要包括：

（1）将本期发生的经济业务事项全部登记入账，并保证其正确性。

（2）根据权责发生制的要求，调整有关账项，合理确定本期应计的收入和应计的费用。

（3）将损益类账户发生额转入"本年利润"账户，结平所有损益类账户。

（4）结算出资产、负债和所有者权益账户的本期发生额和余额，并结转下期。

3. 方法

（1）对于不需要按月结计本期发生额的账户，如各项应收款明细账和各项财产物资明细账等，每次记账后，都要随时结出余额，每月最后一笔余额即为月末余额。月末结账时，只需要在最后一笔经济业务记录之下画一单红线，不需要再结计一次余额。

（2）库存现金、银行存款日记账和需要按月结计发生额的收入、费用等明细账，每月结账时，要在最后一笔经济业务记录下面画一单红线，结出本月发生额和余额，在摘要栏内注明"本月合计"字样，在下面再画一条单红线。

（3）需要结计本年累计发生额的某些明细账户，如产品销售收入、成本明细账等，每月结账时，应在"本月合计"行下结计自年初起至本月末止的累计发生额，登记在月份发生额下面，在摘要栏内注明"本年累计"字样，并在下面再画一单红线。12 月末的"本年累计"就是全年累计发生额，并在全年累计发生额下画双红线。

（4）总账账户平时只需结计月末余额。年终结账时，为了反映全年各项资产、负债及所有者权益增减变动的全貌，便于核对账目，要将所有总账账户结计全年发生额和年末余额，在摘要栏内注明“本年合计”字样，并在合计数下画一双红线。

（5）需要结计本月发生额的某些账户，如果本月只发生一笔经济业务，由于这笔记录的金额就是本月发生额，所以结账时只要在此行记录下划一单红线，不需另结出“本月合计”数。

【知识拓展——日结、月结、年结】

日结：日结可自然进行，即每日的最后一笔自然结出当日余额，不必另起一行。日结也可以逐笔结余额，或者每隔几笔结一次余额。

月结：月结是在本月最后一笔记录下面画一条通栏单红线，并在下一行的摘要栏中用红字居中书写“本月合计”，同时在该行结出本月发生额合计及余额后，在“本月合计”行下面再画一条通栏单红线。

年结：年末结账时，在12月份“本月合计”行下面画通栏双红线，表示封账。

【注意】

（1）库存现金日记账和银行存款日记账要按日结出余额，按月结计本月发生额，但不需要结计本年累计发生额。

（2）需要说明的是，需要结计本月发生额的账户，如果本月只发生一笔经济业务，由于这笔记录的金额就是本月发生额，结账时只要在此行记录下画一条通栏单红线，表示与下月的发生额分开就可以了，不需另结出“本月合计”数。

（3）年度终了结账时，有余额的账户，要将其余额结转下年。在通栏双红线下面“摘要”栏居中红字注明“结转下年”字样，在下一会计年度新建会计账户的第一行“余额”栏内填写上年结转的余额，并在“摘要”栏注明“上年结转”字样。建新账时不需要编制记账凭证。

（4）结账划线的目的，是为了突出本月合计数及月末余额，表示本会计期的会计记录已经截止或结束，并将本期与下期的记录明显分开。根据《会计基础工作规范》规定，月结画单线，年结画双线。画线时，应画红线；画线应划通栏线，不应只在本账页中的金额部分画线。

（二）其他要求

（1）一般说来，每月结账时，应将账户的月末余额写在本月最后一笔经济业务记录的同一行内。但在现金日记账、银行存款日记账和其他需要按月结计发生额的账户，如各种成本、费用、收入的明细账等，每月结账时，还应将月末余额与本月发生额写在同一行内，在摘要栏注明“本月合计”字样。这样做的目的促使账户记录中的月初余额加减本期发生额等于月末余额，便于账户记录的稽核。需要结计本年累计发生额的某些明细账户，每月结账时，“本月合计”行已有余额的，“本年累计”行就不必再写余额了。

（2）年度终了结账时，有余额的账户，其余额直接记入新账余额栏内即可，不需要编制记账凭证，也不必将余额再记入本年账户的借方或贷方（收方或付方），使本年有余额的账户的余额变为零。因为，既然年末是有余额的账户，余额就应当如实地在账户中加以反映，这样更显得清晰明了。否则，就混淆了有余额的账户和无余额的账户的区别。对于新的会计年度建账问题，一般来说，总账、日记账和多数明细账应每年更换一次。但有些财产物资明细账和债权债务明细账，由于材料品种、规格和往来单位较多，更换新账，重抄一遍工作量较大，因此，其可以跨年度使用，不必每年更换一次。各种备查簿也可以连续使用。

第五节　掌握编制财务报表的方法

企业为了向有关的单位或者个人展示自身的财务状况以及自身的经营成果，需要编制财务报表，编制会计报表可以为其提供详细的信息资料，这些信息资料也是会计报表使用者在进行有关的经济投资和决策的重要依据。企业制定会计报表有着重要的意义，因为财务报表可以综合地反映出企业在某一特定日期下的资产状况、负债状况或者是企业的所有者权益以及结构情况，某一特定时期下企业的经营成果、分配情况、资金流入、资金流出以及净增加情况等。企业的财务报表以书面文件的形式呈现可以更加直观地反映企业的实际情况。企业的会计人员会根据企业的实际情况，进行会计核算资料的归集和加工汇总，最终制成财务报表。

一、财务报表的概念

企业的财务报表的制定具有非常重要的意义，它可以将企业面对的利害关系以书面的形式直接地展现出来，财务报表的编制还可以给企业的其他利益相关者在进行决策时提供更加有用的信息，同时对企业的管理决策也有着非常重要的意义。财务报表是企业对外提供的综合反映其在某一特定日期财务状况、某一会计期间经营成果和现金流量的书面文件。编制财务报表是会计核算的一种专门方法，也是会计核算的最终环节。

企业会计准则规定，企业的财务报表由四张主要报表和一个附注构成，即资产负债表、利润表、现金流量表、所有者权益变动表和财务报表附注。四张报表是财务报表的主体；财务报表附注是对财务报表所作的解释，是财务报表不可缺少的组成部分。

按编制时间不同，财务报表可分为年度报表和中期报表。年度报表在年度终了后编制；中期报表又分为半年度、季度、月度报表，分别在半年末、季度末和月末编制。资产负债表和利润表既是月度报表，又是年度报表，现金流量表和所有者权益变动表是年度报表。

二、会计报表的编制要求

（一）内容完整

财务报表要提供全面的会计信息，不得少报、漏报，某些重要信息要在附注中披露。

（二）计算准确

财务报表中的各项目要按照会计准则的规定进行合理的确认与计量，做到数字准确。

（三）数字真实

财务报表反映的各种数据要真实可靠，不得弄虚作假、掩盖真相。

（四）编报及时

财务报表必须按照国家和有关部门规定的期限和程序及时编报。财务报表提供的信息有很强的时效性，如果编报不及时，会失去它的应用价值。一般情况下，月度报表应于月份终了后 6 日内报出，季度报表应于季度终了后 15 日内报出，半年度报表应于半年度结束后 60 日内报出，年度报表应于年度终了后 4 个月内报出。

三、资产负债表

（一）概念

资产负债表能反映企业有多少资源是流动资产、有多少资源是长期投资、有多少资源是固定资产等；可以提供企业某一日的负债总额及其结构，表明企业未来需要用多少资产或劳务清偿债务以及清偿时间；可以反映所有者所拥有的权益，据以判断资本保值、增值的情况以及对负债的保障程度。资产负债表将企业所拥有的资产、负债及所有者权益情况浓缩在一张报表上，让所有阅读者于最短时间内了解企业财务状况。

西周《周礼》记载："司会主天下之大计。计官之长，以参互考日成，以月要考月成，以岁会考岁成。"资产负债表，是指反映企业在某一特定日期的财务状况的会计报表。资产负债表主要提供有关企业财务状况方面的信息，即某一特定日期关于企业资产、负债、所有者权益及其相互关系的信息。它是根据"资产=负债+所有者权益"这一会计恒等式，按照一定的分类标准和顺序，将企业一定时期的全部资产、负债和所有者权益项目进行适当分类、汇总、排列后编制而成的。由于资产负债表中的数据体现的是特定日期的财务状况，因此，资产负债表是属于一类静态的会计报表。

（二）作用

（1）可以提供某一日期资产的总额及其结构，表明企业拥有或控制的资源及其分布情况，使报表使用者获知企业在某一特定日期所拥有的资产总量及其结构。

（2）可以提供某一日期的负债总额及其结构，表明企业未来需要用多少资产或劳务清偿债务以及清偿时间。

（3）可以反映所有者拥有的权益，报表使用者据此可以判断企业资本保值、增值的情况以及对负债的保障程度。

（三）格式

资产负债表结构有账户式和报告式两种。我国企业和政府会计制度规范要求采用账户式结构。账户式资产负债表分为左右两端。左端为资产项目，按资产的流动性排列，流动性强的排列在前，先流动资产，后非流动资产；右方为负债和所有者权益项目，按要求清偿时间的先后顺序排列，先流动负债，后非流动负债，最后是所有者权益。

1. 账户式资产负债表

账户式资产负债表结构分为左右两方，左方列示资产项目，右方列示负债和所有者权益项目，根据会计基本等式平衡原理，即“资产=负债+所有者权益”，左右两方的总金额总是相等的。具体格式如表 5-23 所示。

表 5-23 资产负债表

会企 01 表

编制单位： 年 月 日 单位：元

资产	期末余额	上年年末余额	负债和所有者权益（或股东权益）	期末余额	上年年末余额
流动资产：			流动负债：		
货币资金			短期借款		
交易性金融资产			交易性金融负债		
衍生金融资产			衍生金融负债		
应收票据			应付票据		
应收账款			应付账款		
应收款项融资			预收款项		
预付款项			合同负债		
其他应收款			应付职工薪酬		
存货			应交税费		
合同资产			其他应付款		
持有待售资产			持有待售负债		
一年内到期的非流动资产			一年内到期的非流动负债		
其他流动资产			其他流动负债		
流动资产合计			流动负债合计		
非流动资产：			非流动负债：		

表5-23(续)

资产	期末余额	上年年末余额	负债和所有者权益（或股东权益）	期末余额	上年年末余额
债权投资			长期借款		
其他债权投资			应付债券		
长期应收款			其中：优先股		
长期股权投资			永续债		
其他权益工具投资			租赁负债		
其他非流动金融资产			长期应付款		
投资性房地产			预计负债		
固定资产			递延收益		
在建工程			递延所得税负债		
生产性生物资产			其他非流动负债		
油气资产			非流动负债合计		
使用权资产			负债合计		
无形资产			所有者权益（或股东权益）：		
开发支出			实收资本（或股本）		
商誉			其他权益工具		
长期待摊费用			其中：优先股		
递延所得税资产			永续债		
其他非流动资产			资本公积		
非流动资产合计			减：库存股		
			其他综合收益		
			专项储备		
			盈余公积		
			未分配利润		
			所有者权益（或股东权益）合计		
资产总计			负债和所有者权益（或股东权益）总计		

资产负债表的内容在排列格式上有一定的要求。资产类项目列在左面，所有项目按流动性强弱顺序排列，流动性强的排在前面，分为流动资产和非流动资产。其中，流动资产项目是按照变现能力强弱顺序排列的，变现能力强的排在前面，分为货币资金、交易性金融资产、应收票据、应收账款及存货等。负债和所有者权益列示在右面，负债类项目是按

照偿还期的长短顺序排列的，分为流动负债和非流动负债。所有者权益项目是按照其永久性程度的高低顺序排列的，一般按照实收资本、资本公积、其他综合收益、盈余公积和未分配利润等项目排列。这种排列方式能够清晰地反映企业资产的流动性和负债的偿还期，有利于会计信息使用者分析企业的资产分布和偿债能力。

2. 报告式资产负债表

报告式资产负债表结构分为上下两方，上方列示资产项目，下方列示负债和所有者权益项目，上下合计数相等。

（四）编制方法

资产负债表的各个项目均需要填制“年初余额”和“期末余额”两栏。

年初余额：应根据上年末资产负债表“期末余额”栏内所列数字填列。

期末余额：是指月末、季末或年末数字，是根据各项目有关总账科目或明细科目的期末余额直接填列或计算分析填列。

如果本年度资产负债表的项目与上年度不一致，则应对上年末资产负债表的各项目按本年度规定进行调整后再填入本年度“年初余额”栏。

【注意】“期末余额”栏内各项数字可为月末、季末或年末数字，应根据会计账簿记录填列。具体的填列方法如下：

1. 资产项目的填列说明

①“货币资金”项目。该项目应根据“库存现金”“银行存款”“其他货币资金”三个总账科目余额的合计数填列。

②“交易性金融资产”项目。该项目应根据“交易性金融资产”明细账户的期末余额分析填列。

③“应收票据”项目。该项目应根据“应收票据”科目的期末余额，减去“坏账准备”科目中相关坏账准备期末余额后的金额分析填 列。

④“应收账款”项目。该项目应根据“应收账款”科目所属各明细科目的期末借方余额合计，减去“坏账准备”科目中有关应收账款计提的坏账准备期末余额后的金额填列。如“预收账款”科目所属有关明细科目有借方余额的，应在本表“应收账款”项目内填列。

⑤“应收款项融资”项目，该项目应反映资产负债表日以公允价值计量且其变动计入其他综合收益的应收票据和应收账款等。

⑥“预付款项”项目。该项目应根据“预付账款”和“应付账款”账户所属各明细账户的期末借方余额合计数，减去“坏账准备”账户中有关预付账款计提的坏账准备期末余额后的净额填列。

⑦“其他应收款”项目，该项目应根据“应收利息”“应收股利”和“其他应收款”

科目的期末余额合计数，减去“坏账准备”科目中相关坏账准备期末余额后的金额填列。

⑧“存货”项目。该项目应根据“材料采购”“在途物资”“原材料”“周转材料”“生产成本”“库存商品”“委托代销商品”“受托代销商品”和“委托加工物资”等账户的期末借方余额汇总数减去“存货跌价准备”“受托代销商品款”账户的期末贷方余额后的金额填列。

⑨“合同资产”项目。该项目应根据“合同资产”账户的相关明细账户期末余额分析填列。

⑩“持有待售资产”项目。该项目应根据“持有待售资产”科目的期末余额，减去“持有待售资产减值准备”科目的期末余额后的金额填列。

⑪“一年内到期的非流动资产”项目。该项目应根据有关账户的期末余额分析填列。

⑫“债权投资”项目。该项目应根据“债权投资”科目的相关明细科目期末余额，减去“债权投资减值准备”科目中相关减值准备的期末余额后的金额分析填列。

⑬“其他债权投资”项目。该项目应根据“其他债权投资”科目的相关明细科目的期末余额分析填列。

⑭“长期应收款”项目。该项目应根据“长期应收款”账户的期末余额，减去相应的“未实现融资收益”账户和“坏账准备”账户所属相关明细账户期末余额后的金额填列。

⑮“长期股权投资”项目。该项目应根据“长期股权投资”账户的期末余额，减去“长期股权投资减值准备”账户的期末余额后的净额填列。

⑯“其他权益工具投资”项目。该项目应根据“其他权益工具投资”科目的期末余额填列。

⑰“固定资产”项目。该项目应根据“固定资产”科目的期末余额，减去“累计折旧”和“固定资产减值准备”科目的期末余额后的金额，以及“固定资产清理”科目的期末余额填列。

⑱“在建工程”项目。该项目应根据“在建工程”科目的期末余额，减去“在建工程减值准备”科目的期末余额后的金额，以及“工程物资”科目的期末余额，减去“工程物资减值准备”科目的期末余额后的金额填列。

⑲“使用权资产”项目。该项目应根据“使用权资产”科目的期末余额，减去“使用权资产累计折旧”和“使用权资产减值准备”科目的期末余额后的金额填列。

⑳“无形资产”项目。该项目应根据“无形资产”账户的期末余额，减去“累计摊销”和“无形资产减值准备”账户期末余额后的净额填列。

㉑“开发支出”项目。该项目应根据“研发支出”账户中所属的“资本化支出”明细账户期末余额填列。

㉒“长期待摊费用”项目。该项目应根据“长期待摊费用”账户的期末余额，减去

将于一年内（含一年）摊销的数额后的金额分析填列。

㉓“递延所得税资产”项目。该项目应根据“递延所得税资产”账户期末余额填列。

㉔“其他非流动资产”项目。该项目应有关账户的期末余额填列。

2. 负债项目的填列说明

①“短期借款”项目。该项目应根据“短期借款”账户的期末余额填列。

②“交易性金融负债”项目。该项目应根据“交易性金融负债”科目的相关明细科目的期末余额填列。

③“应付票据”项目。该项目应根据“应付票据”科目的期末余额填列。

④“应付账款”项目。该项目应根据“应付账款”和“预付账款”科目所属的相关明细科目的期末贷方余额合计数填列。

⑤“预收款项”项目。该项目应根据“预收账款”和“应收账款”账户所属各明细账户的期末贷方余额合计数填列。

⑥“合同负债”项目。该项目应根据“合同负债”相关明细期末余额填列。

⑦“应付职工薪酬”项目。该项目应根据“应付职工薪酬”账户所属各明细账户的期末贷方余额分析填列。

⑧“应交税费”项目。该项目应根据“应交税费”账户的期末贷方余额填列。若“应交税费”账户期末余额为借方余额，应以“-”填列。

⑨“其他应付款”项目。该项目应根据“应付利息”“应付股利”和“其他应付款”科目的期末余额合计数填列。

⑩“持有待售负债”项目。该项目应根据“持有待售负债”科目的期末余额填列。

⑪“一年内到期的非流动负债”项目。该项目应根据有关账户的期末余额分析填列。

⑫“长期借款”项目。该项目应根据“长期借款”账户的期末余额，减去“长期借款”账户所属明细账户中将于一年内到期且企业不能自主将清偿义务展期的长期借款后的金额填列。

⑬“应付债券”项目。该项目应根据“应付债券”账户的期末余额分析填列。

⑭“租赁负债”项目。该项目应根据“租赁负债”科目的期末余额填列。自资产负债表日起一年内到期应予以清偿的租赁负债的期末账面价值，在“一年内到期的非流动负债”项目反映。

⑮“长期应付款”项目。该项目应根据“长期应付款”科目的期末余额，减去相关的“未确认融资费用”科目的期末余额后的金额，以及“专项应付款”科目的期末余额填列。

⑯“预计负债”项目。该项目应根据“预计负债”账户的期末余额填列。

⑰“递延收益”项目。该项目应根据“递延收益”账户的期末余额填列。

⑱“递延所得税负债”项目。该项目应根据“递延所得税负债”账户的期末余额

填列。

⑲“其他非流动负债”项目。该项目应根据有关账户期末余额，减去将于一年内（含一年）到期偿还数后的余额分析填列。

3. 所有者权益项目的填列

①“实收资本（或股本）”项目。该项目应根据“实收资本（或股本）”账户的期末余额填列。

②“资本公积”项目。该项目应根据“资本公积”账户的期末余额填列。

③“其他综合收益”。该项目应根据“其他综合收益”账户的期末余额填列。

④“盈余公积”项目。该项目应根据“盈余公积”账户的期末余额填列。

⑤“未分配利润”项目。该项目应根据“本年利润”账户和“利润分配”账户的期末余额计算填列。未弥补的亏损在本项目以“-”号填列。

⑥“专项储备”项目。该项目应根据“专项储备”科目的期末余额填列。

四、利润表

（一）概念

利润表又称损益表，是反映企业在一定会计期间的经营成果的报表，主要提供有关企业经营成果方面的信息。利润表可以反映企业一定会计期间的收入实现情况，即实现的主营业务收入有多少、实现的其他业务收入有多少、实现的投资收益有多少、实现的营业外收入有多少等；可以反映企业一定会计期间的费用耗费情况，即耗费的主营业务成本有多少，税金及附加有多少，销售费用、管理费用、财务费用各有多少，营业外支出有多少，所得税费用有多少等；可以反映企业生产经营活动的成果，即净利润的实现情况，据以判断资本保值、增值的情况。将利润表中的信息与资产负债表中的信息相结合，还可以提供进行财务分析的基本资料，便于会计报表使用者判断企业未来的发展趋势，做出经济决策。

1929 年，英国《公司法》首次正式要求企业编制收益表，使收益表成为企业第二个正式对外财务报表（在西方国家，利润表普遍使用的名称是收益表）。企业在生产经营过程中不断地发生各种费用支出，同时取得各种收入，收入减去费用，剩下的部分就是企业的盈利。企业取得的收入和发生的相关费用的对比情况就是企业的经营成果。利润表是根据“收入-费用=利润”这一会计等式，按照一定的顺序，将企业在某一会计期间所形成的收入、成本、费用和利润的实现情况进行汇总和计算后形成的。由于利润表数据说明的是企业在某一会计期间的情况，因此，利润表属于动态的报表。

（二）作用

（1）反映企业一定会计期间收入的实现情况，如实现的营业收入有多少、实现的投资收益有多少。

（2）反映企业一定会计期间的费用耗费情况，如耗费的营业成本有多少、发生的管理费用有多少。

（3）反映企业生产经营活动的成果，即净利润的实现情况，报表使用者据以判断企业资本保值、增值等情况。

（三）格式

利润表的格式主要有单步式和多步式。我国企业的利润表一般采用多步式结构。

1. 单步式利润表

单步式利润表是将当期收入总额相加，然后将所有费用总额相加，一次计算出当期的利润，其特点是表中所提供的均为原始数据，便于理解。

2. 多步式利润表

多步式利润表是将各种利润分步计算，最后计算出净利润，其特点是便于使用者对企业经营情况和盈利能力进行比较和分析，利润表格式如表 5-24 所示。

表 5-24　利润表

会企 02 表

编制单位：　　　　　　　　　　年　月　　　　　　　　　　单位：元

项目	本期金额	上期金额
一、营业收入		
减：营业成本		
税金及附加		
销售费用		
管理费用		
研发费用		
财务费用		
其中：利息费用		
利息收入		
加：其他收益		
投资收益（损失以“-”号填列）		
其中：对联营企业和合营企业的投资收益		
以摊余成本计量的金融资产终止确认收益（损失以“-”号填列）		
净敞口套期收益（损失以“-”号填列）		
公允价值变动收益（损失以“-”号填列）		

表5-24(续)

项目	本期金额	上期金额
信用减值损失（损失以“-”号填列）		
资产减值损失（损失以“-”号填列）		
资产处置收益（损失以“-”号填列）		
二、营业利润（亏损以“-”号填列）		
加：营业外收入		
减：营业外支出		
三、利润总额（亏损总额以“-”号填列）		
减：所得税费用		
四、净利润（净亏损以“-”号填列）		
（一）持续经营净利润（净亏损以“-”号填列）		
（二）终止经营净利润（净亏损以“-”号填列）		
五、其他综合收益的税后净额		
（一）不能重分类进损益的其他综合收益		
1. 重新计量设定受益计划变动额		
2. 权益法下不能转损益的其他综合收益		
3. 其他权益工具投资公允价值变动		
4. 企业自身信用风险公允价值变动		
……		
（二）将重分类进损益的其他综合收益		
1. 权益法下可转损益的其他综合收益		
2. 其他债权投资公允价值变动		
3. 金融资产重分类计入其他综合收益的金额		
4. 其他债权投资信用减值准备		
5. 现金流量套期储备		
6. 外币财务报表折算差额		
……		
六、综合收益总额		
七、每股收益：		
（一）基本每股收益		
（二）稀释每股收益		

（四）编制方法

利润表的各项目均需填列“本期金额”和“上期金额”两栏。其中，“上期金额”栏内各项数字，应根据上年该期利润表的“本期金额”栏数字填列。“本期金额”栏内各数字，除“基本每股收益”和“稀释每股收益”项目外，依据有关损益类账户的本期发生额填列。具体填列方法如下：

①“营业收入”项目。该项目应根据“主营业务收入”和“其他业务收入”账户的本期发生额分析填列。如果有借方发生额，应予以扣减，按收入净额填列。

②“营业成本”项目。该项目根据“主营业务成本”和“其他业务成本”账户的本期发生额分析填列。如果有贷方发生额，应予以扣减，按实际成本填列。

③“税金及附加”项目。该项目根据“税金及附加”账户的本期发生额分析填列。

④“销售费用”项目。该项目根据“销售费用”账户的本期发生额分析填列。

⑤“管理费用”项目。该项目根据“管理费用”账户的本期发生额分析填列。

⑥“研发费用”项目。该项目应根据“管理费用”科目下的“研究费用”明细科目的发生额，以及“管理费用”科目下的“无形资产摊销”明细科目的发生额分析填列。反映企业进行研究与开发过程中发生的费用化支出，以及计入管理费用的自行开发无形资产的摊销。

⑦“财务费用”项目。根据“财务费用”账户的本期发生额分析填列。（注意：“财务费用”项目下的“利息费用”项目，反映企业为筹集生产经营所需资金等而发生的应予费用化的利息支出。该项目应根据“财务费用”科目的相关明细科目的发生额分析填列。该项目作为“财务费用”项目的其中项，以正数填列。“财务费用”项目下的“利息收入”项目，反映企业按照相关会计准则确认的应冲减财务费用的利息收入。该项目应根据“财务费用”科目的相关明细科目的发生额分析填列。该项目作为“财务费用”项目的其中项，以正数填列。）

⑧“资产减值损失”项目。根据“资产减值损失”账户的本期发生额分析填列。

⑨“信用减值损失”项目。根据“信用减值损失”账户的本期发生额分析填列。

⑩“其他收益”项目。根据“其他收益”账户的本期发生额分析填列。

⑪“投资收益”项目。根据“投资收益”账户的本期发生额分析填列。若为投资损失，则以“-”号填列。

⑫“公允价值变动收益”项目。根据“公允价值变动收益”账户的本期发生额分析填列。若为净损失，则以“-”号填列。

⑬“资产处置收益”项目。根据“资产处置收益”账户的本期发生额分析填列。若为处置损失，则以“-”号填列。

⑭“营业利润”项目。根据以上各项目加减计算后的所得额填列。

⑮“营业外收入”项目。根据“营业外收入”账户的本期发生额分析填列。

⑯“营业外支出”项目。根据“营业外支出”账户的本期发生额分析填列。

⑰“利润总额”项目。根据以上各项目加减计算后的所得额填列。公式为：

利润总额=营业利润+营业外收入-营业外支出

⑱“所得税费用”项目。根据“所得税费用”账户的本期发生额分析填列。

⑲“净利润”项目。根据以上各项目加减计算后的所得额填列。

⑳“其他综合收益的税后净额”项目。反映企业根据《企业会计准则》规定未在损益中确认的各项利得和损失扣除所得税影响后的净额。

㉑“综合收益总额”项目。该项目反映企业净利润与其他综合收益（税后净额）的合计金额。

㉒“每股收益”项目。包括基本每股收益和稀释每股收益两项指标，反映普通股或潜在普通股已公开交易的企业，以及正处在公开发行普通股或者潜在普通股过程中的企业的每股收益信息。

【注意】利润表“本期金额”是指从年初到本期期末的累计发生额；“上期金额”是指上年同期数，即从上年年初到上年同期期末的累计发生额。

五、现金流量表

（一）概念

现金流量表是反映企业在一定会计期间现金和现金等价物流入和流出的报表。现金流量表能够提供企业在一定期间内，现金的来龙去脉及现金余额变动的会计信息。它可以告诉报表使用者现金曾经从何处来，又曾经用到何处去。报表使用者借助于现金流量表提供的信息，可以规划和预测企业未来产生现金的能力；可以分析净利润与现金流量差异的原因；借助现金流量表提供的信息，可以分析企业净利润与相关现金流量产生差异的原因。对于企业来讲，利润和现金之间到底有多大的差距，可以用现金流量表对它加以透视。

（二）结构

现金流是企业持续发展的动力，现金流量表的编制对企业至关重要。现金流量表分项目列示，报表使用者通过现金流量表能够直观地了解企业资金的来源和去向、投资融资等情况，分析资金收支过程中可能存在的问题，整体把控资金状况，引导企业持续健康地发展。现金流量表包含现金流量表主表（以下简称“主表”）和现金流量表补充资料（以下简称“附表”）。主表一般通过直接法编制，即直接按照各项目列示现金收支状况编制，现金流量表的主表内容有三部分，分别反映企业经营活动、投资活动、筹资活动产生的现金流入和流出，采用直接方法编制。附表通过间接法编制，通过剔除净利润中的非付现因素及非经营性项目因素得出经营活动净现金流。

我国企业现金流量表采用报告式结构，分类反映经营活动产生的现金流量、投资活动产生的现金流量、筹资活动产生的现金流量，最后汇总反映企业某一期间现金及现金等价物的净增加额。

（1）经营活动产生的现金流量。

①销售商品、提供劳务收到的现金；

②收到的税费返还；

③收到其他与经营活动有关的现金；

④购买商品、接受劳务支付的现金；

⑤支付给职工以及为职工支付的现金；

⑥支付的各项税费；

⑦支付其他与经营活动有关的现金。

（2）投资活动产生的现金流量。

①收回投资收到的现金；

②取得投资收益收到的现金；

③处置固定资产、无形资产和其他长期资产收回的现金净额；

④处置子公司及其他营业单位收到的现金净额；

⑤收到其他与投资活动有关的现金；

⑥购建固定资产、无形资产和其他长期资产支付的现金；

⑦投资支付的现金；

⑧取得子公司及其他营业单位支付的现金净额；

⑨支付其他与投资活动有关的现金。

（3）筹资活动产生的现金流量。

①吸收投资收到的现金；

②取得借款收到的现金；

③收到其他与筹资活动有关的现金；

④偿还债务支付的现金；

⑤分配股利、利润或偿付利息支付的现金；

⑥支付其他与筹资活动有关的现金。

（三）现金流量表的编制方法

编制现金流量表时，列报经营活动现金流量的方法有两种：一是直接法；二是间接法。

直接法，一般是以利润表中的营业收入为起算点，调节与经营活动有关的项目的增减变动然后计算出经营活动产生的现金流量。

间接法，一般是将净利润调节为经营活动现金流量，实际上就是将按权责发生制原则确定的净利润调整为现金净流入，并剔除投资活动和筹资活动对现金流量的影响，现金流量表格式如表 5-25 所示。

表 5-25　现金流量表

会企 03 表

编制单位：　　　　　　　　　　　　年　月　　　　　　　　　　　　单位：元

项目	本期金额	上期金额
一、经营活动产生的现金流量：		
销售商品、提供劳务收到的现金		
收到的税费返还		
收到其他与经营活动有关的现金		
经营活动现金流入小计		
购买商品、接受劳务支付的现金		
支付给职工以及为职工支付的现金		
支付的各项税费		
支付其他与经营活动有关的现金		
经营活动现金流出小计		
经营活动产生的现金流量净额		
二、投资活动产生的现金流量：		
收回投资收到的现金		
取得投资收益收到的现金		
处置固定资产、无形资产和其他长期资产收回的现金净额		
处置子公司及其他营业单位收到的现金净额		
收到其他与投资活动有关的现金		
投资活动现金流入小计		
购建固定资产、无形资产和其他长期资产支付的现金		
投资支付的现金		
取得子公司及其他营业单位支付的现金净额		
支付其他与投资活动有关的现金		
投资活动现金流出小计		
投资活动产生的现金流量净额		

表5-25(续)

项目	本期金额	上期金额
三、筹资活动产生的现金流量：		
吸收投资收到的现金		
取得借款收到的现金		
收到其他与筹资活动有关的现金		
筹资活动现金流入小计		
偿还债务支付的现金		
分配股利、利润或偿付利息支付的现金		
支付其他与筹资活动有关的现金		
筹资活动现金流出小计		
筹资活动产生的现金流量净额		
四、汇率变动对现金及现金等价物的影响		
五、现金及现金等价物净增加额		
加：期初现金及现金等价物余额		
六、期末现金及现金等价物余额		

第六节 归档与保管会计档案

会计档案是指会计凭证、会计账簿、财务会计报告和其他会计资料等会计核算的专业材料。它是记录和反映经济业务的重要历史资料和证据，是经济决策者进行经济决策所需要依据的重要资料，同时也是进行会计检查的重要资料。

会计档案的内容是指会计档案的范围，具体包括会计凭证、会计账簿、财务会计报告和其他会计核算资料四个部分。其他会计核算资料是指属于经济业务范畴，与会计核算、会计监督紧密相关，由会计部门负责办理的有关凭证及数据资料，包括银行存款余额调节表、银行对账单、会计档案移交清册、会计档案保管清册和会计档案销毁清册等。

一、会计凭证的传递

会计凭证的传递是指会计凭证从填制到归档保管期间，在本单位内部各有关部门和人员之间的传递程序和传递时间，传递流程如图 5-11 所示。

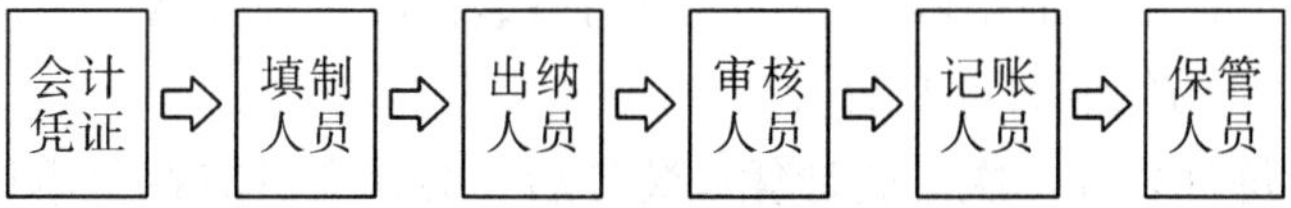

图 5-11　会计凭证的传递

二、会计凭证的保管

会计凭证的保管，是指会计凭证登记入账后的整理、装订和归档存查。

（一）会计凭证装订前的整理

会计凭证装订前的整理是指对会计凭证进行排序、粘贴和折叠。因为原始凭证的纸张面积与记账凭证的纸张面积不可能全部一样，有时前者大于后者，有时前者小于后者，这就需要会计人员在制作会计凭证时对原始凭证加以适当整理，以便下一步装订成册。对于纸张面积大于记账凭证的原始凭证，可按记账凭证的面积尺寸，先自下向上，再自右向左两次折叠。注意应把凭证的左上角或左侧面让出来，以便装订后，还可以展开查阅。对于纸张面积过小的原始凭证，一般不能直接装订，可先按一定顺序和类别排列，再贴在一张同记账凭证大小相同的白纸上，粘贴时宜用胶水。小票应分张排列，同类、同金额的单据尽量贴在一起；同时，在一旁注明张数和合计金额。如果是板状票证，可以将票面票底轻轻撕开，厚纸板弃之不用。对于纸张面积略小于记账凭证的原始凭证，可先用回形针或大头针别在记账凭证后面，待装订时再抽去回形针或大头针。有的原始凭证不仅面积大，而且数量多，可以单独装订，如工资单、领料单等，但在记账凭证上应注明保管地点。原始凭证附在记账凭证后的顺序应与记账凭证所记载的内容顺序一致，不应按原始凭证面积大小来排序。会计凭证经过上述加工整理之后，就可以装订了。

（二）会计凭证装订方式与要求

会计凭证的装订，是指把定期完毕的会计凭证按照编号顺序，外加封面、封底，装订成册，并在装订线上加贴封签。封面上应写明单位名称、年度、月份、记账凭证的种类、起止日期、起止号数以及记账凭证和原始凭证张数，并且封签处要加盖会计主管的骑缝图章。

1. 加具封面并装订

每月记账完毕，会计人员要将本月的记账凭证按编号顺序整理，检查有无缺号和附件是否齐全，然后加上封面封底，装订成册，以防散失。

为了防止任意拆装，会计档案在装订处要贴上封签，并由会计主管人员盖章，并将封面填写完整。

2. 特殊要求

某些数量过多的原始凭证，如收、发料单，工资单等，以及某些今后仍要利用的重要原始凭证，如合同、存出保证金收据等，也可另行装订或单独保管，但应在记账凭证中注明“附件另订”和原始凭证名称及编号。

会计凭证一般每月装订一次。会计凭证装订后，会计人员应在每本凭证封面上填写好凭证种类、起止号码、凭证张数，会计主管人员和凭证装订人员在封面上签章；同时，会计人员应在凭证封面上编好卷号，按卷号顺序入柜，并应在显露出标明凭证种类编号，以便调阅。

三、会计账簿的装订

各种会计账簿在年终办理了年度结账后，除跨年度连续使用的账簿外，其他账簿都应及时整理立卷。

账簿装订前，会计人员首先按账簿启用表的使用页数核对各个账户是否相符，账页数是否齐全，序号排列是否连续；然后按会计账簿封面、账簿启用表、账户目录、该账簿按页数顺序排列的账页、会计账簿装订封底的顺序装订。

对于活页式账簿，保留已使用过的账页，将账页数填写齐全，去除空白页并撤掉账夹，用质好的牛皮纸做封面、封底，装订成册；多栏式活页账、三栏式活页账、数量金额式活页账等不得混装，应按同类业务、同类账页装订在一起；在本账的封面上填写好账目的种类，编好卷号，会计主管人员和装订人（经办人）签章。

账簿装订后，封口要严密，封口处要加盖有关印章；封面应齐全、平整，并注明所属年度及账簿名称、编号。

四、财务会计报告的装订

财务会计报告编制完成并及时报出后，留存的财务会计报告应按月装订成册。财务会计报告的装订要求如下。

（1）核对整理。装订前要按编报目录核对财务会计报告是否齐全，整理报表页数，上边和左边对齐压平，并防止折角。

（2）按顺序进行装订。财务会计报告的装订顺序为封面—编制说明—各种会计报表（按会计报表的编号顺序排列）—会计报表附注—封底。

（3）编号。各种财务会计报告应根据其保管期限编制卷号。

【注意】属于会计档案构成内容的其他会计核算资料，也应按照一定的规则、顺序予以装订成册。

五、会计档案的保管

（一）原始凭证的调阅与复印

会计凭证装订成册后，应由专人负责保管。年终，应移交财会档案相关人员保管 1 年，期满后，应由财会部门编制清册移交单位的档案部门保管。对已归档凭证的查阅、调用或复制，均应得到批准和履行相关手续。原始凭证不得外借，其他单位如因特殊原因需要使用原始凭证时，经本单位会计机构负责人、会计主管人员批准，方可复制。向外单位提供的原始凭证复印件，应当在专设的登记簿上登记，并由提供人员和收取人员共同签名或者盖章。

【注意】

（1）原始凭证不得外借，已装订成册的不得抽出。

（2）其他单位和个人经单位领导批准调阅会计凭证的，要填写会计档案调阅表，详细填写借阅会计凭证名称、调阅日期、调阅人姓名和工作单位、调阅理由、归还日期，调阅人一般不得将会计凭证携带外出。

（3）如有贪污盗窃等经济犯罪案件，需要以某些原始凭证作证时，也只能复制，不得抽取。

（二）原始凭证遗失的处理

外来原始凭证如有遗失，应当取得原开出单位盖有公章的证明，并注明原来凭证的号码、金额和内容等，由经办单位会计机构负责人和单位领导人批准后，才能代替原始凭证。如果确实无法取得证明的，如火车、轮船、飞机票等凭证，应由当事人写出详细情况，经单位会计机构负责人和单位领导人批准后，代替原始凭证。

（三）会计档案的保管期限

会计档案的保管期限规定如表 5-26 所示。

表 5-26　会计档案的保管期限规定

<table>
<tr><td rowspan="5">会计档案的保管期限</td><td>基本规定</td><td colspan="2">永久+定期（一般分为 10 年和 30 年）两类；保管期限，从会计年度终了后的第一天算起。</td></tr>
<tr><td rowspan="4">具体规定</td><td>永久</td><td>年度财务会计报告（年报）、会计档案保管清册、会计档案销毁清册、会计档案鉴定意见书。</td></tr>
<tr><td>30 年</td><td>会计凭证、账簿、会计档案移交清册。</td></tr>
<tr><td>10 年</td><td>剩余一般是 10 年。</td></tr>
<tr><td colspan="2">固定资产卡片较特殊，固定资产报废清理后保管 5 年。</td></tr>
</table>

【项目检测】

一、判断题

1. 填制记账凭证必须以经过审核无误的原始凭证为依据。（　）
2. 收料单、工资结算单既属于自制原始凭证又属于记账凭证。（　）
3. 付款凭证只有在银行存款减少时才填制。（　）

4. 原始凭证是由会计人员在经济业务发生或完成时填制或取得的，用于证明经济业务的发生、明确经济责任、作为记账依据的书面证明。（　　）

二、单选题

1. 购货发票属于（　　）。

A. 记账凭证　　B. 自制原始凭证

C. 外来原始凭证　　D. 原始凭证汇总表

2. 出纳人员付出货币资金的依据是（　　）。

A. 收款凭证　　B. 付款凭证

C. 转账凭证　　D. 原始凭证

3. 记账凭证的填制是由（　　）完成的。

A. 出纳人员　　B. 会计人员

C. 经办人员　　D. 主管人员

三、填空题

1. 会计凭证按其填制程序和用途的不同，分为原始凭证和__________。

2. 原始凭证按其取得来源的不同，可以分为__________和自制原始凭证。

3. 以“资产＝负债＋所有者权益”这一会计等式作为编制依据的会计报表是__________。

4. 以“收入-费用＝利润”这一会计等式作为编制依据的会计报表是__________。

5. 账簿按其外表形式，可以分为订本账簿、__________、卡片账簿。

四、思考题

1. 什么是会计凭证？

2. 什么是会计账簿？会计账簿的类型有哪些？

3. 什么是财务报表？资产负债表、利润表及现金流量表分别反映了什么内容？

第六章　会计工作过程的基本技能综合实训

实训资料：

（一）企业概况

1. 公司名称：红星有限公司
2. 公司地址：××××××
3. 基本开户行：中国工商银行××支行
4. 银行账号：3100020409024539566
5. 统一社会信用代码：915009037748846566
6. 纳税身份：增值税一般纳税人
7. 相关税率：增值税（13%）；城建税（7%）；教育费附加（3%）；企业所得税（25%）
8. 主要经营产品：甲产品、乙产品
9. 其他规定：存货按实际成本核算；固定资产折旧采用年限平均法

（二）红星有限公司 2023 年 12 月 1 日相关账户期初余额资料如表 6-1 所示。

表 6-1　总分类账户期初余额表

2023 年 12 月 01 日　　　　单位：元

账户名称	借方余额	账户名称	贷方余额
库存现金	1 500	短期借款	500 000
银行存款	150 000	应付账款——蓝天钢铁公司	221 162
其他应收款	2 000	应交税费	13 000
原材料——1#材料	9 900	累计折旧	105 438
原材料——2#材料	7 900	实收资本	1 000 000
库存商品——甲产品	11 426	盈余公积	200 000
库存商品——乙产品	6 874	本年利润	100 000
固定资产	2 000 000	利润分配	50 000
合计	2 189 600	合计	2 189 600

（三）业务处理

2023 年 12 月，红星有限公司发生下列经济业务。

（1）12 月 1 日，红星有限公司接受宏达有限公司投入资金 500 000 元存入公司银行账户。（相关单据见图 6-1）

中国工商银行进账单　　（收款通知）3

2023　年　12　月 01 日

出票人	全　称	宏达有限公司	收款人	全　称	红星有限公司
	账　号	5120012213001097299		账　号	3100020409024539566
	开户银行	中国建设银行××支行		开户银行	中国工商银行××支行
金额	人民币（大写）	伍拾万元整		亿 千 百 十 万 千 百 十 元 角 分	¥ 5 0 0 0 0 0 0 0
票据种类	转账支票	票据张数	1		
票据号码	38546422			中国工商银行××支行 2023年12月01日 转讫	
复核　记账				收款人开户银行盖章	

此联是收款人开户银行交给收款人的收账通知

图 6-1　进账单

（2）12 月 2 日，红星有限公司向西北材料有限公司购入 1#材料 5 000 千克，每千克 9.9 元，2#材料 5 000 千克，每千克 7.9 元，增值税 11 570 元，款项以银行存款支付，材料已验收入库；此外，运输材料发生运杂费 1 000 元，收到增值税普通发票，以银行存款支付。提示：运杂费按两种材料的重量分摊。（相关单据见图 6-2 至图 6-6）

重庆增值税专用发票　　№01876666　　5000151120 01876666

发票联　　开票日期：2023年12月02日

购买方	名称：红星有限公司 纳税人识别号：915009037748846566 地址、电话：重庆市××路82号　023-66666666 开户行及账号：中国工商银行××支行　3100020409024539566			密码区			
货物或应税劳务、服务名称	规格型号	单位	数量	单价	金额	税率	税额
1#材料	R1	kg	5000	9.90	49500.00	13%	6435.00
2#材料	R2	kg	5000	7.90	39500.00	13%	5135.00
合计					¥89000.00		¥11570.00
价税合计（大写）	⊗壹拾万零伍佰柒拾元整				（小写）¥100570.00		
销售方	名称：西北材料有限公司 纳税人识别号：915008391956878666 地址、电话：重庆市××路99号　023-88888888 开户行及账号：中国工商银行××支行　310002040605558877			备注	西北材料有限公司 915008391956878666 发票专用章		

收款人：王海　　复核：孙艺　　开票人：王二　　销售方：（章）

第三联：发票联　购买方记账凭证

图 6-2　购入材料的发票

托收凭证（付款通知）

委托日期 2023 年 12 月 02 日

业务类型	委托收款（☐邮划，☐电划）			托收承付（☑邮划，☐电划）			
付款人	全称	红星有限公司		收款人	全称	西北材料有限公司	
	账号	3100020409024539566			账号	3100020406055588777	
	地址	省 重庆 市/县	开户行：中国工商银行××支行		地址	省 重庆 市/县	开户行：中国工商银行××支行
金额	人民币（大写）	壹拾万零伍佰柒拾元整				千百十万千百十元角分	¥ 1 0 0 5 7 0 0 0
款项内容	货款	托收凭证名称	托收承付	附寄单据张数	4		
商品发运情况	已发运	合同名称号码	材料合同 8738266				

备注：	付款人开户银行签章：	付款人注意：
付款人开户行收到日期 2023年12月 02日	中国工商银行××支行 2023年12月02日 转讫	1. 根据支付结算办法规定，上列托收款项，如超过承付期限未提出拒付，即视同全部承付。以此联代付款通知。
复核：×× 记账：××		2. 如系全部或部分拒付，应在承付期限内另填拒绝承付理由书送银行办理。

此联是付款人开户银行给付款人按期付款通知

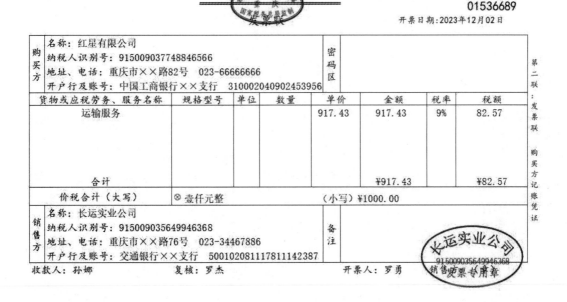

图 6-3 托收凭证

重庆增值税普通发票　№01536689　5000144309　01536689

发票联

开票日期：2023年12月02日

购买方	名称：红星有限公司 纳税人识别号：915009037748846566 地址、电话：重庆市××路82号 023-66666666 开户行及账号：中国工商银行××支行 310002040902453956			密码区			
货物或应税劳务、服务名称	规格型号	单位	数量	单价	金额	税率	税额
运输服务				917.43	917.43	9%	82.57
合计					¥917.43		¥82.57
价税合计（大写）	⊗壹仟元整			（小写）¥1000.00			
销售方	名称：长运实业公司 纳税人识别号：915009035649946368 地址、电话：重庆市××路76号 023-34467886 开户行及账号：交通银行××支行 500102081117811142387			备注			

收款人：孙娜　　复核：罗杰　　开票人：罗勇　　（长运实业公司 915009035649946368 销售发票专用章）

第二联：发票联 购买方记账凭证

图 6-4 运杂费的发票

中国工商银行
现金支票存根
10205021
07081230

附加信息

出票日期　2023 年 12 月 02 日

收款人：长运实业公司
金额：¥1000.00
用途：备用金

单位主管：××　　　　会计：××

图 6-5　现金支票存根

入库单

收料日期：　2023 年 12 月 02 日　　　　仓库：1号库

材料名称	规格	单位	数量		发票金额		应摊运杂费	实际成本	
			应收数	实收数	单价	金额		单价	金额
1#材料		kg	5 000	5 000	9.90	49 500	500	10	50 000
2#材料		kg	5 000	5 000	7.90	39 500	500	8	40 000
合计			10 000	10 000		89 000	1 000		90 000

仓库主管：刘明天　　采购员：孙洲　　检验员：张全　　记账员：赵伟　　保管员：陈梅

图 6-6　入库单

（3）12 月 8 日，红星有限公司向蓝天钢铁公司购买一台不需要安装的新设备，价税合计 22 600 元，货款暂欠。（相关单据见图 6-7 至图 6-9）

设备采购单

供货单位：蓝天钢铁公司　　（签字或盖章）

蓝天钢铁公司 91500088889888999000 发票专用章

联系电话：023-33338888　　　　日期：2023 年 12 月 08 日

产品名称	规格	数量	单价	金额合计	备注
设备	CKHL-888	1	20 000	20 000	

图 6-7　设备采购单

固定资产验收单

入库单编号：006

资产名称	设备A	型号/规格	CKHL-888
资产编号	N0666	供应商名称	蓝天钢铁公司
入库日期	2023. 12. 08	安装使用地点	车间
资产原值	20 000元	安装使用日期	2023. 12. 08

图 6-8　固定资产验收单

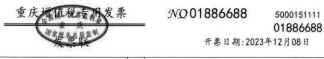

重庆增值税专用发票　　№01886688　　5000151111

01886688

发票联

开票日期：2023年12月08日

购买方	名称：红星有限公司 纳税人识别号：915009037748846566 地址、电话：重庆市××路82号　023-66666666 开户行及账号：中国工商银行××支行　310002040902453956	密码区					
货物或应税劳务、服务名称	规格型号	单位	数量	单价	金额	税率	税额
设备A	CKHL-888	台	1	9. 90	20000. 00	13%	2600. 00
合计					¥20000. 00		¥2600. 00
价税合计（大写）	⊗贰万贰仟陆佰元整				（小写）¥22600. 00		
销售方	名称：蓝天钢铁公司 纳税人识别号：91500888285689900 地址、电话：重庆市××路25号　023-33338888 开户行及账号：交通银行××支行　500102081018010041166	备注					

收款人：罗芳　　复核：周伟　　开票人：张三　　销售方：（章）

第三联：发票联　购买方记账凭证

蓝天钢铁公司 91500888285689000 发票专用章

图 6-9　购入设备的发票

（4）12 月 10 日，红星有限公司生产车间生产甲产品领用 1#材料 2 000 千克、2#材料 1 000 千克，生产乙产品领用 1#材料 1 000 千克、2#材料 1 500 千克，车间一般耗用 1#材料 50 千克，管理部门维修耗用 2#材料 10 千克。1#材料单位成本 10 元，2#材料单位成本 8 元。（相关单据见图 6-10 至图 6-11）

领　料　单

领料单位：生产车间

<table>
<tr><td colspan="2">用途：生产甲产品用料2 000千克，生产乙产品用料1 000千克，车间一般用料50千克。</td><td colspan="5">领料日期：2023年12月10日</td></tr>
<tr><td rowspan="2">材料类别</td><td rowspan="2">材料名称及规格</td><td rowspan="2">计量单位</td><td colspan="2">数量</td><td rowspan="2">单价</td><td rowspan="2">金额</td></tr>
<tr><td>请领</td><td>实领</td></tr>
<tr><td>材料</td><td>1#材料</td><td>千克</td><td>3 050</td><td>3 050</td><td>10</td><td>30 500</td></tr>
<tr><td></td><td></td><td></td><td></td><td></td><td></td><td></td></tr>
<tr><td></td><td></td><td></td><td></td><td></td><td></td><td></td></tr>
</table>

记账：张轻　　发料：陈梅　　领料负责人：郭飞　　领料：陈元

图 6-10　1#材料领料单

领　料　单

领料单位：生产车间

<table>
<tr><td colspan="2">用途：生产甲产品用料1 000千克，生产乙产品用料1 500千克，管理部门用料10千克。</td><td colspan="5">领料日期：2023年12月10日</td></tr>
<tr><td rowspan="2">材料类别</td><td rowspan="2">材料名称及规格</td><td rowspan="2">计量单位</td><td colspan="2">数量</td><td rowspan="2">单价</td><td rowspan="2">金额</td></tr>
<tr><td>请领</td><td>实领</td></tr>
<tr><td>材料</td><td>2#材料</td><td>千克</td><td>2 510</td><td>2 510</td><td>8</td><td>20 080</td></tr>
<tr><td></td><td></td><td></td><td></td><td></td><td></td><td></td></tr>
<tr><td></td><td></td><td></td><td></td><td></td><td></td><td></td></tr>
</table>

记账：张轻　　发料：陈梅　　领料负责人：郭飞　　领料：陈元

图 6-11　2#材料领料单

（5）12 月 11 日，红星有限公司销售部业务员张军出差回来报销差旅费 1 723 元，并退回多余的现金 277 元。（相关单据见图 6-12）

差旅费报销单

2023年　12 月　11 日

出差人：张军　　　　单位：元

起止时间及地点						交通费			出差补贴					其他	
月	日	起点	月	日	终点	交通工具	单据张数	金额	项目	人数	天数	补贴标准	金额	项目	金额
12	07	重庆	12	09	昆明	高铁	2	703		1	3	160	480	住宿	540
合计（大写）壹仟柒佰贰拾叁元整								¥1723.00	预支差旅费		¥2000.00		退回金额		¥277.00
金额补领															

图 6-12　差旅费报销单

（6）12 月 12 日，红星有限公司用银行存款支付前欠蓝天钢铁公司货款 22 600 元。（相关单据见图 6-13）

托收凭证（付款通知）

委托日期　2023 年 12 月 12 日

业务类型	委托收款（□邮划，□电划）　托收承付（☑邮划，□电划）					
付款人	全称	红星有限公司	收款人	全称	蓝天钢铁公司	
	账号	3100020409024539566		账号	50010208101801004l166	
	地址	省 重庆 市/县　开户行 中国工商银行××支行		地址	省 重庆 市/县　开户行 交通银行××支行	
金额	人民币（大写）贰万贰仟陆佰元整				千 百 十 万 千 百 十 元 角 分 ¥ 2 2 6 0 0 0 0	
款项内容	货款	托收凭证名称	托收承付	附寄单据张数	4	
商品发运情况	已发运	合同名称号码	同城委托收款合同 C003			
备注：	付款人开户银行签章： 中国工商银行××支行 2023年12月12日 转 讫		付款人注意： 1. 根据支付结算办法规定，上列托收款项，如超过承付期限未提出拒付，即视同全部承付。以此联代付款通知。 2. 如系全部或部分拒付，应在承付期限内另填拒绝承付理由书送银行办理。			
付款人开户行收到日期 2023年12月12日						
复核：　记账：						

此联是付款人开户银行给付款人按期付款通知

图 6-13　托收凭证

（7）12 月 15 日，红星有限公司以现金购买管理部门办公用品 1 356 元。（相关单据见图 6-14）

重庆增值税普通发票　　NO01536612　　5000144333

01536612

发票联

开票日期:2023年12月15日

购买方	名称：红星有限公司 纳税人识别号：915009037748846566 地址、电话：重庆市××路82号　023-66666666 开户行及账号：中国工商银行××支行　310002040902453956				密码区			
货物或应税劳务、服务名称	规格型号	单位	数量	单价	金额	税率	税额	
文具	ML-888	盒	100	12.00	1200.00	13%	156.00	
合计					¥1200.00		¥156.00	
价税合计（大写）	⊗壹仟叁佰伍拾陆元整				（小写）¥1356.00			
销售方	名称：青青文具有限公司 纳税人识别号：915007652856899789 地址、电话：重庆市××路98号　023-33367888 开户行及账号：交通银行××支行　500102081017810042367				备注			

第二联：发票联　购买方记账凭证

现金付讫

青青文具有限公司 915007652856899789 销售发票专用章

收款人：李杰　　复核：王飞　　开票人：陈刚

图 6-14　购买办公用品的发票

（8）12 月 22 日，红星有限公司车间排出污水对周围农田造成严重影响，被当地相关部门罚款，支付罚金 30 000 元，用银行存款支付。（相关单据见图 6-15）

征收排污费收款收据

2023 年 12 月 22 日

缴款单位	全称	红星有限公司	收款单位	全称	市环境监理处
	开户行	中国工商银行××支行		开户行	中国建设银行××支行
	账户	310002040902453956 6		账户	915001097399471988

年		项目	摘要	金额									
月	日			千	百	十	万	千	百	十	元	角	分
12	22	一次性罚款				¥	3	0	0	0	0	0	0

合计金额（大写）：叁万元整　　¥30000.00

图 6-15　排污费收款收据

（9）12 月 25 日，红星有限公司销售部门报销运杂费 1 156 元，以银行存款支付。（相关单据见图 6-16 至图 6-17）

收　据

2023 年 12 月 25 日

今收到：红星有限公司

交　来：货物托运费

人名币（大写）：壹仟壹佰伍拾陆元整　　¥ 1156.00元

收款单位：重庆市车站货物托运处

公　章：重庆市车站货物托运处

收款人	刘理	交款人	张果

图 6-16　运杂费收据

中国工商银行
转账支票存根
10205035
03174326

附加信息

出票日期　2023 年 12 月 25 日

收款人：重庆市车站货物托运处
金额：¥1156.00
用途：运杂费款

单位主管：××　　　　会计：××

图 6-17　转账支票存根

（10）12 月 31 日，红星有限公司计提本月生产车间固定资产折旧 7 894 元。（相关单据见图 6-18）

固定资产折旧计算表

2023 年 12 月 31 日　　　　单位：元

车间、部门	生产用固定资产			合计	
	原值	折旧率	折旧额	原值	折旧额
生产车间	1 894 562	0.05	7 894	1 894 562	7 894
合计	1 894 562		7 894	1 894 562	7 894

图 6-18　固定资产折旧计算表

（11）12 月 31 日，红星有限公司预付 1～3 月厂房租金 50 000 元，以银行存款支付。（相关单据见图 6-19 至图 6-20）

收　据

2023 年 12 月 31 日

今收到：红星有限公司

交　来：厂房租赁费用（2024年1~3月）

人名币（大写）：伍万元整　　　　¥ 50000.00元

收款单位：重庆市厂房基地中心

公　章：重庆市厂房基地中心

收款人	张庆	交款人	程斌

图 6-19　厂房租赁费用收据

中国工商银行
转账支票存根
10205036
03174327

附加信息

出票日期　2023 年 12 月 31 日

收款人：重庆市厂房基地中心
金额：¥50000.00
用途：厂房租赁费

单位主管：××　　　　会计：××

图 6-20　转账支票存根

（12）12 月 31 日，红星有限公司以存款支付本月水电费 12 000 元，其中车间负担 8 000元，管理部负担 4 000 元。（相关单据见图 6-21 至图 6-22）

水电费分配表
2023 年 12 月 31 日

使用部门	耗用数量	单价	金额
车间耗用	80 000	0.10	8 000
管理部门耗用	40 000	0.10	4 000
合计	120 000	0.10	12 000

图 6-21　水电费分配表

中国工商银行
转账支票存根
10205037
03174328

附加信息

出票日期　2023 年 12 月 31 日

收款人：长江物业中心公司
金额：¥12000.00
用途：水电费

单位主管：××　　　　会计：××

图 6-22　转账支票存根

（13）12 月 31 日，红星有限公司分配本月应付工资。（相关单据见图 6-23）

工资费用分配表
2023 年 12 月 31 日

单位：元

应借科目	应付工资	
	工时（小时）	分配金额
生产成本——甲产品	100	50 000
生产成本——乙产品	60	30 000
制造费用	40	20 000
管理费用	20	10 000
销售费用	10	5 000
合计：壹拾壹万伍仟元整	230	115 000

图 6-23　工资费用分配表

（14）12 月 31 日，红星有限公司以银行支付市物业中心公司职工福利物品共计16 100元。（相关单据见图 6-24 至图 6-25）

职工福利费分配表

2023 年 12 月 31 日

单位：元

应借科目	支付福利费
生产成本——甲产品	7 000
生产成本——乙产品	4 200
制造费用	2 800
管理费用	1 400
销售费用	700
合计：壹万陆仟壹佰元整	16 100

图 6-24　职工福利费分配表

中国工商银行

转账支票存根

10205038

03174329

附加信息

出票日期　2023 年 12 月 31 日

收款人：长江物业中心公司
金额：¥16100.00
用途：节日福利支出

单位主管：××　　　　会计：××

图 6-25　转账支票存根

（15）月末，红星有限公司将本月制造费用按照生产甲乙产品工时进行分配，甲、乙产品生产工时分别是 7 000 小时和 3 000 小时。（相关单据见图 6-26）

制造费用分配表

2023年12月31日

基本生产车间　　单位：元

分配对象	分配标准（生产工人工时）	分配率	分配金额
甲产品			
乙产品			
合　计			

图 6-26　制造费用分配表

（16）月末，红星有限公司甲、乙产品全部完工入库，数量分别为：1 000 件、1 000 件，计算总成本与单位成本。（相关单据见图 6-27 至图 6-28）

产品生产成本计算表

2023年12月31日

甲产品　　完工数量：1000件

项目	直接材料	直接人工	制造费用	合计
本月生产费用				
月末在产品				
完工产品成本				
单位成本				

图 6-27　产品生产成本计算表

产品生产成本计算表

2023年12月31日

乙产品　　　　　　　　　　　　完工数量：1000件

项目	直接材料	直接人工	制造费用	合计
本月生产费用				
月末在产品				
完工产品成本				
单位成本				

图 6-28　产品生产成本计算表

（17）月末，红星有限公司售出甲产品 1 000 件，销售收入 800 000 元，增值税额 104 000元，货款收到存入银行。（相关单据见图 6-29 至图 6-31）

重庆增值税专用发票　　№01886690　　5000151133

01886690

此联不作报销、扣税凭证使用　　开票日期：2023年12月31日

购买方	名称：鑫海有限公司 纳税人识别号：915009037749946576 地址、电话：重庆市××路111号　023-32326666 开户行及账号：中国工商银行××支行　310002040902450957					密码区		
货物或应税劳务、服务名称	规格型号	单位	数量	单价	金额	税率	税额	
甲产品	999	件	1000	800.00	800000.00	13%	104000.00	
合计					¥800000.00		¥104000.00	
价税合计（大写）	⊗玖拾万肆仟元整				（小写）¥904000.00			
销售方	名称：红星有限公司 纳税人识别号：915009037748846566 地址、电话：重庆市××路82号　023-66666666 开户行及账号：中国工商银行××支行　310002040902453956					备注		

第一联：发票联　销售方记账凭证

收款人：黄文　　复核：孙文　　开票人：李四　　销售方：（章）

红星有限公司 915009037748846566 发票专用章

图 6-29　购入甲产品的发票

中国工商银行进账单　　（收款通知）3

2023 年 12 月 31 日

<table>
<tr><td rowspan="3">出票人</td><td>全　称</td><td colspan="3">鑫海有限公司</td><td rowspan="3">收款人</td><td>全　称</td><td>红星有限公司</td></tr>
<tr><td>账　号</td><td colspan="3">3100020409024509576</td><td>账　号</td><td>3100020409024539566</td></tr>
<tr><td>开户银行</td><td colspan="3">中国工商银行××支行</td><td>开户银行</td><td>中国工商银行××支行</td></tr>
<tr><td>金额</td><td>人民币（大写）</td><td colspan="4">玖拾万肆仟元整</td><td colspan="2">亿 千 百 十 万 千 百 十 元 角 分
¥ 9 0 4 0 0 0 0 0</td></tr>
<tr><td colspan="2">票据种类</td><td>转账支票</td><td>票据张数</td><td>1</td><td colspan="3" rowspan="3">中国工商银行××支行
2023年12月31日
转讫
收款人开户银行盖章</td></tr>
<tr><td colspan="2">票据号码</td><td colspan="3">38546567</td></tr>
<tr><td colspan="5">复核　　记账</td></tr>
</table>

此联是收款人开户银行交给收款人的收账通知

图 6-30　进账单

（18）月末，红星有限公司结转甲产品的销售成本。（相关单据见图 6-31）

产品销售成本计算表

2023 年 12 月 31 日

项目	甲产品			乙产品		
	数量	单价	金额	数量	单价	金额
期初余额						
本期完工						
本期销售						

图 6-31　产品销售成本计算表

（19）月末，红星有限公司结算当月应缴纳的增值税额，并根据应缴纳的增值税计算附加税。（相关单据见图 6-32 至图 6-33）

应交增值税计算表

2023年 12 月 31日

项目	金额
本期产品销售额①	
增值税销项税额②=①×13%	
增值税进项税额③	
应交增值税④	

图 6-32　应交增值税计算表

税金及附加计算表

2023年 12 月 31日

项目	金额
应交城建税=④×7%	
应交教育费附加=④×3%	

图 6-33　税金及附加计算表

（20）月末，红星有限公司将各期损益类账户余额结转至“本年利润”账户。

（21）计算红星有限公司本期应交所得税费用。

（22）结出红星有限公司本年利润数额并转入利润分配账户。

（23）红星有限公司按税后净利的 10%提取法定盈余公积，并向投资者分配现金利润 100 000 元。

（24）结出红星有限公司当年未分配利润。

要求：

1. 根据业务对应的原始凭证填制记账凭证。
2. 编制科目汇总表。
3. 登记各类账簿。
4. 编制试算平衡表。
5. 编制资产负债表以及利润表。

参考文献

[1] 财政部会计资格评价中心. 初级会计实务 [M]. 北京：经济科学出版社，2021.

[2] 中华人民共和国财政部. 企业会计准则 [M]. 北京：经济科学出版社，2020.

[3] 丁增稳，周俊. 基础会计学 [M]. 北京：北京出版社，2018.

[4] 朱虹，周雪艳. 基础会计：原理、实务、案例、实训 [M]. 6 版. 大连：东北财经大学出版社，2021.

[5] 高香林. 基础会计 [M]. 6 版. 北京：高等教育出版社，2022.

[6] 田家富，孔祥银. 基础会计 [M]. 2 版. 北京：高等教育出版社，2019.

[7] 李占国. 基础会计 [M]. 4 版. 北京：高等教育出版社，2017.

[8] 洑建红，郝福锦. 基础会计 [M]. 4 版. 北京：人民邮电出版社，2023.

[9] 杨桂洁. 会计基础与实务 [M]. 5 版. 北京：人民邮电出版社，2023.

[10] 袁三梅. 基础会计 [M]. 4 版. 北京：北京理工大学出版社，2023.

[11] 林迎春，张红玲. 会计基本技能 [M]. 3 版. 大连：东北财经大学出版社，2023.